西南联大名师

国家出版基金项目
NATIONAL PUBLICATION FOUNDATION

语言文学大师风采

李光荣 宣淑君 ◎ 著

云南出版集团公司
云南教育出版社

图书在版编目（CIP）数据

语言文学大师风采 / 李光荣, 宣淑君著. -- 昆明：云南教育出版社, 2011.10
（西南联大名师）
ISBN 978-7-5415-5782-8

Ⅰ.①语… Ⅱ.①李… ②宣… Ⅲ.①文学家–生平事迹–中国–现代 Ⅳ.①K825.6

中国版本图书馆CIP数据核字（2011）第212064号

西南联大名师

语言文学大师风采

李光荣　宣淑君◎著

出 版 人	李安泰
组 稿 人	杨云宝
顾　　问	沈克琦
	马建钧
责任编辑	尚　语
整体设计	高　伟
责任印制	张　旸
	赵宏斌

出　版　云南出版集团公司 云南教育出版社
发　行　云南教育出版社
社　址　昆明市环城西路609号
网　站　www.yneph.com
印　刷　云南新华印刷实业总公司一厂
开　本　787毫米×1092毫米　1/16
印　张　10.75
字　数　192 000
版　次　2012年5月第1版
印　次　2012年5月第1次印刷
书　号　ISBN 978-7-5415-5782-8
定　价　20.00元

总　序

　　历史赋予大学的任务是：传承人类千百年来积累的优秀文化遗产，创造新思想、新成果，培养出一代又一代能为国家乃至世界物质文明和精神文明的发展作贡献的人才。就国家范围看，各个高等学校的定位不同，类型、层次各异，承担的任务也不同，但在各自的领域中都能培养人才，推出成果。研究性大学承担着产生新思想、引领社会发展的重任，要做到这一点，必奉独立的精神、自由的思想为圭臬。

　　一所好的大学应拥有一批学术造诣深厚、富于创新和奉献精神的大师，通过他们的言传身教，形成学校优良的学术传统与学风。这种传统与学风的形成不但需要经过几代人的努力，同时还需要有一个良好的外部环境。这些外部环境包括：一套有利于学校自主发展的规章制度，一个宽松的学术环境。除此而外，学校主管领导服膺教育和科学发展的规律，按规律办事，不搞瞎指挥、追政绩、胡批判。只有如此，才能产生活跃的思想，才能聚拢一批敬业求真、严谨求实、相互尊重、和谐共事的同仁，为着一个共同的目标努力工作。由此可见，办好一所大学，外部环境与内部因素缺一不可。

　　国立西南联合大学是我国高等教育史上一颗璀璨的明珠。她的成就为我国学术界所公认，国际学术界也不乏赞誉之声。虽然西南联大仅存在了九个学年，且处于十分艰苦的战时条件下，能取得出色的成绩实有赖于北京大学、清华大学、南开大学三校的优良传统与学风，以及一批优良学风的传承者——优秀的教育家和大师。

　　西南联大在培育人才和科学研究方面成绩十分突出。据统计，西南联大的本科生、研究生和教师中，后来获得诺贝尔物理奖者有2人（杨振宁、李政道）；获得国家最高科技奖者有4人（黄昆、刘东生、叶笃正、吴征镒）；获得"两弹一星"功勋奖章者有8人（郭永怀、陈芳允、屠守锷、朱光亚、王希季、邓稼先，以及赵九章教授、杨嘉墀助教）；被评为中国科学院、中国工程院院士者有107人，另有4人被迁台的中央研究院评为院士（王宪钟、朱汝瑾、王瑞駪、刘广京）。1955年以后中国科学院停止了哲学、社会科学部学部委员的评选，否则出自西南联大文学院、法商学院的许多优秀人才也会进入这个行列。在科学研究方面，虽然受战时条件的限制，但文、理、法、工各科研究未曾中断，发表、出版论文著作数百篇（种），华罗庚、周培源、吴大猷、陈寅恪、汤用彤、冯友兰等人的研究曾在教育部学术评议活动中获一等奖。科学研究既包括传统学科的基础理论研究，也包括应用研究。工科的研究能结合战时的需要，生物、地质、社会等学科还就地开展资源和人文的调查研究，对云南省的开发与建设作出了重要贡献。

优良传统与学风的形成与三校的历史息息相关。北京大学的前身是1898年戊戌变法时成立的京师大学堂，这是我国第一所现代教育意义上的大学。我国文、理、法三方面的大部分学科是北京大学首先建立的。1917年蔡元培接任校长后，扫除旧风旧习，创新风、新制、新学，提倡学术自由，兼容并包，使学风丕变，引领全国。蔡元培到校后组织教授会、评议会，实行民主办学、教授治校，始终不辍。哥伦比亚大学博士蒋梦麟先生襄助蔡校长，后又接任校长，"蔡规蒋随"使北大的优良传统和校风得以赓续。

清华大学的前身是1911年成立的清华学堂，源于美国减赔退回部分庚子赔款之举。1907年清政府与美国达成协议，减少赔款，本利合计减赔款额2792万美元。双方商定此款项自1908年起按计划逐年（至1939年为止）由中方先付给美方，再由美方签退，专款专用，由共设的委员会管理，用于派学生赴美留学。1908年、1909年派送两批后，为使学生赴美能顺利就学，于1911年设立清华学堂（1912年更名为清华学校），对拟派出的学生先培训，再派出。毕业生抵美后经审查甄别可直接插班入大学学习。清华学校的性质决定了其教学应与美国大学衔接。1925年清华学校设大学部，培养四年制本科生。后清华留美预备教育逐步取消，庚款留美学生在全国范围内举行考试选拔。大学部成立后，不少留学生学成归来任教清华，使得清华很快就位于国内高校前列。梅贻琦两度赴美，先后获学士、硕士学位。他曾任清华大学教务长（1926年）、清华留美学生监督（1928年），1931年任校长。他洞悉美国教育及留学生情况，延聘良师，亦取教授治校的方针，组织评议会、教授会。清华有专项经费的保证，有派遣留学生之便利，优秀中学生争相报考，蒸蒸日上之势为国内所少见。

南开大学是教育家张伯苓创办的一所私立大学。他首先创办敬业中学堂（南开中学前身），梅贻琦就是敬业中学堂首届毕业生。张伯苓创办南开中学十分成功。创办前访日考察教育，后又为办大学两次赴美考察。1919年南开大学成立，张伯苓任校长。1928年张伯苓第三次访美考察高等教育并募款。他为办好南开大学殚精竭虑，成绩斐然。1937年南开大学已成为拥有文、理、商、经4个学院，15个系，学生500余人的一所具有特色的私立大学。

1937年7月7日"卢沟桥事变"后，7月底平、津先后陷落。8月28日教育部决定由三校联合组成长沙临时大学，并指定三位校长任长沙临大筹委会常务委员。梅贻琦立即赴湘落实建校任务，11月1日即开学上课。由于战火逼近武汉，1938年2月长沙临时大学决定西迁昆明。4月教育部电令，长沙临大更名为国立西南联合大学。因昆明校舍不敷应用，文学院、法商学院在蒙自分校上课一学期。1938年8月增设师范学院。1940年因日寇占安南（现越南），昆明吃紧，为防万一，于四川叙永设分校，一年级新生和先修班学生在叙永上课两学期。1941年后全校师生始稳居昆明。1946年西南联大宣布结束，三校北返。自1937年起学校几度播迁，师生艰辛备尝，均赖"刚毅坚卓"（校训）的精神顺利克服。

联大迁昆后全校校务主要由梅贻琦常委主持，蒋梦麟、张伯苓两位常委因在渝另有任务，遂派代表参加常委会。当时学校的一切重大事项均由常委会决定，遇有需向当局请示之事，蒋、张二人在渝折冲。

三校原来就有密切的合作关系，有共同的教育理念，三校校长都是深谙高等教育规律的教育家，在本校均有很高的威望。因此，三校的联合可谓珠联璧合，相得益彰。三位常委相互信任，合作无间，与联大师生一起继承和发扬三校的优良传统和学风，共同谱写了我国高等教育史上的光辉篇章。

西南联大全校共设5个学院，26个系。

文学院：中国文学系、外国语文学系、历史学系、哲学心理学系。

理学院：算学系、物理学系、化学系、生物学系、地质地理气象学系。

法商学院：政治学系、经济学系、法律学系、商学系、社会学系。

工学院：土木工程学系、机械工程学系、电机工程学系、航空工程学系、化学工程学系。

师范学院：国文学系、英语学系、数学系、理化学系、史地学系、公民训育系、教育学系。

西南联大继续秉承"民主办学、教授治校"的方针，《教务会议致常委会文》和《训导处工作大纲》充分体现了教授们的办学思想。

1939年教育部连下训令三件，对大学应设课程、成绩考核均作详细规定，并要求教材呈部核示。联大教授对此颇不以为然，给常委会发文，请转呈教育部。大意摘录如下：第一，"夫大学为最高学府，包罗万象，要当同归而殊途，一致而百虑，岂可以刻板文章，勒令从同。世界各著名大学之课程表，未有千篇一律者，即同一课程各大学所授之内容亦未有一成不变者。惟其如是，所以能推陈出新，而学术乃可日臻进步也。如牛津、剑桥大学，在同一大学之中，其各学院之内容亦各不相同，彼岂不能令其整齐划一，知其不可亦不必也"。第二，"教育部为最高教育行政机关，大学为最高教育学术机关，教育部可视大学教学研究之成绩，以为赏罚殿最，但如何研究教学，则宜予大学以回旋之自由"。文中认为，教育部有权，大学有能，"权能分治，事乃以治"，"权能不分，责任不明"。第三，"当局时有进退，大学百年树人，政策宜常不宜变"。不能因部中当局之进退，朝令夕改。第四，"教育部今日之员司，多为昨日之教授，在学校则一筹不准其自展，在部中则忽然智周于万物，人非至圣，何能如此"。第五，全国公私立大学程度不齐，教育部欲树一标准，亦可共谅，但西南联大承三校之旧，均有成规，行之多年，"纵不敢谓极有成绩，亦可谓当无流弊，似不必轻易更张"。呈文送上后，教育部未下文批评，只表示收到此文，默认西南联大可照旧行事。实际上西南联大一门课程可由几位教授讲授，内容不一，百家争鸣，优点十分突出。

在育人方面，西南联大亦有独特之处，抵制党化教育，采取教书育人、启发引导之法。1939年11月7日《训导处工作大纲》中规定："本校训导方法，注重积极的引导，行动的实践；对于学生之训练与管理，注重自治的启发与同情的处理，以期实现严整的生活，造成纯朴的风气。""目标是：其一，力求北大、清华、南开三校校风之优点在联大有表现机会；其二，就学生日常团体生活，培养互助为公之团体精神；其三，促进学生对于时代的觉悟，与对于青年责任之认识，以增强其参加抗战建国工作之志向与努力。"大纲还强调"注重学校事务之教育价值"，大学教务、训育、总务等各个部门都应担负育人之责。基于以上原则，学校对学生的管理侧重引导、培养，而不是"管"和"罚"，提倡自治，提倡开展社团活动（学生组织学术性、政论性、文艺性的壁报社，组织体育会、歌咏队、剧艺社、诗社等等，只要学生提出事情，且聘请一位教授任导师，训导处一律予以批准）。因此，校园气氛十分活跃，学生的德、智、体、群各方面得到全面的培养。

传承和发扬三校优良传统和学风的主体是教授。曾在西南联大各系担任过教授职务的有269人。三校教授汇聚一堂，加上抗战时期从国外学成归来的青年学者，形成了一个老中青结合、人才济济的群体。在他们之中有学富五车的国学大师，有在国外留学多年、学术造诣深厚的学者，有我国近代科学和高等教育的奠基人及各学科的带头人，有掌握国外科学前沿知识、学成归国的青年教授。这样一批人登上西南联大的讲坛，联大学子在他们的言传身教下耳濡目染，加上本人的勤奋努力，人才辈出是顺理成章之事。

云南教育出版社组织出版"西南联大名师"，以学科为单位扼要介绍各位教授的生平、学术成就、育人贡献及道德风范，我认为是一项很有意义的事。近年来，社会上赞扬西南联大，倡导学习西南联大者甚众，这一书系为此提供了具体生动的教材。鉴于西南联大的教授在校时间差异很大，成就大小亦不相同，有些原始资料收集难度很大，因此，书系中未能收录所有教授。在入选的教授中，各篇文章的篇幅并未强求一致，只要言之有物、符合史实即可，这也是秉承西南联大的一贯作风。

沈克琦

西南联大北京校友会会长

原北京大学副校长

西南联大物理系1943届毕业生

2011年1月6日

语言文学大师风采

朱自清　闻一多　沈从文　王　力　魏建功

目　录

前　言 / 1

新文学教育的开创者：朱自清 / 9
　一、朱自清在西南联大 / 9
　二、朱自清的中文教育思想 / 17
　三、朱自清的中文教学 / 28
　四、朱自清的文学创作与研究 / 35

多才多艺多光彩：闻一多 / 43
　一、闻一多在西南联大的生活 / 43
　二、闻一多讲课 / 50
　三、闻一多的学术研究 / 60
　四、闻一多的演讲 / 68

作家的培育者：沈从文 / 78
　一、沈从文在昆明的生活 / 78
　二、沈从文在西南联大讲课 / 87
　三、沈从文在昆明与文学青年的交往 / 97

走过自学道路的语言大师：王力 / 108
　一、从高小失学到留法博士 / 108
　二、著作等身的语言学大师 / 116
　三、龙虫并雕的学者散文家 / 126

1

语言现代化的推进者：魏建功 / 136
    一、从西场到北京大学 / 136
    二、毕生从事语言文字教育和研究 / 143
    三、领衔赴台推行国语 / 147
    四、主持编纂《新华字典》/ 152
    五、参与制订《汉字简化方案》和《汉语拼音方案》/ 155

结　语 / 159

后　记 / 162

语言文学大师风采

朱自清 闻一多 沈从文 王　力 魏建功

前　言

  国立西南联合大学中文系开篇于西南联大建立之时。
  1937年8月，中华民国教育部决定建立国立长沙临时大学之初，在其内部机构设置中即有中国文学系的考虑。当时在北平的北京大学、清华大学中文系（国文系）诸教授接到校方的通知后，便各自设法奔赴长沙。由于日寇盘查严密，教授们有的靠乔装打扮才得以出城，并经过辗转迂回的旅程，历尽艰辛，以赴教学；有的如罗常培、罗庸、魏建功等，迟至11月17日才得以离开北平。为了传递中国文化的薪火，他们克服各种艰难险阻，汇聚于长沙。
  长沙临时大学校舍不敷，故设文学院于南岳圣经学校分校。第一批教授十余人于11月3日抵南岳，学生则于16日才由长沙迁到南岳，故南岳分校19日才开始上课。开学之初，中文系教授会主席是朱自清，教授只有陈寅恪、闻一多、浦江清、王力等数人。各教授会主席合组院务委员会，推朱自清为文学院召集人。那时南开大学没有中文系，临时大学中文系实际由北京大学和清华大学两校中文系合组而成。
  1938年1月，临时大学决定西迁昆明。20日，常委会决定聘胡适为文学院院长。学期结束时，南岳分校也随之结束，师生迁回长沙。2月，师生们开始了举世闻名的3500里长途迁徙，历时两个多月到达昆明。4月2日，国立长沙临时大学更名为国立西南联合大学。
  到了昆明，西南联大租借的房屋仍不够用，于是设文学院和法商学院于蒙自，成立蒙自分校，于5月4日与昆明校本部同时开学。此时文学院院长胡适仍在欧美为抗战从事民间外交而未到校，由冯友兰代理其职。10月，胡适正式出任驻美大使后，冯友兰继任院长。中文系教授会主席仍然是朱自清。教授除临时大学之初的几人外，又增加了刘文典、罗庸、罗常培、魏建功等。蒙自风物有似北平，让这些离乡背井的教授得到许多心理慰藉。他们在南湖边传道授业，钻研业务，刻苦用功，寄忧思于学术。可惜立足甫定，租用为办学主体的蒙自海关、法国领事馆和汇理银行校舍又被征为他用。8月，分校结束，迁回昆明。

文学院回到昆明后，借昆华农校校舍上课。1939年夏，西南联大新校舍建成，文学院迁入新校舍，直至西南联大结束。

1938年秋，学校增设师范学院，下设国文系，系主席由朱自清兼任。1939年6月，教授会主席改称系主任。11月，朱自清因生病，系主任由北京大学中文系主任罗常培暂代。1940年6月，罗常培正式接任西南联大中文系和师院国文系主任。1941年秋，罗常培患病，两系系主任由杨振声暂代4个月。1944年秋，罗常培赴美讲学，两系系主任由罗庸代理，直至结束。此时的教授有所变化：陈寅恪和魏建功1940年夏离校，刘文典1943年底离校，罗常培1944年离校；游国恩1942年秋来校，唐兰1940年升任，陈梦家1944年升任，许维遹1945年升任。此外，师范学院国文系先后有教授5人，他们是：彭仲铎、沈从文、余冠英、萧涤非、张清常。师院国文系和文学院中文系的教师交叉上课，因此他们也可算作中文系的教授。

西南联大被公认为"大师如云"，中文系则可说是"教授如林"。中文系不仅教授著名，而且教授的人数也是西南联大所有学系中最多的，如果算上师院国文系的教授，其数量远在其他系之上。有的教授当时即相当有名，有的被称为"教授的教授"，有的当时资历尚浅，但后来多成长为"大师级"人物。曾先后担任西南联大中文系教授的有胡适、陈寅恪、杨振声、朱自清、闻一多、浦江清、王力、罗常培、魏建功、罗庸、刘文典、游国恩、唐兰、彭仲铎、沈从文、陈梦家、余冠英、萧涤非、许维遹、张清常等20人。

"1937～1946的九年中，中文系教师共开专业课107门，每学年有20门左右的课程供学生修习。其中文学课程约占65%，语言文字课程约占35%。必修和选修

1938年，西南联大中文系师生在蒙自分校合影。前排左起：罗常培、魏建功、罗庸、郑天挺；中排左起：傅懋勋、徐嵩龄、周定一、马学良、宋汉濯、詹瑛、刘泮溪；后排左起：陈士林、何善周、张盛祥、陈登亿、马彭骥、向长清、阴法鲁

课各半。"①必修课多选学有专长的教师执教，选修课基本上是任课教师多年研究的专项。有的课相当叫座，就连住在城东的工学院的一些学生也穿城而过到城西来听讲，有的社会人士也来听讲，课堂门窗外面都站满了听众，罗庸讲"诗经"和"杜诗"、闻一多讲"古代神话"和"唐诗"时的情景就是这样的。许多课程具有开创性，其中最值得注意的是关于中国现代文学和边疆民族语言方面的课程。前一方面的课有"现代中国文学讨论及习作""现代中国文学""各体文习作（一）""各体文习作（三）"②"创作实习""文学概论"等，由杨振声、沈从文和李广田讲授；后一方面的课有"现代方言"和"汉藏系语言调查"，前一门为罗常培所开，后一门为罗常培与邢庆兰、高华年合开。中文系的课有效地培养了研究中文并具有创造精神的新型的专门人才。

中文系教师还担任全校公共课"大一国文"（读本与作文）的教学。授课教师的分组，大体上是一个教授和一个教员或助教结合为一组，教授讲现代文，教员或助教讲文言文并负责作文教学。课本在杨振声主持下，由全体教师推荐篇目，报大一国文委员会审查确定。它的显著特点是选入了相当数量的现代文，学生作文也限用现代文。将现代文纳入教材并以现代文作文，这在当时的大学中是绝无仅有的，具有划时代的意义。"大一国文"课为西南联大学生后来在各个专业领域的长足进步打下了坚实的基础。

中文系教师的科研成绩显著。在1941～1946年国民政府教育部举行的前三届学术奖励中，闻一多的《楚辞校补》获二等奖，王力的《中国现代语法》和《中国语法理论》、高华年的《昆明核桃箐村土语研究》、张清常的《中国上古音乐史论丛》、阴法鲁的《先汉乐律新探》获三等奖。在西南联大期间出版的著作除以上获奖的外，还有罗常培的《中国人与中国文》、朱自清的《经典常谈》、罗庸的《鸭池十讲》、朱自清与叶圣陶合著的《精读指导举隅》和《略读指导举隅》，以及沈从文创作的《长河》《湘西》《昆明冬景》《烛虚》《云南看云集》等。此外，有的著作当时写成但未及出版，有的在写作中尚未完成，有的作了大量准备还未下笔，这些在以后都出版发行了。发表的论文则难以统计，有的论文对学术的进步和影响相当大。

还要说及的是，著名的《西南联合大学校歌》出自中文系教师笔下，词作者为罗庸教授，曲作者为张清常。张清常在谱曲时还不是教授且没在西南联大，但后来

---

① 国立西南联合大学校友会编：《国立西南联合大学校史》，北京大学出版社2006年版，第91页。
② "各体文习作（一）"练习语体文写作，"各体文习作（三）"为语体文提高课。

进入西南联大并成为师范学院国文系教授。《西南联合大学校歌》每一个西南联大学生都会唱,并且由他们传唱到21世纪,至今还在北京大学、清华大学、南开大学和云南师范大学的青年学生中咏唱。

西南联大中文系的著名教授简介如下:

胡 适(1891~1962),字适之,安徽绩溪人,生于上海。1910年赴美留学,热心探讨语言文学。1917年初发表《文学改良刍议》,引发了一场文学革命。1917年秋归国,任北京大学文科教授,参与领导了白话文运动,捍卫了文学革命的成果,因而名扬天下。他发表了白话文作品《终身大事》(话剧),出版了《尝试集》(诗集)和有关新文学建设的理论文章,在文学界地位崇高。1938年初,长沙临时大学聘请胡适为文学院院长。此时胡适已受命赴美国为抗战从事外交工作,不能到校主持工作,请冯友兰代理。原任的北京大学文学院院长由杨振声代理,文科研究所所长由傅斯年代理。1945年9月,国民政府任命胡适为北京大学校长,意即为西南联大常委。胡适到任之前,由傅斯年代理。1946年秋,胡适返国,任北京大学校长。1949年4月,胡适再度赴美求援,后滞留美国。1958年,胡适从美国回台湾任中央研究院院长。1962年因脑溢血逝世。

罗常培(1899~1958),字莘田,生于北京。1916年秋考入北京大学国学门,1919年夏毕业,复入哲学门,后因经济原因辍学。曾在多处任职。1934年到北京大学任教,1936年任中文系主任。"七七事变"后,写成专著《临川音系》。1939年夏任北京大学文科研究所语学部、中国文学部主任。1940年6月正式接任西南联大中文系主任。在西南联大,他开设了"语音学""声韵学史""现代方言""训诂学""比较语音学""声韵学概要""古音研究"及"汉藏系语言调查"等十几门课程,发表了二十余篇语言学论文,开拓了云南少数民族语音的研究,为学术界研究汉藏语系奠定了基础。1944年秋,他应聘去美国讲学。1948年夏回国,任北京大学教授。1949年任中国科学院语言研究所所长。1955年被选为中国科学院学部委员。罗常培是中国现代语言学奠基人之一。

王 力(1900~1986),字了一,广西博白人。小学毕业后靠自学打下扎实的基础。1926年考入清华大学国学研究院,1927年赴法国留学。1932年回国任教于清华大学,1937年随校到西南联大,1946年到广州中山大学讲学遂留在该校主持文学院工作,1954年由中山大学调任北京大学教授,1955年被选为中国科学院学部委员。曾兼任中国语言学会名誉会长、中国音韵学研究会名誉会长、《中国大百科全书》总编辑委员会委员。王力一生从事语言科学的教学和研究工作,是中国现代语言学奠基人之一，在音韵学方面用力最勤，又是诗律学家、诗人和散文家。王力著述汇编为《王力文集》20卷，代表作为《汉语音韵学》和《汉语史稿》等。

魏建功（1901~1980），字天行，江苏如皋人。1925年北京大学国学门毕业后在多所大学任教，1937年随校到西南联大。抗日战争胜利后，赴台湾任国语推行委员会主任，主持推行国语工作，使台湾地区成为我国最早普及汉语国语的省份。1948年回北京大学任教，后调任新华辞书社社长，主编《新华字典》。其后任北京大学副校长、中国科学院学部委员、中国文字改革研究委员会委员、国务院科学规划委员会委员、中央推广普通话委员会委员、中国科学院语言所审音工作委员会委员等职。他主要致力于汉语的教学、研究和推广工作，学术上对方言调查、歌谣收集、古籍整理、古文字研究等都有成就，尤其在音韵学方面成就最大。有《魏建功文集》行世。

刘文典（1889~1958），字叔雅，生于安徽安庆。1908年留学日本早稻田大学。曾加入中华革命党，任孙中山秘书。1917年为北京大学中文系教授，开课10门，著《淮南鸿烈集解》。1927年，主持筹备安徽大学，翌年代理校长职务。在一次学潮中，刘文典为保护学生顶撞蒋介石遭扣押，保释后回北京大学任教。1929年转入清华大学中文系，完成《三余札记》《庄子补正》等著作。1938年到西南联大，讲授"文选""庄子""温飞卿""李义山""中国文学批评研究""元遗山""吴梅村"等课程。他讲课态度认真，精雕细琢，旁征博引，庄谐并举。他的演讲也很著名，曾在文林堂讲《庄子哲学》，在校园草坪讲《红楼梦》。1943年进云南大学，开"杜诗研究""温李诗""文选学""校勘学"等课程。刘文典是著名的古文研究家，今有《刘文典全集》出版。

杨振声（1890~1956），字今甫，生于山东蓬莱。1915年考入北京大学国学门。1918年参与创办新潮社及《新潮》杂志，创作《玉君》等著名小说。"五四"运动中曾两次被捕。1919年到美国攻读教育学和心理学，获博士学位。1924年回国，先后在多所大学任教，1928年任清华大学文学院教授兼院长，1930年任青岛大学校长。1933年负责中小学国文教科书编辑，并编辑《大公报·文艺副刊》。作为西南联大秘书主任、叙永分校主任，杨振声做了大量工作，是西南联大办学的一名功臣。1944年赴美国讲学一年。杨振声在西南联大时期对现代教育的杰出贡献是推进了现代文学教育：他率先开出"现代中国文学讨论及习作"和"现代中国文学"课，他主持编选的《大一国文》开创了现代文学作品进入大学教材的历史。北京大学复员工作完成后，他做了专职教授。1952年院系调整，到东北人民大学中文系任教授。

朱自清（1898～1948），字佩弦，生于江苏东海，自称"扬州人"。1920年提前一年毕业于北京大学哲学门，辗转从教于江浙两省中等学校。1925年任清华大学国文系教授，开创"中国新文学研究"和"歌谣"两门课。1931年往英国访学，归国后任清华大学国文系主任。他与西南联大相始终。北返后任清华大学中文系主任，讲授"诗论""中国现代诗歌与散文""中国文学史""中国文学批评"等课程。他贫病交加却拒绝美国救济的面粉，病逝时仅50岁。朱自清的贡献是多方面的：创作了优美的散文，是新文学教育的开拓者，在古文研究和普及方面成绩突出，还是现代诗论的建设者。今有《朱自清全集》行世。

闻一多（1899～1946），名家骅，湖北浠水人。13岁考取清华学校，1922年赴美国学美术，同时喜爱文学和戏剧。1925年回国，参加新月社，提倡"新格律诗"，诗集有《红烛》《死水》。1926年辞去艺术专门学校教务长，之后在吴淞政治大学、南京第四中山大学、武汉大学、青岛大学等校任教授并兼院、系领导。1932年受聘为清华大学教授，埋头学问，对唐诗、《诗经》和《楚辞》用力尤殷。1937年，放弃休假到西南联大，教学与学术研究声名远扬。由于参加民主斗争，被云南地方特务暗杀，遇害时年仅47岁。闻一多是著名的诗人、学者和民主斗士，有《闻一多全集》传世。

游国恩（1899～1978），字泽承，生于江西临川。1926年北京大学国学门毕业，去中学任教。1929年任武汉大学、青岛大学讲师，讲"中国文学史"和"楚辞"等课。1932年升任教授。1936年任华中大学教授兼中文系主任，新开"历代文选""诗选""词选""史记"等课程。1938年随校迁至桂林，再迁大理。1942年任西南联大教授，开"中国文学史""历代文选""中国文学专书选读"等课程。他讲课认真，待人接物和蔼可亲。在西南联大期间，发表了多篇学术论文，《楚辞女性中心说》《论屈原文学的比兴作风》《论〈陌上桑〉》等都很有创见。西南联大结束后回北京大学任教。游国恩是著名的中国古代文学研究家，在《楚辞》研究上成就尤高，著有《楚辞概论》《读骚论微初集》《屈原》，参编有《中国文学史教学大纲》《先秦文学史参考资料》《中国文学史》四卷本等。

罗 庸（1900～1950），字膺中，生于北京。1917年考入北京大学国学门，毕业后入研究院。1924年毕业进教育部任职。1927年应邀赴日本东京帝国大学讲学。后任中山大学、浙江大学教授。1932年回北京大学任教授。在西南联大，他讲授"中国文学史""诗经""楚辞""论语""孟子""杜诗"等14门课。罗庸讲课声音洪亮，语调铿锵，语言风趣，富有吸引力，连工学院的学生也时常由城东到城西来听他讲课。他儒学功底深厚，著述多种，但不轻易发表，生前仅出版过《鸭池十讲》。1938年创作了《国立西南联合大学校歌》歌词。1942年，兼任中法大学文史系主任。1944年，代理并继任西南联大中文系主任。三校北返后，留在昆明师范学院中文系任教授兼系主任。1949年赴重庆勉仁二中任教。病逝时年仅50岁。罗庸在中国古代文学研究上多有发现和贡献，《习坎庸言》是他的另一部学术著作。

浦江清（1904～1957），生于江苏松江。1922年入东南大学西洋文学系，辅修国文和哲学。1926年大学毕业，到清华大学国学研究院任陈寅恪助手，掌握几门外语，贯通中西。1929年国学研究院结束，转入国文系任教。1933年赴欧访学，回国后任清华大学国文系副教授。在西南联大，浦江清讲授"中国文学史""词曲""历代诗选""词选""曲选""俗文学研究"等课。他总是认真备课，耐心讲解，教学效果良好。1939年，参与筹办《国文月刊》，并任第一任主编，为《国文月刊》开创了良好之风。闻一多遇害后，他接替了"楚辞"课。1948年朱自清病逝，他代理清华大学中文系主任之职，主编《朱自清全集》。1952年随中文系并入北京大学。他刻苦工作，积劳成疾，终年仅53岁。浦江清在古代文学研究方面多有建树，其著作有《浦江清文录》《浦江清文史杂文集》等行世。

沈从文（1902～1988），原名沈岳焕，湖南凤凰人。1918年小学毕业参军。1923年去北京，学习写作。1924年发表了第一篇作品，1926年开始卖文为生。1928年去上海编辑杂志。1929年任中国公学讲师，开"新文学研究""小说习作"和"中国小说史"课。后任教于武汉大学、青岛大学。1933年，回北平参加中小学教科书编纂工作，并编辑《大公报·文艺副刊》，引出"海派"与"京派"的论争。1939年进西南联大任教，主讲新文学课程，直到西南联大结束入北京大学。1948年进历史博物馆工作，著《中国古代服饰研究》一书。《边城》《湘行散记》《从文自传》《长河》等是其代表作。

唐兰（1901～1979），字立庵，浙江秀水人。早年学医，1920年入江苏无锡国学专修馆，三年中完成《说文注》四卷。后在多处工作。1936年任故宫博物院专门委员。1938年进入西南联大，任中文系副教授。1940年升任教授，讲授"古文字学研究""卜辞研究""六国文字研究""说文""甲骨文研究""尔雅""文字学概要""周易"等11门课。他授课是即兴讲解，像平常聊天，使听课的人倍感亲切，不但中文系学生爱听，物理系的王竹溪和哲学系的沈有鼎两位教授也去听。三校复员后，他在北京大学任教授。1952年调故宫博物院任研究员，后任副院长。唐兰兴趣广泛，知识渊博，研究领域多种，建树颇多，而他一生用力最久、贡献最大的是中国古文字学。先后出版的著作有《殷墟文字记》《古文字学导论》《天壤阁甲骨文存》《中国文字学》等。

陈梦家（1911~1966），生于南京。1927年考入中央大学法律系。热心诗作而成为闻一多和徐志摩的门下客。1931年毕业去上海选编《新月诗选》，并写了著名的《序言》。1932年入燕京大学宗教学院学习，1934年进该校研究院攻读古文字学。1935年出版《梦家的诗》，告别诗人时代。1936年毕业留校。1937年进西南联大任教，1944年升为教授。陈梦家开的课有"文字学""卜辞研究""铜器铭文研究""文字学概要""声韵学概要""说文古籀补""尚书""文字学史"等。1944年赴美国讲学，1947年回清华大学任教授。1952年转入中国科学院考古研究所任研究员。他的主要研究和贡献在语言文字学领域，《殷墟卜辞综述》《殷墟卜辞器》《西周铜器断代》《尚书通论》可为代表作。1957年被错划为右派，"文化大革命"中含冤逝世，年仅55岁。

中文系的这些著名教授，以他们渊博的学识，勤奋的工作，传递中华语言文学的薪火，并且融汇古今中外，创造出新的文化因素，取得了令人瞩目的成绩。时间越久，人们对他们的敬仰越深。本书从中挑选出几位，对他们的生活和业绩加以介绍，让我们一起来领略大师的学识和智慧，共同瞻仰大师的风采。

新文学教育的开创者：朱自清

一、朱自清在西南联大

朱自清接到梅贻琦要求南下长沙的电报后，心情稍得安定。这时，清华园已沦入敌手，北平到处是日本军人，车站上的难民拥挤不堪，全家人一起离开北平相当困难。妻子陈竹隐深明大义，临危不惧，同意先生先走，自己领着孩子留下日后再图良策。1937年9月22日，朱自清戴着一副眼镜，提着一个旧皮包，躲过日本人的搜查，挤上了去天津的火车，而后几经波折，于10月4日到达长沙。虽然途中辛苦异常，但作为清华大学国文系主任的他，已经开始谋划国立长沙临时大学中文系的教学事宜了。路过武汉时，他专门寻访在家休假的闻一多，动员他暂缓休假，赴长沙临大以缓解师资不足之难。抵长沙当日，

朱自清（摄于20世纪20年代）

他即访清华大学校长梅贻琦、教务长潘光旦和秘书长沈履，并接任临大中国文学系教授会主席职务，操持系务，接着兼任临大贷金委员会召集人，解决困难学生的生活问题。22日夜里，闻一多从汉口来长沙，朱自清专程去火车站迎接。11月3日朱自清与文学院教师同车自长沙赴设在南岳圣经学校分校的临大南岳分校，主持抽签分房等事务。19日分校开学，讲授"宋诗"课，不久写成在北平已准备的论文《文

选序"事出于沉思，义归乎翰藻"说》。文学院学术空气浓厚，教师们各自钻研著述，多有成果，教学中克服无教材、缺参考书的困难，教师凭功力讲授，学生专心向学，教学效果显著。

可是，日本侵略者的铁蹄迫近长沙，临时大学不得不决定西迁昆明。1938年2月16日，朱自清与冯友兰、汤用彤、钱穆、陈岱孙、郑昕等十余人乘汽车再次走上了迁徙的路途，取道广西，出镇南关（今友谊关），至越南河内。因途中冯友兰手臂骨折，朱自清与陈岱孙留下照顾医治，3月16日才乘滇越铁路火车抵昆明。4月2日，奉教育部令，国立长沙临时大学更名为国立西南联合大学。朱自清仍为中文系教授会主席（后改称系主任）。由于昆明校舍不敷，西南联大租到位于南湖南边的蒙自海关、法国汇理银行、法国领事馆和南湖北边的哥胪士洋行及早街周宅等设蒙自分校，置文学院、法商学院。5日，朱自清抵蒙自参与筹办分校。15日，到火车站接学生。5月4日开学。当天，北大学生主办集会纪念"五四"，朱自清应邀演讲。10日，被推为分校战区救济及寒苦学生贷金委员会委员。13日，当选分校校务委员会书记。20日，学生向长清、刘兆吉、穆旦、赵瑞蕻等二十余人组成南湖诗社，朱自清与闻一多共同担任导师，指导学生写新诗。30日，赴越南海防迎接家眷及其他教师家眷。6月4日回蒙自。6日与家属迁居桂林街大井巷。这时，教育部委托撰拟大学中文系科目草案，经数次与罗常培商讨后，于19日起草"草案"，寄往教育部。农历6月24日是彝族火把节，蒙自街头烧起火堆，围着男男女女，小孩提着烂布浸油的火球晃来晃去，全城闹腾起来，四乡彝族则用小树做成火把，点着游行，热烈畅快。朱自清出门观察，认为它"暗示着生活力的伟大，是个有意义的风俗"，还把它和抗战相联系，说在"需要鼓舞精神的时期，它的意义更是深厚"。①南湖是一个积雨湖，雨季波光潋滟，垂柳拂水，尤加利枝干参天，崧岛一带荷叶田田，这番景象让朱自清想起北京的什刹海。师生课余常去湖中游览或读书，朱自清曾和友人去湖中饮酒闲谈，颇得其乐。清华毕业生编《清华第十级级刊》作毕业纪念，朱自清作《临别赠言》："不负所学，各尽所能，来报效我们的民族，以完成抗战建国的大业。"②因校舍另有他用，学校决定蒙自分校撤回昆明。8月5日，朱自清任分校校务委员会代理主席。13日，送家眷先赴昆明，自己留下处理分校结束事务。27日，率学生至碧色寨上火车，为其送别。31日，结束分校事务。是月，西南联大增设师范学院，朱自清兼任师院国文系主任。9月4日，返抵昆明。

---

① 朱自清：《蒙自杂忆》，《朱自清全集》第4卷，江苏教育出版社1996年版，第400页。
② 朱自清：《赠言》，《朱自清全集》第8卷，江苏教育出版社1996年版，第422页。

语言文学大师风采
朱自清 闻一多 沈从文 王力 魏建功

1938年9月21日，朱自清与沈从文、杨振声商定教育部委托编写的教科书目录，他负责古文部分。10月6日，被邀为"编制本大学校歌校训委员会"委员，校训、校歌经委员会多次筛选讨论，最后报常委会批准。校训为"刚毅坚卓"，校歌为罗庸作词、张清常作曲的《满江红》。其时张清常在广西工作，经由朱自清联系而为西南联大校歌作曲。11月26日，朱自清被聘为西南联大战区学生救济及寒苦学生贷金委员会委员。30日，出席清华教授会议，被选为年度教授会书记。12月26日，钱端升拟办《今日评论》周刊，被邀为编委。28日，茅盾赴新疆学院路经昆明，参与接待、陪同，并接受茅盾建议，参加当地文艺活动，参与其组织从事抗战文化活动。1939年11月2日，即主持了有茅盾参加的"文协"云南分会会议。3月15日，与十教授结伴游石林，至18日返校。4月9日，"文协"在重庆举行年会，再次缺席当选理事。5月14日，"文协"云南分会改为昆明分会，参与负责分会工作。首先是在暑期成功举办了一期讲习班，并亲自讲授作品赏析。在杨振声的主持下，西南联大中文系成立"大一国文"委员会，负责该课教学事务，并集体编辑教材。朱自清作为中文系主任，做了组织协调工作，几经商讨增删，至1942年编定印行。这册"大一国文"首次把现代文编进教材。暑假中，曹禺应邀来昆明导演《原野》和《黑字二十八》，朱自清往观，深受感动，作《〈原野〉与〈黑字二十八〉的演出》加以评介。因昆明屡遭日本飞机袭击，应散文作者惠我春邀请于9月13日移家西郊龙院村惠家大院。10月新学期开始，在中文系迎新茶话会上，罗常培批评一学生讨厌旧文学爱好新文艺的思想，朱自清立即发言支持学生，差点引出教授间的争论。11月14日，获准辞去文学院中文系主任和师院国文系主任职务，由罗常培代理。月底，落实师范学院国文系编辑出版《国文月刊》合同等事务。该刊后于1940年6月创刊，主编浦江清，朱自清等任编委。后主编和编委有变动，但朱自清一直是编委。1940年5月，因昆明物价飞涨，陈竹隐携孩子回成都。6月，朱自清被推为教育部国语推行委员会委员。7月，朱自清请求下年度休学术假，清华大学中文系主任请闻一多代理。朱自清学术假满返校后辞去该职务，闻一多正式上任。

朱自清自1930年主持清华大学中文系，以及后来主持西南联大中文系和师院国文系，都延续杨振声主持清华大学中文系时他俩商定的办学思想，即新旧文学接流和中外文学交流，要求中文系学生具备中国古代文学和外国文学两方面的基础，而着眼点则是创造新文学。这种思想体现在课程设置上，是保持古代文学和传统课，开设几种外文系的课程。而新文学方面，当时无人开课，朱自清自告奋勇，开创了"中国新文学研究""歌谣""高级作文"和"散文写作"等课程。在西南联大时期，他支持沈从文、李广田开设"各体文习作""现代中国文学""创作实习"和"文学概论"等课程；在教材编写和使用上，除上述专业课选讲现代文外，还将新文学作品选入大学语文，开创了新文学作品进入大学通识课堂的新篇。此外，朱自清发表言论倡导学习新文学，在《国文月刊》上发起关于中学生国文程度与现代文的讨论，还在教学指导书中介绍鲁迅、胡适等人的文学作品。朱自清对新文学的教学和中文系的发展作出了开创性的贡献。

1940年8月4日，朱自清抵成都，住东门外宋公桥报恩寺内。第二天，他去开明书店办事处访老友叶圣陶，经叶圣陶提议，同意在促进中等学校国文教学方面进行合作，具体工作是两人共同著《精读指导举隅》和《略读指导举隅》二书。此后，两人时常相见，有时同登望江楼，谈古论今。尤其是1941年1月底，叶圣陶从乐山迁家眷到成都西门外后，两人见面更多。其实，住在城东城西的两家相隔二十里，见面不易，两人便相约于城中少城公园一茶馆相见，每每相谈甚晚。有时两人一起访问朋友或赴朋友之约。此间更有文章互看，诗歌唱和，甚为惬意。两人合作的《精读指导举隅》《略读指导举隅》分别于1942年和1943年由商务印书馆出版，此前《精读指导举隅》于1941年2月由四川省教育厅印行，两书对语文教学起到了有效的指导作用。朱自清休假的任务是研究中国古代散文的发展问题，因在成都手边资料不济，改为研究《古诗十九首》和著《精读指导举隅》与《略读指导隅》二书，朱自清称之为"日常工作"。1941年2月的一天，李长之突然来访，见他桌上摆着《十三经注疏》，正在紧张而有序地工作。他分析《古诗十九首》，写成系列文章，连载于《国文月刊》，帮助青年了解中国最早的五言诗。1941年8月的一天，"文协"成都分会派厉歌天来访，说分会办有暑期文学讲习会，想请他去做一次讲演。朱自清爽快地答应，并于9日晚去讲《文学与新闻》，听者踊跃。厉歌天喜欢新诗，之后给朱自清送来一些诗集和诗刊，并向朱自清请教新诗的问题。9月2日，朱自清给厉歌天写了一封信谈新诗创作问题，厉歌天以《关于新诗的比喻和组织》为题发表了。这些活动重启了朱自清研究新诗的兴致。朱自清写《新诗杂话》起于1936年，并且写出了两篇发表在《文学》杂志上，后因抗战迁徙而停止了写作。现在他看到有这么多青年喜欢新诗，又重新燃起了写作新诗的兴趣。光阴荏苒，休假很快结束了，10月8日，朱自清动身返昆明。在叙永等车时，他认识了在西南联大叙永分校任教的李广田，两人交谈抗战文艺，尤其是抗战诗，更加深了他写《新诗杂话》的热情。回到昆明后，陆续写作，最终结成了15题的《新诗杂话》。

1941年11月初，朱自清抵昆明。为了方便学术研究，是月12日，从西郊龙院村迁至北郊司家营文科研究所居住。司家营离城约二十里，朱自清周二下午步行进城，上完课后周五下午返回。在所里，他和闻一多、浦江清等教授朝夕相处；到城里，和李继侗、陈岱孙等8位教授同住北门街71号统舱式的房间。12月8日太平洋战争爆发，饮酒庆贺，致使胃病发作，夜不成眠，可他仍高兴不已，逢人便说。研究所里学术空气甚为浓厚，大家早起晚睡，白天在楼上统屋里埋头工作，互不相扰，夜里时常挑灯夜战。每天，朱自清天亮即起，起后先去屋外河边散步，做体操，呼吸新鲜空气，进入研究后即专心致志，因此学术成果也出得很多。《经典常谈》《伦敦杂记》就是这时写定并出版的，《新诗杂话》《诗言志辨》《语文影及其他》等书里的部分篇章也写于此时，他还为王力的《中国现代语法》、马君玠的《北望集》等书作序。这期间，他曾应邀到师范学院与云南省教育厅合办的暑期中学教员讲习班授课，去昆明广播电台、中法大学、云瑞中学、粤秀中学等单位演讲，并多次在西南联大举办的活动中发表演说。昆明虽然四季如春，但冬天还是冷的。有一年的冬天特别冷，朱自清的棉袍烂了，又无钱做新的，他便在街上买一领赶马人穿的披毡，穿着它去上课、演讲、出席会议、访友、上街，自成一格，亦得其趣。这时期也是朱自清的身体状况每况愈下的时期，胃病折磨着他，时常疼痛呕吐，睡眠也受影响，导致精神状态不佳，日记中出现了"疲倦"字样。胃病较重时，他甚至想到过死，尤其是1942年6月生物学教授吴韫珍因胃溃疡开刀不治身亡，使他联想到自己。又兼物价猛涨，家累沉重，工资入不敷出，不得不时常典当物品接济家用，精神负担沉重。旧社会知识分子惯常的"贫""病"二字，在他身上充分地体现了出来，煎熬他的身心。即使在这种情况下，他仍保持着自己的情操。1943年12月，他从北平的刊物上读到俞平伯的文章，立即去信劝老友不要在北平发表文章，"以搁笔为佳"，使俞平伯大受感动。由此事可见朱自清的为人。

1943年3月，美国在昆明成立第14航空队后，日本飞机的空袭渐渐减少，朱自清在城里住的时间也就逐步增多，次年1月之后则基本上住在城里了。城里办事方便，他参加校内外的活动也多了起来，还时常去校外演讲。从成都回来后，为了生计，还去五华中学兼课。闻一多挂牌治印，他在《金石润例》上签名推荐。1944年"五四"，西南联大学生的民主活动重新活跃起来，朱自清被邀在"五四"文艺晚会上演讲，讲题是《新文艺中散文的收获》。在此后一个月里，他三次赴中法大学、粤秀中学和另一个地方演讲。和青年接触多了，朱自清的思想也发生着微妙的变化，写出了《论青年》的文章。10月19日，"文协"分会和各大学文艺团体举办鲁迅逝世八周年纪念晚会，朱自清作《鲁迅先生对写作的态度》的演讲。在此后两个月时间里，他相继为自己的专著《新诗杂话》《国文教学》和《诗言志辨》作序，翻译作品也多了起来，可见他的勤奋。

1944年7月14日，是陈竹隐的39岁生日，亲友来家，正要开宴祝贺，朱自清突然走进家门，皆大欢喜。原来是这样的：1943年，四川麻疹流行，三个孩子一齐受了感染，朱自清非常惦念，筹措路费，于暑假中回来探望，于是有了这意外之喜。次日，夫妇俩即去访问叶圣陶和为孩子治病的刘云波医生等人。回来后作一对联——"生死人而肉白骨，保赤子如拯斯民"，请叶圣陶写了送给刘医生。朱自清此次到成都，除受吴宓之托访问过四川大学校长黄季陆外，还会晤了朋友罗念生、陈寅恪、徐中舒、吕叔湘、李小缘、闻宥、程千帆、华忱之、赵守愚、张志和、金拾遗、徐霞村以及四妹玉华与周协庭夫妇。四川大学和当时在成都的齐鲁大学、燕京大学都有意邀他留下来任教，但朱自清不忍离开清华大学，婉言谢绝了。在成都，他写了《外东消夏录》和《重庆行记》等散文，后一篇的第一节《飞》被叶圣陶作为范文向中学生推荐。朱自清往返路途都经过重庆，在重庆晤见了三弟国华，还有姚蓬子、老舍、冯雪峰、韩侍桁、蒋复璁、王化成、陆晶清、吴士选等友人。10月1日，飞抵昆明。

1945年暑假，因有直航飞机之便，朱自清再赴成都探亲。6月29日抵家中，照例第二天就访叶圣陶，老友相见，以致"狂喜"。接着访问了赵守愚、吴宓和程千帆等。在成都期间会见过的朋友有章锡舟、陈白尘、叶丁易、董每戡、姚雪垠、徐中舒、吕叔湘、王楷元、孙望、谢冰莹、陶载良、吴组缃、邹荻帆、黄药眠、邵循正、王宪钧与张志和等。他还被邀请去"文协"成都分会举办的讲座作《新诗的趋势》的演讲，去华西坝暑期学校作演讲。7月初，丰子恺从重庆来成都开画展，阔别二十年的老友相见，竟请不起一餐饭，随后托友人代购了两幅画，作了四首诗相送。8月10日深夜，得悉日本侵略者向盟军无条件投降的消息，欣喜万分，奔向街头和老百姓狂欢了一整夜。抗战胜利是必然的，朱自清苦苦煎熬八年，正坚信这一天会到来。早在1939年7月7日，朱自清就写了《这一天》，在我国城池沦陷的时刻就认识到"从前只是一大块沃土，一大盘散沙的死中国，现在是有血有肉的活中国了"，看到"新中国在血火中成长了"，宣告"'双十'是我们新中国孕育的日子，'七七'是我们新中国诞生的日子"。①1942年，在抗日战争相持甚苦，昆明屡遭敌机轰炸，自己已典当行军床补贴家用的艰难时日，他看到了新中国胜利的曙光，于12月16日作《新中国在望中》，预见到："抗战的中国在我们的手里，胜利

---

① 朱自清：《这一天》，《朱自清全集》第4卷，江苏教育出版社1996年版，第405页。

的中国在我们的面前，新生的中国在我们的望中"。①这时，这一天真的到来了，怎能不深感欢欣鼓舞呢！高兴之余，他又担心着内战的爆发。8月28日，他向叶圣陶告别，这竟成了两位老友的永别。30日，朱自清飞抵昆明。

9月3日新学期开始，朱自清除上学校课外，仍在五华中学兼课。抗战胜利后，西南联大将结束而北返复校，师院主办的《国文月刊》拟由开明书店接编。为此，他连续给叶圣陶去三封信，商量具体办法，之后多次斡旋，促成了此事。主编为夏丏尊、叶圣陶、郭绍虞、朱自清，开明书店出版发行。月底，在《十教授为国共商谈致蒋介石毛泽东电文》上签字。这时，昆明的政治气候日益严峻，蒋介石已武力迫使云南省主席龙云下台，地方主力部队被调往东北，内战阴云密布；另一方面，民间的民主运动也日益高涨，11月25日，西南联大、云南大学、中法大学、英语专科学校四所大学学生自治会联合主办反内战时事晚会，云南军警鸣枪威胁，会场有特务破坏。27日，继西南联大学生罢课后，昆明市学联宣布总罢课。29日，朱自清出席西南联大教授会会议，被推为代表吁请学生复课，亦被推为向地方军政当局提出抗议的抗议书起草者之一，下午参加全校大会动员学生复课。12月1日，地方当局进攻学校，制造了"一二•一"惨案。朱自清悲愤不已，多次出席教授会议和校务会议，谋求合理解决事态办法。学生的斗争最终取得胜利。12月27日，昆明市罢课联合会宣布"停灵复课"，1946年3月27日，为死难四烈士出殡。闻一多因担心政治态度影响到学校，坚决请辞清华大学中文系主任之职。经多方相劝，朱自清于4月9日同意接任。5月3日，和中文系全体师生合影留念，下午出席"大一国文"会议和清华大学系主任会议，晚出席"文协"分会和昆明学联举办的文艺晚会并演讲。5月4日，参加西南联大结业典礼暨纪念碑揭幕仪式。即日起，学生开始分批离昆北上，学校投入搬迁工作。

1946年6月14日，朱自清乘飞机离开昆明，到重庆转汽车往成都，17日晚抵家。时夫人因心脏问题住在医院，第二天一早即往探视。后作《动乱时代》《教育家的夏丏尊先生》《关于"月夜蝉声"》及《〈语文零拾〉序》等文。7月15日，闻一多被特务枪杀于昆明。17日朱自清见报得知此事，异常震惊，在日记中写道："自李公朴街头被刺后，余即时时为一多的安全担心。但未料到对他下手如此之突然，真是什么世道！"②即日写信慰问闻夫人并表示将尽力帮助解决困难和整理闻一多遗稿。20日，写成《闻一多先生与中国文学》。21日，出席西南联大成都校友召开的闻一多追悼会并演讲。8月3日，又写成《中国学术界的大损失》。次日在北大校友

---

① 朱自清：《新中国在望中》，《朱自清全集》第4卷，江苏教育出版社1996年版，第436页。
② 《朱自清日记》（1946年7月17日），《朱自清全集》第10卷，江苏教育出版社1996年版，第413页。

会上发起为闻一多家属捐款的活动。又次日，再次给闻一多夫人写信。9日，参加李、闻追悼会筹备会。16日，作新诗《悼一多》。这是朱自清放下诗笔20年后的新作。18日出席成都李、闻追悼大会并在会上介绍闻一多生平事迹。8月20日，携眷飞重庆。23日，接受记者采访，谈闻一多生平。9月25日，写散文《我是扬州人》。10月7日，携眷飞北平。

之后，朱自清所做与西南联大有关的工作，一是沿着在昆明形成的思路继续写文章，如《论吃饭》《论朗诵诗》等；二是编辑他自己在昆明和后来所写的诗文成《语文影及其他》《敝帚集》等；三是主持编辑了《闻一多全集》并写了序、编后记等。

朱自清深情爱国，但他生活的年代国家战乱频仍，民不聊生，他身为大学教授却难以养家糊口，一生都在贫困中度日。由于抗战时期生活粗劣，他患上了严重的胃病，亟须医治，但没有钱，一拖再拖，身体瘦弱到体重不足四十公斤，需要营养调理，可他连维持起码的生存都很艰难。在这种情况下，他毅然在相当于损失全家极其微薄收入的五分之二的"拒绝美国'救济粮'的声明书"上签字，以捍卫国家尊严和民族气节。尽管那时他对代表国家的政府已失望，但国家在他的心目中总是值得爱的：

<blockquote>
我的国啊，
对也罢，
不对也罢，
我的国啊。①
</blockquote>

朱自清注解这诗句说："这句话可以有种种解释；这里是说，我国对也罢，不对也罢，我总不忍不爱它。"②抗战以来，朱自清的思想中一直闪现着一个关键词：抗战建国。他把文艺与抗战建国相联系，要求文艺为抗战建国这一主题服务。他作《诗与建国》大声疾呼："我们现在在抗战同时也在建国……我们迫切地需要建国的歌手。"③他特别关注爱国诗，作《抗战与诗》和《爱国诗》加以提倡，对于那些富于爱国精神的诗大力推荐，例如艾青的《火把》《向太阳》，臧克家的《东线归来》《淮上吟》，老舍的《剑北篇》，杜运燮的《滇缅公路》等，他都作了介

---

① 朱自清译美国诗。转引自陈孝全《朱自清传》，北京十月文艺出版社1991年版，第269页。
② 朱自清：《爱国诗》，《朱自清全集》第2卷，江苏教育出版社1996年版，第359页。
③ 朱自清：《诗与建国》，《朱自清全集》第2卷，江苏教育出版社1996年版，第351页。

绍。他尤其推崇闻一多，说："抗战以前，他差不多是唯一有意大声歌咏爱国的诗人。"①并认真分析了他的《一个观念》和《一句话》。闻一多遇害后，他从闻一多生命燃烧的火光里预见：

遗烬里爆出个新中国！②

遗憾的是，朱自清没有能够看见这预言的实现。他在新中国诞生之前离开了人世，时间是1948年8月12日，还没过50岁生日。

朱自清一生品德优秀，精神崇高，无论做人做事还是治学教书，都达到了最好的境界，令人景仰。他去世后，亲朋好友和学生纷纷写文章怀念，郭良夫从这些文章中选出关于他治学和为人的19篇文章编成一册，名为"完美的人格"，殊为恰当。朱自清辞世了，他的人格却照彻了历史，照耀着未来。

二、朱自清的中文教育思想

1928年8月，清华学校改为国立清华大学，杨振声担任文学院院长兼中国文学系主任。杨振声处事民主，系中之事多与同事商量，尤其注意听取朱自清的意见，他说："系中一切计划朱先生和我商量规定者多。"③1930年8月，杨振声出任青岛大学校长，所遗中文系主任由朱自清代理。从这时起到1941年11月以及后来的1946年4月至1948年8月逝世，朱自清前后主持清华大学中文系达十三年之久，其间因休假外出由刘文典和闻一多各代理一年，实际主持十一年。在这十一年的时间里，朱自清一直推行自己的办系思想。

朱自清的办系思想即中文教育思想是他和原系主任杨振声共同商定的，或者说朱自清继承了杨振声在任时确定的办系思想。这种思想：一是新旧文学的接流，二是中外文学的交流。杨振声在《纪念朱自清先生》一文中回忆说：

我去清华的第二天，便到古月堂去访他。他住在西厢房一间小屋里。下午西窗的太阳，射在他整整齐齐的书桌上，他伏在桌上低着头改卷子。

---

① 朱自清：《爱国诗》，《朱自清全集》第2卷，江苏教育出版社1996年版，第357页。
② 朱自清：《挽闻一多先生》，《朱自清全集》第5卷，江苏教育出版社1996年版，第117页。
③ 杨振声：《为追悼朱自清先生讲到中国文学系》，转引自姜建、吴为公编《朱自清年谱》，安徽教育出版社1996年版，第80页。

就在这小屋里，我们商定了国文（系）的计划。

除了国文系的教员全体一新外，我们还决定了一个国文系的新方向，那便是（一）新旧文学的接流与（二）中外文学的交流。国文系添设比较文学与新文学习作，清华在那时是第一个。国文系的学生必修几种外文系的基本课程，外文系的学生也必修几种国文系的基本课程。中外文学的交互修习，清华在那时也是第一个。这都是佩弦先生的倡导。①

当时的中文系是古文一统天下的，杨振声和朱自清确定将新文学和外国文学引入中文系教学的新方向，具有突破性。方向确定后，朱自清一马当先，准备半年，于1929年2月开出了"中国新文学研究"一课。课前编有讲义《中国新文学研究纲要》，分总论三章，各论五章，共八章。讲义在历次讲课中不断续写和丰富完善。1933年以后，朱自清没再讲授该课，所以讲义所述范围，上起于"戊戌变法"，下止于1930年代初。从讲义看，中国新文学课程研究的内容较周全，既有对新文学的背景、经过，所受外国影响与新文学分支流派的介绍，又有对诗歌、小说、戏剧、散文和文学批评各种文体的具体研究。王瑶说"这门课程实际上既有文学史的性质，也有当代文学批评的性质，他是十分重视新文学的发展和引导同学们关心现实的"，而《中国新文学研究纲要》，"可以说是最早用历史总结的态度来系统研究新文学的成果"，"无论从哪一方面说都是带有开创性的"，"今天的研究者可以不赞同他的某些具体的观点，但作为先驱者的足迹，《纲要》不仅有它的历史价值，而且仍然会给人以新的启发"。②朱自清的这门课受到学生的热烈欢迎，在京城传开，燕京大学、北京师范大学两校请他去兼课。他在燕京大学兼课时，同学听讲的情况不得而知，只知道开了不止一次。北京师范大学兼课安排在星期六的下午，张清常说："出人意料的是选课听讲的人特别多，只好安排在礼堂上课。一个学年从头到尾都是座无虚席，这个号召力可真大！"③

在开中国新文学研究的第二个学期，即1929年9月，朱自清又开出了一门新课——"歌谣"。"歌谣"课照样编有讲义，初名《歌谣发凡》，后更名《中国歌谣》，讲义纲目十章：一、歌谣释名；二、歌谣的起源与发展；三、歌谣的历史；四、歌谣的分类；五、歌谣的结构；六、歌谣的修辞；七、歌谣的评价；八、歌谣

---

① 杨振声：《纪念朱自清先生》，转引自姜建、吴为公编《朱自清年谱》，安徽教育出版社1996年版，第80页。
② 王瑶：《先驱者的足迹——读朱自清先生的遗稿〈中国新文学研究纲要〉》，《朱自清全集》第8卷，江苏教育出版社1996年版，第127、128、133页。
③ 张清常：《怀念佩弦老师》，郭良夫编《完美的人格》，清华大学出版社2003年版，第76页。

研究的面面；九、歌谣搜集的历史；十、歌谣叙录。这是一个完整的框架，可惜只留下前六章，后四章仅为章名。朱自清授课时后四章也讲了的，他的学生记有笔记，可是清华大学的铅印本只有六章。郭良夫校对了《中国歌谣》的前六章，收入《朱自清全集》第6卷。浦江清在《〈中国歌谣〉跋记》里说，"歌谣"课"在当时保守的中国文学系学程表上显得突出而新鲜，很能吸引学生的兴味。……这是部有系统的著作，材料通乎古今，也吸取外国学者的理论，别人没有这样做过，可惜没有写成。单就这六章，已足见他知识的广博，用心的细密了"。[①]这门课同样具有开创意义：一是把下里巴人的民歌拿到大学课堂上作系统讲授，二是把现代民间文学引进大学课程。我国现代对于民歌的重视始于北京大学，1918年北京大学发起征集全国近世歌谣，成绩可观。后继有中山大学语言历史学研究所民俗学会，学会编了多种刊物，搜集了大量民谣，在他们的带动下，形成了一种民歌搜集热潮。随着历史的发展，到1929年，热潮已经退去。朱自清用讲义和课程的形式把搜集的民歌作理论阐述，使其向纵深发展并延续下去，具有独特意义。现代民歌作为现代文学的一个组成部分，朱自清在课堂上讲授亦是对现代文学教学的开发。朱自清讲"歌谣"课的美名亦传于外校。1933年3月18日，北京大学曾请他去作题为"中国歌谣"的演讲。

20世纪20年代，像朱自清这样认识到新文学在大学教育中的重要意义，并身体力行实践之的人，为数不多。1930年2月，他还开了一门"高级作文"课，其中包括现代文写作。1934年9月他又开了"散文写作"课，讲的主要是现代散文。

1933年9月，朱自清正式就任清华大学中文系主任（一说正式担任系主任是他1932年9月出国归来时），没有提出新的办系主张，仍然推行先前与杨振声共同确定的办学方向。他所开拓的工作，主要在于学术研究方面，例如，他提出清华文学会定期举行学术会议，编纂《诗话人系》，支持编辑出版《语言与文学》杂志等。

到了西南联大中文系，首任主任仍然是朱自清。在他的主持下，西南联大中文系的办系方向合取清华大学和北京大学之长，又以清华大学为主，这就是仍然体现了新旧文学接流与中外文学交流的"双流方向"。西南联大中文系的课程设置是：一年级主修文学院学生共同必修科目，二年级继续学习文学院学生共同必修课，三年级学生分文学组和语言组分别选课，四年级围绕毕业论文写作选修相关课程。由于两校合并（南开大学当时无中文系），师资力量雄厚，九年间共开出了107门课程，每年有20门左右的课程供学生修习。而其中有"各体文习作""现代中国文

[①] 浦江清：《〈中国歌谣〉跋记》，《朱自清全集》第6卷，江苏教育出版社1996年版，第556页。

学""现代中国文学讨论及习作""文学概论""创作实习""音乐歌词""应用文""世界文学名著选读及试译""佛典翻译文学"等中国现代和外国文学课程,这在当时中国的大学中独一无二。它反映出西南联大中文系重视中国现代文学和外国文学教学的思想,亦即"双流方向"。而这,又与系主任朱自清的思想不无关联。

"双流方向"是朱自清参与开创并延续至今的办系方向或称教育思想,重视现代文教学则应视为朱自清实行中文教育的思想特色。上述开创现代文课程已充分显示出这一特色,此外还体现在他公开提倡及教材建设中。

1938年5月,文学院学生在蒙自组成南湖诗社,请朱自清和闻一多为导师。在南湖诗社召开的一次社员大会上,发生了诗社以创作新诗为主要方向还是以写旧诗为方向的论争,两位导师都肯定应以新诗创作为主要方向,因为新诗是现代文学发展的方向。朱自清说"新诗前途是光明的",但从学习与训练的角度说,"古诗外国诗都得用心学"。①这话不仅是朱自清的思想观点,还包含着他的经验。他进清华后,为了教学和研究的需要,便开始学写古诗。对于新诗创作,"朱先生强调新诗应有一定形式,有相宜的格律,要注意声调韵脚,新诗形式问题值得不断探索"②。对于好的新诗,他特别推荐,他向南湖诗社推荐过学生赵瑞蕻《永嘉箬园之梦》;在昆明的一次课堂上,他称赞杜运燮的《滇缅公路》,并作论文《诗与建国》加以介绍。而他自己,常作旧诗,可从不发表,这也是一种态度。

1939年10月,中文系给新生发了一份表,调查他们的兴趣和家庭情况。刘北汜同学在"课外爱读书籍"栏中写了"爱读新文艺作品,讨厌旧文学"。不久,中文系召开迎新茶会,罗常培教授起身说:"有一个学生的思想需要纠正。他说他讨厌古文学,这是不成的,中国文学系就是研读古文的系,爱新文艺的就不要读中国文学系!"没想到话音刚落,朱自清就站起来愤激地说:"这个同学的意见,我以为值得重视。我们不能认为学生爱好新文艺是要不得的事。我认为这是好现象,我们应当指导学生向学习白话文的路上走。这应是中文系的主要道路。研读古文只不过便利学生发掘古代文化遗产,不能当作中文系唯一的目标!"③杨振声也认为中文系应着重研究白话文,他还建议增加新文学在中文系课程中的比重。朱自清和杨振声教授的提倡,在老师和同学中产生了影响。

朱自清和杨振声还把现代文教学的主张落实在教材中。1938年,中文系成立

---

① 赵瑞蕻:《南岳山中,蒙自湖畔》,《离乱弦歌忆旧游》,文汇出版社2000年版,第132页。
② 赵瑞蕻:《梅雨潭的新绿》,《离乱弦歌忆旧游》,文汇出版社2000年版,第50页。
③ 刘北汜:《自清先生在昆明的一段日子》,《文讯》第9卷第3期,1948年9月15日。

"大一国文"委员会,请杨振声主持,由全体任课老师推荐篇目,经委员会筛选决定。确定基本篇目后,又通过教学实践不断总结经验,增删篇目,到1942年才最后编定。《国立西南联合大学校史》说:"这册大一国文课本包含文言文15篇,语体文11篇,古典诗词44首……语体文讲授胡适《文学改良刍议》、鲁迅《示众》、徐志摩《我所知道的康桥》、林徽因《窗子以外》、丁西林《压迫》(独幕剧)。"① 1944年,教育部规定"大一国文"必须采用全文言文的部订教材,"大一国文"委员会另编一册《西南联合大学大一国文习作参考文选》(后改称《语体文示范》),增选了胡适《建设的革命文学论》(节录)、鲁迅《狂人日记》、徐志摩《死城》(节录)、冰心《往事》(节录)、宗白华《论〈世说新语〉和晋人之美》、朱光潜《文艺与道德》和《无言之美》、梁宗岱《歌德与李白》和《诗·诗人之批评家》等。这两本"大一国文"虽为校办秘书主任杨振声主持编辑,中文系老师集体选编,但作为中文系主任的朱自清在其中所起的作用比一般老师要大些。他曾在1938年、1939年的日记中多次记到编辑"大一国文"的事,如1939年6月16日在日记中写道:"下午开国文选本会,决定45篇,其中文言文20篇、诗10篇、白话文15篇。"②此外,他还在1939年1月3日和13日记录了"一年级学生散文读物"和"大一学生课外读物",这两份"读物"全是现代文。

"一年级学生散文读物"所列书目:

《鲁迅自选集》

《胡适文选》

《自剖》

《巴黎的鳞爪》

《落叶》

《甘愿做炮灰》

《湘行散记》

《往事》

《沈从文自传》

《我的自传》

《画梦录》

《野草》

---

① 西南联合大学北京校友会编:《国立西南联合大学校史》,北京大学出版社2006年版,第90页。
② 《朱自清日记》(1939年6月16日),《朱自清全集》第10卷,江苏教育出版社1996年版,第32页。

《中国史的新页》

《新事论》

《古史辨（第一册）自序》

《中国哲学史补》

《科学与人生观》

《科学与哲学》

《四十自述》

《现代作家的创作经验》

"大一学生课外读物"所列书目：

《鲁迅选集》

《从文选集》

《茅盾选集》

《巴金选集》

《志摩选集》

《日出》

《塞上行》

《欧游杂记》

《蒋百里文》

《汉代学术史略》

《胡适文选》

《人生五大问题》

《诗与真》一集

《人物评述续编》

  前一种未写明"选定"的人是谁，后一种是他和闻一多商定的。它们至少是经朱自清同意推荐给西南联大学生读的，体现出朱自清重视现代文教学的思想观念。

  朱自清的中文教育思想，除上述打通新旧文学与中外文学，提倡并推行中国现代文学教学外，还有一个重要的组成部分，即把中文视为基础学科。在朱自清看来，中文是从事所有学科工作的基础，也是一个中国文化人的基本素养，不仅每一个大学生都应该学好，而且要重视中小学的国文教学。这就是朱自清重视"大一国文"课和编写中学语文教学参考书的思想根源。

  清华大学看重语文基础教育，开设了"大一国文"课。作为中文系主任的朱自清，参与了"大一国文"课的建设，组织了教学实施，还讲授过"大一国文"。西南联大承续清华大学的教学制度，也开设了全校公共必修课"大一国文"，而且规定"大一国文"课考试不及格者须重修，最终不及格者不得毕业。从《朱自清日记》可知，他对"大一国文"课的开设做了大量工作，除上述为编写教材奔走外，他为教学安排花了不少时间和精力。朱自清办事民主，课程安排广泛听取了教授的意见，开会前他访问了闻一多、魏建功、罗莘田、杨振声、冯友兰等，而后开会研究，规定作文教学规则，安排教师，还组织了教学委员会和作文委员会负责专项工作。在朱自清的主持下，并通过实践探索，中文系基本上形成了教授和助教组合成小组的授课模式，教授专讲现代文和部分古文，助教或教员讲授古文和作文。例如：杨振声与赵西陆，朱自清与傅懋勉（或孙昌熙），闻一多与马芳若（或刘禹昌、赵仲邑），罗膺中与王志毅，沈从文与周定一（或何善周），罗常培与陈士林，浦江清与冯钟芸等。这种授课模式保证了"大一国文"课的教学质量，使每一个西南联大学生都受益。数十年后，许多理、工科学生写文章回忆当年学习"大一国文"课的情况，充满了感激之情。

朱自清对于"大一国文"课基础意义的重视还表现在要求中文系学生也必修的主张上。在蒙自分校系主任会上，大家都认为对中文系的学生无需开设"大一国文"课，朱自清则不顾中文系教授不多、教学任务重的条件力主开设，会议采纳了他的意见。中文系的学生也须学"大一国文"，这在当时的大学中是一个特例。由于其他大学不一定开设全校性的"大一国文"课，转学到西南联大的学生没修过"大一国文"课的都必须补修，即使是中文系的学生转学来也不能例外。范宁是西北联合大学中北师大中文系三年级学生，转学到西南联大中文系，朱自清说："你虽然是中文系三年级，但是'大一国文'课不能免修，这是规章制度。"[①]范宁遂补修了这门课。

1941年9月，在教育部颁布的《大学共同必修科目表》实施两年之际，朱自清写了一篇文章《论大学共同必修科目》，总结经验，提出新见解。文章在"大学教育应该注重通才，不应该一味注重专家"的思想指导下，认为文理法师范设置共同必修课加强"基本训练"的优点显著。文章总结清华大学和西南联大实行共同必修课的情况，明确提出"部颁的文理法师范学院的共同必修科目似乎太多太占时间"，不妨将科目减少些，"将这种基本训练的期间限为一年"，并列出文理师范共同必修的6门课程及学分，申述理由为："国文和英文是工具科目，都是越熟练越好。逻

---

① 转引自郭良夫编《完美的人格》，清华大学出版社2003年版，第93页。

辑是思想方法，它的重要无需说明。中国通史是本国文化的鸟瞰，大学生自然该比高中的学生有进一步的了解。自然科学训练观察和实验的能力，一方面也教学生进一步了解自然。文法学院的学生所习的科目，大半不能离开西洋文化的背景，高中的西洋史的知识是不够的，所以加上西洋通史。算学一面是纯粹科，一面是自然科学之母，所以志愿理学院的学生必修。"①这篇文章充分体现出朱自清重视大学"基本训练"的思想，"大一国文"课正是以其基础性和工具性被朱自清列为"基本训练"科目之首的。

朱自清如此重视"大一国文"课，是从大学生的实际出发的。这一点只要看一看《文病类例》便知道了。《文病类例》发表于1940年6月和12月的《国文月刊》上。文章从大学一年级学生的作文里摘出若干病句，将其分类，进行一一"诊断"，指出其"病"，并分析"病"因，提供改正的方法。读罢文章，会对大学生作文中的语病之多感到惊异，也就明白朱自清为什么重视"大一国文"课，并且坚持中文系学生也必须选修了。

朱自清认为语文水平的提高非一时能够奏效，其基本功必须从中小学抓起，所以他关注中学教育并为中学语文教学做了许多切实的工作。他所做的工作大致可以归纳为以下五个方面：

第一，写文章研究中学语文教学问题。

早在1925年5月，他就写了《中等学校国文教学的几个问题》一文，分：一、理论与实际，二、目的，三、教学与训育，四、教师，五、教材，六、文法、作文法、修辞法及国音字母，七、在教室中，八、改文与作文、说话等几个方面全面讨论中学国文教学的问题，既有理论探讨，又有实例分析，而其思想与事例来自朱自清五年的中等学校语文教学实践，是很好的语文教学与教法理论，对当时的中等学校语文教育具有切实的指导意义。1943年3月，他又写了《了解与欣赏》《文学与语言》等文讨论中学语文教学。例如前一篇写道："了解与欣赏为中学国文课程中重要的训练课程。"接着指出："通常教授国文的，大都很注重字义。实在除掉注重字义的办法以外，还应当顾及下面的几种分析方法。"②于是分句子的形式（句式）、段落、主旨、组织、词语、比喻、典故、例证等几项内容进行论说，告诉教师如何指导学生阅读领会。在中学语文教学中，朱自清尤其重视朗读，1942年8月作《论朗读》一文谈朗读对于语文教学和文艺发展的重要性："在语文的教学上，在

---

① 朱自清：《论大学共同必修科目》，《朱自清全集》第8卷，江苏教育出版社1996年版，第431、434页。引文中所说"自然科学"为物理学、化学、生物学、地质学，学生从中任选一门；"西洋通史"为志愿文法学院者必修；"算学"为志愿理学院者必修。

② 朱自清：《了解与欣赏》，《朱自清全集》第8卷，江苏教育出版社1996年版，第346页。

文艺的发展上，朗读都占着重要的位置。"①1946年，他连续写了《朗读教学》《诵读教学与"文学的阅读"》《论诵读》等文讨论朗读的意义。

第二，参加创办《国文月刊》杂志。

《国文月刊》是西南联大常委会决定创办的，由师范学院国文系筹办，主编浦江清。作为中文系主任的朱自清，负有组织实施的责任，于是他主持会议研究刊物宗旨、编辑方针、稿件征集等事宜，并组成了由朱自清、浦江清、罗常培、魏建功、余冠英、郑婴等参加的编委会，联系出版社等等。在此过程中，朱自清因健康问题辞去了中文系主任职务，但他仍然把此项工作进行到底。1939年11月30日，他起草了《国文月刊》的出版合同，征求各方面意见之后，于12月20日送给开明书店代表章锡山，由他签名后，第二天送师范学院院长黄钰生签字；合同落实后，便开始组织稿件，参与编辑直至出版。《国文月刊》以中学国文教员为主要对象，兼顾高校中文系学生及自学青年，宗旨为促进国文教学的改进以及补充青年学生自修国文的材料，所发文章有通论、专著、诗文选读、写作谬误示例等，还选登学生习作佳卷，回答读者问题，发表书刊评介等。撰稿者以西南联大教师为主，而随着刊物发行面和影响力的扩大，国内不少大中学校的教师也为刊物投稿。朱自清为刊物创办所作的另一个贡献是为刊物写了头篇文章即"发刊辞"。《国立西南联合大学校史》说："《国文月刊》创刊号开篇是朱自清的《中学生的国文程度》。……这篇通论为白话文撑腰，阐明了刊物反对复古势力的严正立场，可以看作'发刊辞'。"②之后，朱自清为《国文月刊》写了多篇文章讨论语文教学问题，贡献出许多宝贵的见解。在全体同仁的努力下，"刊物成为交流国文教学经验的园地，对推动国文教学的改进，起过不可低估的作用"③。

第三，发起讨论以引起人们对中学语文教学的注意。

早在1933年朱自清就写了一篇名为《高中毕业生国文程度一斑》的论文，刊登在8月27日的《独立评论》第65号上，以高考试卷中的错误为例，谈加强中学生语文基本知识技能等问题，此文没引起广泛讨论。1940年《国文月刊》创刊，他特作《中学生的国文程度》，就"近年来中学生的国文程度低落"的责难提出见解。他首先评估道，"低落的只是文言的写作，白话尽管在这样情形之下，还是有长足的进展"，而且"说话的能力增进了"，接着客观地指出，"就白话论白话，他们的

---

① 朱自清：《论朗读》，《朱自清全集》第2卷，江苏教育出版社1996年版，第53页。
② 西南联合大学北京校友会编：《国立西南联合大学校史》，北京大学出版社2006年版，第307页。
③ 西南联合大学北京校友会编：《国立西南联合大学校史》，北京大学出版社2006年版，第309页。

也还脱不掉那技术拙劣，思路不清的考语；而思路不清更是要不得的现象"①，然后提出改进提高的办法。同年9月，他又发表《再论中学生的国文程度》，指出大家所忽略了的诵读教学的重要。他说"一般人讨论中学生的国文程度，都只从写作方面着眼；诵读方面很少人提及"，其实"了解和欣赏是诵读的大部分目的；诵读的另一部分目的是当作写作的榜样或标准"，因此应予重视；"此外，默写和背诵，不拘文言文或白话文，都很要紧，该常常举行"。②同时，他在《中等教育季刊》上发表《诵读的态度》，详细分析中学国文教学中所做诵读的种种偏差，并加以纠正，提出正确的方法。接着他连续发表《论教本与写作》《了解与欣赏》《文病类例》《写作杂谈》《怎样学习国文》等，引发了大家对于中学语文教学的意见，导出了关于中学语文的长久讨论。关于讨论的情况，《国立西南联合大学校史》说："开头几期从中学生的国文程度的科学分析，联系到中学国文教材的编选、文言文与语体文的比例、教本与写作的关系以及考试考查方法的改进等，展开各种讨论，吸引了不少中学教师参加。叶圣陶的《论写作教学》、朱自清的《文病类例》、罗庸的《感与思》，从不同角度指导学生写作，起了积极作用。在中学国文教材的研究与讨论方面，朱自清则发表过《中学国文教科书革新刍议》（第8期），《坊间中学国文教科书中白话文教材之批评》（第17期），《对于坊间中学教科书所选学术文教材之商榷》（第18期），《论中学国文教材中之应用文》（第34期），这些文章都是有理有据、很有分量，对于国文教科书的编辑者很有参考价值。"③

第四，编写中学语文教学参考书。

朱自清为中学语文教学所编的参考书主要有三本。第一本《经典常谈》向读者介绍中国古代的十多种典籍、诸子和三种文体的创作，共十三章，它们是：《说文解字》第一，《周易》第二，《尚书》第三，《诗经》第四，三《礼》第五，《春秋》三传第六（附《国语》），"四书"第七，《战国策》第八，《史记》《汉书》第九，诸子第十，辞赋第十一，诗第十二，文第十三。朱自清认为，"在中等以上的教育里，经典训练应该是一个必要的项目"，撰写此书的目的，是"启发他们的兴趣，引他们到经典的大路上去，……如果读者能把它当作一只船，航到经典的海里去，编撰者将自己庆幸，在经典训练上，尽了他做尖兵的一份儿"。对于中学教育，此书则具有切实的作用："教育部制定的初中国文课程标准里却有'使学生从本国语言文字上了解固有文化'的话，高中的标准里更有'培养学生读解

---

① 朱自清：《中学生的国文程度》，《朱自清全集》第2卷，江苏教育出版社1996年版，第24、25、29页。
② 朱自清：《再论中学生的国文程度》，《朱自清全集》第2卷，江苏教育出版社1996年版，第32、38页。
③ 西南联合大学北京校友会编：《国立西南联合大学校史》，北京大学出版社2006年版，第308、309页。

古书，欣赏中国文学名著之能力'的话。初、高中的国文教材，从经典选录的也不少。"①可是，当时没有一本课外读物供中学教师和学生以及大学生阅读参考，于是朱自清撰写了这本书，为中学和大学师生了解中国文化典籍作了有效的指导。朱自清逝世32年后，叶圣陶还称赞朱自清"可真是个好向导"——"假如把准备接触这些文化遗产的人比做参观岩洞的游客，他就是给他们当个向导，先在洞外讲说一番，让他们心中有个数，不至于进了洞去感到迷糊"。②第二本《精读指导举隅》和第三本《略读指导举隅》是跟叶圣陶合著的。两书的前言则是朱自清写的。在《精读指导举隅·例言》里，有几句重要的话，现录于此："本书……专供各中学国文教师参考用"，"本书专重精读指导，书中选了六篇作文作例子"，"本书的'前言'是向各位中学教师说的。我们力求各项建议切实可行，而且相信如此"，"各篇'指导大概'是用教师的口气向学生说的。我们所注重的是分析文篇，提示问题，因而进行讨论"。③《略读指导举隅·例言》说了大致相同的话，所不同的是所言切合于"略读"而不是精读。《精读指导举隅》选文六篇，计记叙文一篇，短篇小说一篇，抒情文一篇，说明文一篇，议论文两篇，朱自清和叶圣陶各写三篇，朱自清写的是：《鲁迅〈药〉指导大概》《胡适〈谈新诗〉（节录）指导大概》《柳宗元〈封建论〉指导大概》。《略读指导举隅》选书七种，计经籍一种，名著节本一种，诗歌选本一种，专集两种，小说两种，"指导大概"朱自清写三种，叶圣陶写四种，朱自清写的是《〈唐诗三百首〉指导大概》《〈蔡孑民先生言行录〉指导大概》和《〈胡适文选〉指导大概》。《朱自清传》的著者陈孝全说："两本书都是专供中学国文教师参考用的，各篇的'指导大概'均扼要说明选文的体例、主旨、作者意念发展的线索，取材的范围、手法、笔调，以及构成本文特殊笔调的因素，并阐明各段文字在全文中的作用，指出在文章理法上有关系的章、节、句，注释较难懂的字、句、词。还论述了作者的思想，创作背景，论辩的对象等等。同时也指摘和订正选文中错误的地方，有时也和其他文章进行比较，以助说明。两书比一般教本详明确切，对当时中学语文教师有很大帮助。"④以上三本书对中学语文教学的指导切实有效，自出版以来，一直受到中学教师、中学生及语文自学者的欢迎，至今还在畅销，它们对中学语文教学的影响是深远的。

第五，讲授中学语文教学法课。

---

① 朱自清：《经典常谈·序》，《朱自清全集》第6卷，江苏教育出版社1996年版，第3、4页。
② 叶圣陶：《1980年重印〈经典常谈〉序》，《朱自清全集》第6卷，江苏教育出版社1996年版，第122页。
③ 朱自清：《精读指导举隅·例言》，《朱自清全集》第2卷，江苏教育出版社1996年版，第125页。
④ 陈孝全：《朱自清传》，北京十月文艺出版社1991年版，第242页。

1938年，朱自清曾在蒙自分校为中文系学生开设了一门新课——"中学国文教学法"。关于这门课的讲授内容与教学情况，至今未见记录，也许此后朱自清所写的关于中学语文教学的文章中有他当时讲课的内容在里面，但只是推测。可以肯定的是，课程内容惠及听者，当时听课的学生后来做了中学语文教师，朱自清所授内容便在他们的工作中发挥了作用，由他们最终实现了为中学语文教学的服务。

三、朱自清的中文教学

关于朱自清的中文教学工作，首先要弄清朱自清在西南联大开过些什么课。为叙述方便，根据《国立西南联合大学史料·教学、科研卷》所录课程表，将朱自清所讲课程及其学分列于下表：

学年度	课程名称及学分
1937～1938	宋诗6　陶渊明2　中学国文教学法2
1938～1939	国文读本4　国文作文2　中国文学批评研究4
1939～1940	国文读本4　国文作文2　历代诗选·宋4
1940～1941	休学术假
1941～1942	国文读本4　历代诗选·宋4　散文研究4
1942～1943	国文读本4　历代诗选·宋4　文学批评4　文辞研究4
1943～1944	国文读本4　中国文学专书选读·陶诗2　中国文学专书选读·谢诗2　文学批评4
1944～1945	国文读本4　历代诗选·宋3　历代诗选（不分段）4
1945～1946	中国文学史概要8　文学批评4

此表所列课程共11门，计25次。西南联大办学共9年，朱自清1940～1941学年度按清华大学教授待遇规定享受学术假1年，授课计8年。在这8年里，朱自清平均每年授课3门（次）有余。他讲得最多的课是"国文读本"6次；其余依次是"宋诗（历代诗选·宋）"5次，"中国文学批评研究（文学批评）"4次，"陶渊明（中国文学专书选读·陶诗）"2次，"国文作文"2次，"中学国文教学法""散文研究""文辞研究""中国文学专书选读·谢诗""历代诗选（不分段）""中国文学史概要"各1次。计算课程以"门"为单位，但各门课的分量并不一样，这可以从学分数上看出来。在朱自清所授课程中，"中国文学史概要"学分最高，8学分；

其次是"宋诗"，曾为6学分；多数为4学分，如"宋诗"（有时6学分或3学分）及"国文读本""中国文学批评研究""散文研究""文辞研究""历代诗选（不分段）"等；其余"陶渊明""中学国文教学法""国文作文""中国文学专书选读"为2学分。从授课时间、门次及其学分，可以看出朱自清授课较多，作为教授，他把大量时间用在教学上了。

以上课程，"宋诗""陶渊明""中国文学批评研究""历代诗选"是朱自清在清华大学开过的，复开时虽然有所调整和补充，但基础是以前的。"国文"也是旧课，但内容与形式均与以前不同，是新的。"中学国文教学法""散文研究""文辞研究""中国文学专书选读""中国文学史概要"5门是新开的。这5门加上"国文读本"和"国文作文"2门，朱自清共开7门新课，也就是说，在迁徙动荡、资料不济的环境中，朱自清差不多每年开出一门新课。这要多厚的功底和多大的毅力啊！虽然"国文作文"乃至"国文读本"所需的理论不深，涉及面不广，教学分量不很重，尤其是对于朱自清这样的大师来说，讲授起来轻而易举，只要多费些时间和精力就可以了，但像"中国文学史概要"这样的课却需要很深的功力，很多的资料，很高的水平才能讲下来，课程设为8个学分，相当于两门课的学分，可见其教学分量很重。

在这些课中，有的是常规课，如"国文读本""国文作文""中国文学批评研究""宋诗""中国文学专书选读·谢诗""陶渊明""历代诗选（不分段）""中国文学史概要"等，是中文系学生必学的。其中包括必修课和选修课两类。这些课程中的"中国文学批评研究""宋诗""中国文学专书选读""陶渊明""历代诗选（不分段）"等不是每一个学生都一定选修的。不过，他每次开课都有学生选。有的课则是根据朱自清的研究专长而设的，"散文研究"和"文辞研究"便是。散文是朱自清一生钟爱并创作的文体。在西南联大组成之前，朱自清的散文名气已经盛传全国，他带着散文大家之称誉来到西南联大。在之前的清华大学，他就开过一门"散文写作"课，虽然课程着重"写作"，但涉及散文理论。这次所开"散文研究"则放在中文系课程的"文学理论"板块中。这是因为朱自清多年来特别留意散文的研究，他1940~1941学年度休假的研究题目就是"散文之发展"，休假回校准备半年后，于1941年3月才开出"散文研究"课。"文辞研究"也是朱自清休假研究的结果。"文辞"是中国古代散文的一部分，朱自清对于"散文发展"的研究分两题进行，一是"辞"，二是"传""注""解""故"。"辞"即所开课名的"文辞"。此课主要研究"行人"之辞和游说家之辞。所以，这两门课是朱自清在之前作了专门研究并且发表了多篇论文而后开设的。"中学国文教学法"一课则是因学生的需要而开设的。西南联大初到云南,毕业生找工作相当不易,而云南在大力发展中小学教育,教师缺口较大,西南联大毕业生有许多去充当中学教师。为了让学生在校期间了解并掌握一些教学的技能,以便顺利求职且上岗即能有效地进行工作,系主任朱自清设计了"中学国文教学法"一课。而在蒙自分校中文系的教师中,长年做过中学语文教师,对中学语文课程较为熟悉且有专门研究的教师,首推朱自清。于是他自告奋勇解决难题,为蒙自分校中文系学生开了"中学国文教学法"课程。分校迁回昆明,师范学院成立,此课有专任教师后,朱自清没再上了。由此课也可以看到朱自清为人作嫁衣的品格。

关于朱自清授课的情况,《国立西南联合大学校史》说:"朱自清讲授宋诗、文辞研究等课,教学态度认真严肃,每次上课都要点名,下课前布置预习作业,下次授课时检查。有时指名学生回答问题或讲解有关诗文,以培养学生口头表达能力。有时发纸,让学生当堂笔答,答卷必认真批阅、评分,作为平时成绩。"[①]此话点出了朱自清上课的态度与训练学生的一些方法,但过于简单。下面再举季镇淮和刘晶雯的话以为说明。季镇淮于1941年从西南联大毕业后接着考上了清华大学文科研究所中国文学部的研究生,跟随朱自清时间较长。他在《纪念佩弦师逝世三十周年》一文中说,朱先生上课"常令学生先讲解,而后先生再讲。因此,上课之前,学生莫敢不自行预习准备。上课的时候,大家就紧张起来,怕被先生叫起来先讲。定期举行考试,则注重默写和解释词句。这就是要求学生要把诗念熟并了解一字一句的意义。朱先生上课一贯认真严格,学生不敢随便对付,觉得受益也比较明确具体"[②]。刘晶雯于1943年考入西南联大中文系,听朱自清讲过多门课程,她说:"先生讲课十分认真。他不但每上一次课都要点名,并登记在册,而且每学期都要收阅我们的听讲笔记一二次,有误记的,或者他觉得原来讲的有些不妥应加以改动的地方,乃至笔记中的错、白字,他都一一改正。我的笔记上就有多处他亲笔改正的地方。先生在课堂上很严肃,很严格,但并不等于他对学生不亲切,他的严肃、严格,恰恰表现了他的关怀。有一次我得了斑疹伤寒,有两周没上课。恢复上课后,他马上就问缺课原因。得知我已康复,就一再叮嘱:一定要找同学笔记来,赶快补记上。他上课还从不迟到,也从不超时下课。不过,每学期他总有大概两三次特意提早一二十分钟结束讲课,布置我们'做练习':他在黑板上很快写出前人一小段

---

① 西南联合大学北京校友会编:《国立西南联合大学校史》,北京大学出版社2006年版,第95页。
② 季镇淮:《纪念佩弦师逝世三十周年》,《新文学史料》第2辑,1979年2月。

诗文评，或其中某个术语、概念，要我们写出对这段评论的意见，或阐释这些术语、概念。临时布置的这些作业，同每学期约摸两次的课外作业（我只记得两次：一次是评《唐诗三百首》这个选本，一次是论'雅''俗'，要求评述得尽可能详尽），都要打分，作为平时学习成绩，同期末考试得分合算，以得出各人这门课程的总成绩。我从先生所出试题领会到他的意图：一方面是要考察我们对前人的文论和先生的讲述、评论到底掌握多少，另一方面就是要我们阐述自己的评论。先生说过，你们完全可以批驳前人以及先生的意见，但必须先掌握其意见，然后你所发表的看法才能切中要害，才能避免犯上'束书不观，游谈无根'之痼疾。学者之大忌就是空疏、浮躁。"[①]以上两位学生回忆的情况与"校史"所言大致相同，可见朱自清的教学态度十分认真，对教学工作极其负责，对学生的要求较为严格。

朱自清授课中善于抓住所讲内容的特点，让学生把握特点去领会内容。例如讲"宋诗"课就紧紧围绕"宋诗主说理"的观点进行讲述，为说清这一特点，他拿唐诗来作对比，讲得清楚明白。1939年秋，朱自清对中文系学生讲"历代文选·宋"即"宋诗"课，10月12日开讲。在第一堂课上，他首先在黑板上抄出两首七律诗，让学生辨识其特点，而后言简意赅地点明要领。这两首诗是：

> 十年多难与君同，几处移家逐转蓬。
> 白首相逢征战后，青春已过乱离中。
> 行人杳杳看西月，归马萧萧向北风。
> 汉水楚云千万里，天涯此别恨无穷。

> 人生到处知何似？应似飞鸿踏雪泥。
> 泥上偶然留指爪，鸿飞那复计东西。
> 老僧已死成新塔，坏壁无由见旧题。
> 往日崎岖还记否？路长人困蹇驴嘶。

朱自清写完后让同学读，而后问：两首诗写什么内容？学生答道：写离别，表达离情别绪。然后他写出两首诗的朝代、作者和诗题：第一首是唐朝诗人刘长卿的《送李录事兄归襄阳》，第二首是宋代诗人苏东坡的《送子由渑池怀旧》。他再问同学哪首诗熟悉一些，哪首诗生疏一些。学生说前一首熟一些，后一首生一些。

---
① 刘晶雯整理：《朱自清中国文学批评研究讲义》，天津古籍出版社2004年版，第4页。

朱自清称"是",说是先就猜着了的。"由此先生讲唐宋诗的区别。大致说,这两首诗内容相同,都是讲离别的。但意味不同:前者就是抒发感情,后者则讲出了一些道理。唐诗主抒情,宋诗主说理;唐诗以《风诗》为正宗,宋诗则以文为诗,即所谓'散文化'。"季镇淮接着写道:"先生举例说明唐宋诗的区别,既具体,又扼要,便于理解,引起我们学习的兴趣。我们所用的课本是先生从吕留良等《宋诗钞》精选约编而成的,题为《宋诗钞略》,铅印本,白文,无标点注释。先生逐句讲解,根究用词、用事的来历,并随处指点在风格上宋诗与唐诗的不同。"①他讲授"宋诗"不仅逐句解析,考释词语和典故的出处,指点风格,还剖析不同风格流派的差异。吾言说:"论到宋代诗坛上'西昆体''江西派'等公然标榜派别的现象,先生说:这是受到政治上社会上称党分派的风气之影响。例如论到宋诗散文化的倾向,先生说:这是社会演进日益复杂所产生的必然结果。又如论到'雅俗'的问题,先生说:雅是属于高高在上者的,俗则是在下者的。因为以前人民处于为统治者所轻蔑的低级地位,故'俗'字就有'浅俗''凡俗''轻俗''卑俗'等不好的描写,以与'深雅''雅致''典雅''高雅'等相对。不太重功利,不斤斤计较利害,亦所谓'雅';反之则为'俗'。其实这亦与社会地位有关。能够不斤斤较量,不太重实际功利的,总是较高级的人;而一般最下层的人,是恐怕只能'俗'的。"②朱自清讲课,总是能够画龙点睛而又深入浅出地提示出所讲内容的特点,并为学生指出一条研究中国文学的道路。

朱自清做过中学教师,且教过"中学国文教学法",十分熟悉教学过程,他的教学正是教学过程的示范。他要求学生预习,上课时提问,有时让学生先讲一遍,自己再讲,讲后布置作业并评阅,平时作业打分,重视考试,计算总成绩等,体现了教学的一般程序和方法。朱自清上课从不迟到,也不拖堂。开讲前每次都点名,并登记在册,记忆力又很好,点过两三次便记住了。有一次,一个男同学没有来上课,课后碰到,便叫出他的名字而后问:"你昨天为什么缺课?"那学生被弄得满脸通红,连忙道歉,自此他不敢再逃课了。授课中,他有时先讲,再让学生消化、吸收,提问理解的效果,有时则让学生先讲,他作补充、更正或重讲。课堂上,老师和每个学生都动起来,紧张而又效果明显。而他较为重视学生的见解,甚至采纳学生的意见。有一次他讲杜甫的《羌村三首》中"娇儿不离膝,畏我复却去"两句,一个同学认为他的解释欠妥,并谈了自己的意见。朱自清听完思索一下说:

---

① 季镇淮:《纪念佩弦师逝世三十周年》,《新文学史料》第2辑,1979年2月。
② 吾言:《忆朱自清师》,转引自陈孝全《朱自清传》,北京十月文艺出版社1991年版,第231、232页。

"你这样解释，更合情理。"遂当堂宣布采纳学生的解释。①他要求学生记课堂笔记，还收阅查看，对于误记处、错别字，或者他原来讲得不妥的地方，都一一加以改正。他认真批改作业是一贯的作风，早在北平的时候，他和俞平伯就有过一次关于作业应否详细批改的讨论。

俞平伯不赞成多改，理由是学生只注重分数多少，不仔细看老师的修改和评语。朱自清反对这种观点，举例说："我有一个学生，已经十多年不见了，忽然有一天来看我，他说：'老师，我给你带来了一份礼物，你猜猜是什么？'我回答说：'你不要买礼物，太破费了，我心里不安。''我知道老师一定猜不着，哪，你看。'说着，他从皮包里拿出一本厚厚的作文簿来，这是我在中学教书的时候替他改的。如今他已由大学毕业，也在教中学了，真想不到我改的作文，他视若珍宝地保存得好好的。"俞平伯反驳说："那只是千万个学生里的一个特殊例子。据我所知道的是大多数学生，都是不把老师辛辛苦苦改的文章当作一回事的，不信，我来给你看一件事实。"他掏出钱来请人到巷口买包花生米，那包花生米的纸正是一篇学生的作文。俞平伯笑着说："怎么样？这不是铁的事实！告诉你，大多数的作文，都是拿来包花生米的，所以我主张，不要改得太详细。"朱自清仍不屈服，以同样的口气说："不！这现象，也不过是千万人中的一个特殊例子罢了。大多数的学生还是欢迎多改的。不管怎样，各凭良心，我始终主张要详细地严格地改。"②这自然是一场难以统一、各抒己见的讨论。

到了昆明，朱自清仍然坚持自己的态度和方法，认真设计和批改作业。例如，在"中国文学批评研究"课上，他布置过评《唐诗三百首》和论雅俗等作业，改后打分，作为平时学习成绩。学生陈柏生回忆说："学生写了读书报告或学术论文，朱先生都认真仔细地加以批改指导，甚至一句话，一个标点，他都不放过。至今，我还保留着朱先生用铅笔为我修改过的一篇学术论文。"如果学生的作业做得好，他会让学生在课堂上交流。"有一次，朱先生让我在课堂上讲授自己写的一篇论文《论〈诗经·国风〉中之情诗》，朱先生坐在教室的第一排椅子上，和同学们一起听课。我感到有些紧张，在黑板上写字时，粉笔不断折断，平时我讲话的声音很清晰，但那天却变得不自然了，甚至连拿教鞭的手也似乎有些发抖。下了课，朱先生却亲切地鼓励我说，讲得不错，下次再讲课，声音要大些，板书要写得重些，免得听课的人听得费力，看不清楚。"③

---

① 杨立德：《西南联大教育史》，成都出版社1995年版，第36页。
② 参见陈孝全：《朱自清传》，江苏教育出版社1996年版，第152页。
③ 陈柏生：《作家·学者·斗士》，郭良夫编《完美的人格》，清华大学出版社2003年版，第166、167页。

朱自清讲课纪律严格，要求较高，学生需要付出巨大的努力，这种看法在学生中较为流传，因此，选朱自清课的学生往往不多。1945年讲"中国文学批评研究"，只有三个人听讲，其中一人还是研究生；1939年讲"宋诗"，选修的也只有十余人，而"宋诗"是他最拿手的课之一。也是由于朱自清要求严格，学生不敢随便对付，因此听他的课获得的知识扎实，学到的方法适用，受益颇多。

关于朱自清讲课的具体情形，这里再引两个学生的回忆以尝鼎一脔。

吾言回忆他入学不久被同学怂恿去听朱自清讲"国文读本"课的情形时写道：

> 上课铃才响，朱先生便踏进教室——短小精悍，和身躯比起来，头显得分外大，戴一副黑边玳瑁眼镜，西服陈旧而异常整洁——匆匆走到教案旁，对我们点了点头，又点过名，便马上分条析理地就鲁迅及《示众》本文的思想内容和形式技巧各方面提出问题，逐一叫我们表示意见，而先生自己则加以补充、发挥。才一开始，我的心在怦怦乱跳，惟恐要在这许多陌生的同学前被叫起来，用还没有学好的国语艰涩地道出我零乱的思想来。然而不多一会，我便忘掉一切，顺着先生的指引，一步一步的终于看见了作者的所见，感受到作者的感受……就这样的，我听完先生授毕预定讲授的大一国文教程中的白话文。①

季镇淮回忆朱自清讲"文辞研究"课时写道：

> 1942年暑假后，先生讲授"文辞研究"一门新课程。这是关于古代散文研究的一部分，主要是研究春秋时代的"行人"之辞和战国时代的游说家之辞。听课学生只有二人，一个是王瑶，原清华中文系的复学生；另一个是我，清华研究生。没有课本，上课时，朱先生拿着四方的卡片，在黑板上一条一条地抄材料，抄过了再讲，讲过了又抄，一丝不苟，好像对着许多学生讲课一样。王瑶坐在前面，照抄笔记；我坐在后面，没抄笔记。后来课讲完了，朱先生对我们分别进行考试。朱先生让我分段标点两篇文章，一篇是《左传》成公十六年所记晋楚鄢陵之战的始末；一篇是《孟子·滕文公下》"陈代曰"一章。经过朱先生这次考试，我才知道分段标点古文并不是一件很容易的事，必须对字句意义先有透彻的了解才能正确

---

① 吾言：《忆朱自清师》，转引自陈孝全《朱自清传》，江苏教育出版社1996年版，第251、252页。

地进行。交卷后没几天,朱先生就又把标点文发还给我。朱先生用铅笔给我添注了个别没懂的字,又校改了一两处标点。我非常惊讶朱先生对学生作业校阅的细心。过几天,朱先生在昆华北院(研究生宿舍处)看见我又说,有一处标点还是原来我点的对,不要改。这件事我永远记得住,朱先生校阅学生作业不仅认真、细心,而又非常虚心,并不固执己见,对学生作业即使是一个句读符号,也要几番考虑,唯善是从。[1]

四、朱自清的文学创作与研究

朱自清以散文名世,但他的文学起步却是诗歌,他也写过小说但不太成功。1925年进入清华大学后,"学术"排到了他工作的前台。他的教学和研究以古代诗歌开始,他讲李白、杜甫,讲李贺,讲陶渊明,讲谢灵运,而讲得最多、用功最勤的是宋诗。后来他又讲中国古代的文学批评、散文研究、文辞研究,乃至文学史,还开过两门最具开创意义的课——"中国新文学研究"和"中国歌谣"。此外,他关注新诗的发展,写过多篇论文。朱自清研究广泛,成就多种。正是在这多方面的研究基础上,他晚年的时候,计划写一部《中国文学史》,可惜未及动笔就逝世了。因此,要总结朱自清的文学成就有一定难度。如果我们把朱自清放在与他同代以至不同代的学者中进行比较考察,便可以得出这样的认识:

既教大学又兼教中学者,有之;既从事创作又进行研究者,有之;既勤勉学问又关注教育者,有之;既推崇古代文学又倡导现代文学者,有之;既偏重文学又看重语言者,有之;既著述学术论文又撰写普及读物者,有之。但把这几种工作合在一起进行的人,恐怕就少了。朱自清就是这少数人之中的一个。因此,朱自清学术工作的特点不在某一个方面,而在这许多方面的集合。

根据这一特点,可以从上述各个方面去认识朱自清的学术贡献,但作为文章,不便面面俱到,只能就朱自清在文学的创作、研究和普及方面的工作及其成就作出以下阐述:

1. 文学创作。

在今天,文学创作不算学术工作了,但在20世纪40年代,创作仍然被视为学术

---

[1] 季镇淮:《纪念佩弦师逝世三十周年》,《新文学史料》第2辑,1979年2月。

之一。教育部设立的学术奖励,文学类中即有创作,陈铨的《野玫瑰》和曹禺的《北京人》都获得过学术奖。由于这里介绍的是20世纪40年代的朱自清,就把他的创作放在这里来介绍了。

朱自清的文学创作始于诗歌,早在北京大学读哲学系的1919年2月,他作了一首《"睡罢,小小的人"》的诗,发表在《时事新报》副刊《学灯》上。到1922年,他有17首诗作收在当年出版的《雪朝》里。朱自清还是中国第一个诗歌刊物《诗》的编辑。1926年2月,他以心理学理论为观察点写了一首长诗《战争》,揭示现代社会在"生存竞争"中到处都充满了"呐喊厮杀声"。写罢拿给新文学早期的小说家、现在的心理学家汪敬熙看。汪敬熙说他"不能做抒情诗,只能做史诗",这话在朱自清听来,"其实就是说我不能做诗"。①朱自清对诗歌创作本无太大自信,听了这话大为触动,于是更加懒怠起来。7月,改变散文化的诗路而追求音乐化,作《朝鲜夜哭》,借朝鲜的亡国之痛警示国人抗击侵略。诗在《晨报》副刊发表后,没有什么影响。于是兴味索然,搁笔不写诗了。

1946年7月,闻一多在昆明遭暗杀,身在成都的朱自清极为震怒,情不可遏,于次月写下一首挽诗:

你是一团火,
照彻了深渊;
指示着青年,
失望中抓住自我。

你是一团火,
照明了古代;
歌舞和竞赛,
有力猛如虎。

你是一团火,
照见了魔鬼;
烧毁了自己!

---

① 朱自清:《背影·序》,《朱自清全集》第1卷,江苏教育出版社1996年版,第33页。

语言文学大师风采

朱自清 闻一多 沈从文 王 力 魏建功

> 余烬里爆出个新中国！①

这首诗是朱自清搁笔二十年之后的新作，它至少有两点值得我们注意：一是对闻一多的高度评价。诗抓住闻一多性格中的"火"加以抒写，既揭示了闻一多的性格特点，又点出这种特点的意义在于"照见"了"深渊""古代"以及"魔鬼"，肯定闻一多引导青年前进以及对发掘中国古代和民间文化的贡献，歌颂闻一多勇于牺牲的精神。早前，朱自清曾著文肯定闻一多的爱国诗，称赞他的《一句话》，这里借用闻一多的诗意说闻一多这团火将在自己燃烧的"余烬里爆出个新中国"，从而对闻一多牺牲的意义给予了高度赞颂。二是透露出朱自清思想的转变。朱自清时常检省自己，说自己性格懦弱，缺乏勇气，在闻一多精神的鼓舞下，他不再徘徊而勇敢向前了，诗中对闻一多的赞颂正是对自己的鞭策。当时反动派气焰正炽，许多人都不敢出面，但他知道闻一多死讯后立即表示要整理闻一多遗著，照顾闻一多家属，写此诗的次日即出席成都各界追悼李、闻大会并在会上揭露特务罪行。朱自清回到北平后的一系列表现，都证明了他继承闻一多未竟事业的思想精神。

散文则是朱自清一生喜爱的创作，其创作成就也最高，堪称20世纪美文之冠。他的作品滋养过几代人的心田，至今仍是写景抒情散文的典范。朱自清散文成名较早，在20世纪20年代已名传天下了。他在进西南联大之前，已出版了《踪迹》《背影》《你我》《欧游杂记》几本散文集；《伦敦杂记》虽然出版于1943年，却写于抗战以前。在这些集子中，《匆匆》《桨声灯影里的秦淮河》《温州的踪迹》《背影》《荷塘月色》《给亡妇》及《威尼斯》等早已脍炙人口，传诵不绝。这些作品全都是写景抒情的美文。自然，集子中有《航船中的文明》《白种人——上帝的骄子！》和《择偶记》等社会意义较强的

朱自清第一部散文集《背影》（1938年上海开明书店版）

---

① 朱自清：《挽闻一多》，《朱自清全集》第5卷，江苏教育出版社1996年版，第117页。

作品，但它们不是朱自清散文的主调。这类写景抒情的散文多了，便会产生咀嚼身边琐事和写大城市的感觉，使散文的圈子越来越狭小。怎么突破狭小，走向广阔？朱自清及时地提出了主张：描写内地。

1934年10月，他撰写了《内地描写》一文，指出"内地是真正的中国老牌，懂得内地生活，才懂得'老中国的儿女'"，而"过去散文大抵以写个人的好恶为主，而以都市或写学校为背景；一般所谓'身边琐事'的便是。老这样写下去，笔也许太腻，路也许太窄；内地描写却似乎正可以济其穷"。① 在1935年7月所写的《什么是散文》里，他更把《内地描写》称为"散文的一个新路"。② 不过，作为大学教授的朱自清却没有机会去内地，只能在"中国一角"的南北大城市里移动，散文走不出"腻"而"窄"的牢笼。

伟大的抗日战争给予朱自清机会，使他不但深入到内地，而且去到了边疆。更为重要的是，朱自清不是钦差大臣似的以居高临下的姿态去考察，而是作为一种生存方式进入内地和边疆，这样所得的认识才是真切、深入、具体的。我们发现，此后他所写的散文与其前期不一样了，文中少了一些细腻和缠绵的感情，多了一些力量和明朗。

《蒙自杂记》是抗战以来朱自清写的第一篇散文，也是他后期散文中较著名的一篇。文中记述了蒙自小城的景象，写了南湖风物、海关大院和汇理银行的面貌，尤其是记述了城里人家的门对儿和火把节的情形，让人难以忘怀。难能可贵的是他从门对儿和火把节里看出了抗战的意义："最多的是抗战的门对儿。昆明也有，不过按比例说，怕不及蒙自的多；多了，就造成一种氛围气，叫在街上走的人不忘记这个时代的这个国家。这似乎也算利用旧形式宣传抗战建国，是值得鼓励的"；火把节"也许是个被除节，但暗示着生活力的伟大，是个有意义的风俗；在这抗战时期，需要鼓舞精神的时期，它的意义更是深厚"。③ 这里表现出的是对人文精神的肯定、赞赏及对胜利的乐观态度，尽管边疆的生活远不如清华园舒适，但使他消散了"颇不宁静"的心情。与《蒙自杂记》一样表现着人民的力量，传达出胜利的渴望而精神硬朗的是《北平沦陷的那一天》《这一天》《重庆一瞥》《新中国在望中》等几篇。《北平沦陷的那一天》记录1937年7月28日及其前后北平的情形，末尾说："北平的人心是不死的。只要人心不死，最后的胜利终究是咱们的！等着瞧罢，北平是不会平静下去的，总有那么一天，咱们会更热闹一下。那就是咱们得着决定的

---

① 朱自清：《内地描写》，《朱自清全集》第4卷，江苏教育出版社1996年版，第340页。
② 朱自清：《什么是散文》，《朱自清全集》第4卷，江苏教育出版社1996年版，第365页。
③ 朱自清：《蒙自杂记》，《朱自清全集》第4卷，江苏教育出版社1996年版，第399、400页。

胜利的日子！这个日子不久就会到来的！"①在最初沦陷的日子看出胜利，这需要多深的思想眼光啊！《这一天》写于"七七"抗战两周年，文章说："从二十六年这一天以来，我们自己，我们的友邦，甚至我们的敌人，开始认识我们新中国的面影。……新中国在血火中成长了。……'七七'是我们新中国诞生的日子。"②在强敌压境的情形中看到新中国的诞生，显示出朱自清良好的精神状态。《重庆一瞥》说："重庆经过那么多回轰炸，景象该很惨吧。……可是，我不得不吃惊了，整个的重庆市还是堂皇伟丽的！……我们的陪都不是又建设起来了吗！"③文章宣布重庆炸不垮，并赞扬国人的建设业绩。在《新中国在望中》一文里朱自清兴奋地说："抗战的中国在我们的手里，胜利的中国在我们的面前，新生的中国在我们的望中。"他清醒地认识到，这一天不是等待能至的，而是要去争取的，因此末尾写道："可是非得我们再接再厉的硬干、苦干、实干，新中国不会到我们手里！"④朱自清能够在抗战最艰难的日子里看到胜利，并鼓励人们为之奋斗，其依据是人心。朱自清坚信抗战建国能够实现，其思想根据是中国人的心没有死。

　　痛定思痛。在国破家亡、漂泊西南的日子里，朱自清笔下总忘不了抗战建国。这时，纯粹抒发美感的文章少了，说起来恐怕只有《外东消夏录》和《重庆行记》两篇散文是属于写景抒情的。《外东消夏录》由《引子》《夜大学》《人和书》《成都诗》《蛇尾》五节组成，各节之间并无必然联系，它们共同构成了"消夏"的内容。其中《成都诗》一节围绕易君左先生的《成都》诗"细雨成都路，微尘护落花。据门撑古木，绕屋噪栖鸦。入暮旋收市，凌晨即品茶。承平风味足，楚客独兴嗟"抒写。文章抓住了成都的"闲味"，揭示出成都的特色，读来饶有兴味。《重庆行记》分为《飞》《热》《行》《衣》四节，各节之间也不相关，它们共同构成了"重庆行"的内容。第一节《飞》写从昆明坐飞机到重庆的感觉，也蛮有趣味。作者不愧为文章老手，在艺术手法上大有讲究。《成都诗》运用对比手法，处处拿成都与北平对照，在对比中使特色更加鲜明。《飞》明明是在天上，却先谈航海，再谈飞翔，这就形成比较，让飞行的观感更具个性色彩。文章下笔说："人们总羡慕海阔天空，……以为坐海船坐飞机是'不亦快哉'！"结尾说："飞机快是真的，两点半钟，到重庆了，这倒真是个'不亦快哉'！"⑤文章首尾照应，而两个

---

① 朱自清：《北平沦陷的那一天》，《朱自清全集》第4卷，江苏教育出版社1996年版，第404页。
② 朱自清：《这一天》，《朱自清全集》第4卷，江苏教育出版社1996年版，第405页。
③ 朱自清：《重庆一瞥》，《朱自清全集》第4卷，江苏教育出版社1996年版，第424页。
④ 朱自清：《新中国在望中》，《朱自清全集》第4卷，江苏教育出版社1996年版，第436、437页。
⑤ 朱自清：《重庆行记》，《朱自清全集》第4卷，江苏教育出版社1996年版，第438、440页。

"快"的含义并不相同，前一个指心情，后一个指时间，同而不同，真是大手笔。

2. 文学研究。

朱自清不仅是诗人、散文家，也是一位学者。在古文一统学界的20世纪20年代，做学问当然是研究国学了。朱自清在诗歌和散文两个方面展开了对中国古代文学的研究，有许多独到的建树。

在考据方面，《陶渊明年谱中之问题》《李贺年谱》《〈文选序〉"事出于沉思，义归乎翰藻"说》《诗言志辨》《论逼真与如画》等均有创见。《〈文选序〉"事出于沉思，义归乎翰藻"说》是朱自清进入西南联大后写的首篇论文。南朝梁萧统编《文选》，以"事出于沉思，义归乎翰藻"为选文标准，可见其重要。但这两句话究竟是什么意思，一直被马虎过去了。直到清朝嘉庆、道光年间阮元提倡《文选》之文，才对它作了分析。但阮元有两个疏忽：一是萧统不选经、史、子，也不选辞，阮元不提，不符合《文选序》原意；二是阮元选取"沉思""翰藻"而忽略"事义"，也不符合《文选序》的原意。此外，阮元不论"沉思"，只注重"翰藻"也失偏颇。也就是说，对"事义"，自梁以来没有人弄清楚。朱自清考证说："西晋以来，论文的常用'事义'这个词；虽然对举的时候多，本来却是连文。事，人事也。义，理也。引古事以证通理，叫做'事义'"；"'事出于沉思'的'事'，实当解作'事义''事类'的事，专指引事引言，并非泛说。'沉思'就是深思"。再经过对"翰藻"的考释，弄清了全句的意思，最后得出结论："事出于沉思，义归乎翰藻"之义，"不外'善于用事，善于用比'之意：那就与当时风气及《文选》所收篇什都相合，昭明原意当也不外乎此了"。[①]这篇文章说清楚了一个千年问题，意义不言而喻。

《诗言志辨》是学术界多予推崇的长篇论文。在中国古代文论里，"诗言志""诗教""比兴""正变"是四条诗论，四个批评的意念。朱自清写这篇论文的目的，是根据古人那些重要的用例来解释这四个词句的本义与正变、源头和流派，梳理出它们的历史发展面目。作者说："'诗言志'是开山的纲领，接着是汉代提出的'诗教'。汉代将'六艺'的教化相提并论，称为'六学'；而流行最广的是'诗教'。这时候早已不歌唱诗，只诵读诗。'诗教'是就读诗而论，作用显然也在政教。这时候'诗言志''诗教'两个纲领都在告诉人如何理解诗，如何受用诗。但诗是不容易解的。……'比兴'的解释向来纷无定论；可以注意的是这个意念渐渐由方法而变成了纲领。'正变'原只论'风雅正变'，后来却与'文变'

---

① 朱自清：《〈文选序〉"事出于沉思，义归乎翰藻"说》，《朱自清全集》第8卷，江苏教育出版社1996年版，第279、280、291页。

说联合起来，论到诗文体的正变；这其实是我们固有的'文学史'的意念。"①这种纲领式的论断建立在对若干历史材料的考证上。例如"诗言志"这个中心概念，最初的表现是"献诗陈志"。而"言志"又几经变化，首先是"陆机《文赋》第一次铸成'诗缘性而绮靡'这个新语"，把"言志"扩展为"缘情"，其次是清代的袁枚主张"性灵"，"将'诗言志'的意念又扩展了一步，差不离和陆机的'诗缘性'并为一谈"；再次是现代有人将"言志"和"载道"并举，"又将'言志'的意义扩展了一步，不限于诗而包罗了整个儿中国文学"。②这样的考辨梳理，实际是在组构一部中国文学批评史。而该文提出的一些观点和结论，至今还被学术界采用。

朱自清用功最多的是古诗的研究。他还开过"陶渊明""李杜诗""李贺诗""谢灵运诗"等课。撰写的研究文章就更为广泛了，从《诗》三百到宋诗，几乎都有论及，尤其值得注意的是，他论述了古代歌谣。因此说，朱自清的学术视野相当宽。而宋诗是他的重点研究对象，他为之倾注了几十年的精力。"宋诗"课是他常开的，从清华一直开到西南联大再到北返之后，教育了一届又一届学生。他关于宋诗的论述也最为精辟独到。

朱自清论诗，有一个简单的原则，即"诗是精粹的语言"。他说："诗究竟是'语言'，并没有真的神秘；语言，包括说的和写的，是可以分析的；诗也是可以分析的。只有分析，才可以得到透彻的了解……，只有能分析的人，才能切实欣赏；欣赏是在透彻的了解里。"③研究不是为研究而研究，而是为了欣赏和接受。为什么能够接受呢？是因为"人情或人性不相远，而历史是连续的"，"个人生活在群体中，多少能够体会别人，多少能够替别人着想。关心朋友，关心大众，恕道和同情，都由于设身处地为别人着想；甚至'替古人担忧'也由于此"。④分析、了解、欣赏、接受最基本的方法是打通语言关，弄清诗歌语言的丰富性和多义性，进行细密的分析。出于这样的认识，朱自清分析欣赏了许多古诗，纠正了前人的许多不确之论，提出了许多新的见解。例如：

1941年，他在《国文月刊》上连载《古诗十九首释》，是为了"帮助青年诸君的了解，引起他们的兴趣，更注意的是要养成他们的分析态度"，⑤而选释《古诗十九首》，是因为它是我国最早的五言诗，是古诗最重要的代表。文中较为详细地

---

① 朱自清：《诗言志辨·序》，《朱自清全集》第6卷，江苏教育出版社1996年版，第130页。
② 朱自清：《诗言志辨》，《朱自清全集》第6卷，江苏教育出版社1996年版，第164、170、172页。
③ 朱自清：《古诗十九首释》，《朱自清全集》第7卷，江苏教育出版社1996年版，第191页。
④ 朱自清：《古文学的欣赏》，《朱自清全集》第3卷，江苏教育出版社1996年版，第198页。
⑤ 朱自清：《古诗十九首释》，《朱自清全集》第7卷，江苏教育出版社1996年版，第191页。

解释了原诗的暗示、比喻、典故等，即通过弄明"事"而达到弄明"义"。文章的价值也许不在于推翻前人的结论，提出新见，而是作出分析、欣赏的示范。

钟嵘说陶渊明的诗"源出于应璩，又协左思风力"。游国恩曾找出了左思对陶渊明影响的七联诗句。朱自清研究后说："从本书里看，左思的影响并不顶大；陶诗意境及字句脱胎于《古诗十九首》的共十五处，字句脱胎于嵇康诗赋的八处，脱胎于阮籍《咏怀》诗的共九处。那么，《诗品》的话就未免不赅备了。但就全诗而论，胎袭前人的地方究竟不多。"这里订正了钟嵘之说。朱自清接着指出陶渊明的创新之处："他用散文化的笔调，却能不像'道德论'而合乎自然，才是特长。这与他的哲学一致。像'结庐在人境，而无车马喧'，'人生归有道，衣食固其端。孰是都不营，而以求自安'，都是从前诗里不曾有过的句法；虽然他是并不讲什么句法的。"①这就揭示了陶诗千古未能被识破的特点。

宋朝的诗歌沿袭了陶诗散文化的特点，朱自清把宋诗与唐诗对照，认为"唐诗主抒情，宋诗主说理；唐诗以《风诗》为正宗，宋诗则以文为诗，即所谓'散文化'"。②又揭示了一个千古之谜。朱自清考察宋诗散文化的原因，认为是社会发展日益复杂所产生的必然结果。于是，朱自清给宋诗的"说理"和散文化理出了一条"来龙"：自陶渊明开始，经杜甫的推进，到黄庭坚，散文化的程度就更深了。像《赣上食莲有感》，若不用说理，而取抒情或描写之法，绝难写得这么好；而"公为大国楚，吞五湖三江"、"我观江南山，如目不受垢"等，你能说它不是好诗？宋诗沿着这样的道路走，出现散文化就是必然的了。

朱自清进而用散文化的理路观察现代，惊奇地发现："这个时代是个散文的时代，中国为此，世界也如此。"因此，他对抗战诗歌的散文化给予肯定："抗战以来的新诗的一个趋势，似乎是散文化。抗战以前新诗的发展可以说是从散文化逐渐走向纯诗化的路。……诗钻进了老家，访问的就少了。抗战以来的诗又走到了散文化的路上，也是自然的。"③

此外，朱自清还从文学创作与研究的深潜中浮身出来，写了大量的普及读物。《经典常谈》《精读指导举隅》《泛读指导举隅》就是这方面的成果，《标准与尺度》《论雅俗共赏》也具有这方面的特点。朱自清的整个文学工作都带有这种倾向——大众化、民间化、通俗化，为群众服务，这是朱自清与众不同的地方。

---

① 朱自清：《陶诗的深度》，《朱自清全集》第3卷，江苏教育出版社1996年版，第10页。
② 季镇淮：《纪念佩弦师逝世三十周年》，《新文学史料》第2辑，1979年2月。
③ 朱自清：《抗战与诗》，《朱自清全集》第2卷，江苏教育出版社1996年版，第345、346页。

多才多艺多光彩：闻一多

一、闻一多在西南联大的生活

1937年10月2日，闻一多在武昌磨石街新25号住所的书房埋首古书堆里，编金文分类目录，听得孩子呼唤："爸爸，爸爸，朱伯伯来啦！"闻一多起身出门，见朱自清一边低头和孩子说话，一边走来，立即上前拉他进书房坐下，问长问短。朱自清笑着说："先讲讲你是怎么走出北平的？"闻一多便讲起了这段往事——

6月暑假开始，闻一多夫人高孝贞带着大的两个孩子回武昌探亲，他自己带着小的三个孩子在清华，并着手《诗经字典》的编纂。"七七"炮响，还以为经过调解即可平息呢，哪知局势日益紧张。19日和保姆赵妈带着孩子坐火车到天津，换车到南京，再乘船回到武昌。走时以为不久就能回北平，家中细软都没带出，书籍则

闻一多（1945年摄于西南联大，为抗战胜利剃须留念）

只带了《三代吉金文存》及《殷墟书契前编》两种。本想利用一年的休假时间编出《毛诗字典》的，但因资料不济，无法进行，现在只能做一些其他工作了。

提到"休假"，朱自清打断他的话，问起他能否"展缓一年"，因为时局艰难，一些教授难以南下，而长沙临时大学开学在即，教师紧张。朱自清是清华大学

中文系主任，战乱之中于百里之外找上门来，可知其难。闻一多爽快地答应了。按程序，此事应由校长决定。10月21日闻一多收到梅贻琦校长快信，便于22日赶到长沙。朱自清亲往火车站迎接。

　　临时大学文学院设在衡山脚下的圣经学院。11月3日，闻一多和文学院老师乘车前往，住下后，立即摆开一案子的书，考订《周易》。11月3日，南京沦陷，武汉吃紧。于是临时大学有西迁之议。1938年1月3日，闻一多回浠水探望父母。在武汉，老友顾毓秀邀他参加战时教育问题研究会的工作，他谢绝了。闻一多选择了一条艰难的人生道路。

　　出于经济的考虑，闻一多决定回校后参加"湘黔滇旅行团"。老友杨振声开玩笑说："一多加入旅行团，应该带一具棺材走。"① 可是闻一多坚持下来，一步一步走到了昆明。旅行团是2月20日乘舟出发的，至桃园才舍舟步行。一路上，闻一多指导刘兆吉采集民歌，了解民情。3月6日到沅陵，被大雪阻道。晚上，向长清和刘兆吉来请教成立诗社之事，闻一多给予了鼓励。回乡探亲的沈从文设宴为老师们洗尘，大家乐而忘忧。23日到贵州黄平，闻一多重操旧业，拿起画笔描绘祖国的大好河山，画下了"黔南第一胜景"飞云崖。自此闻一多一路画画，到昆明已有几十张了。这些画抒发了闻一多对祖国山河美景的颂扬之情。4月19日，越过云贵交界的胜境关。进入云南，一路下坡，大家步履更为轻快。28日，旅行团进入昆明，受到师生的热烈欢迎。闻一多见到杨振声，说："假使这次我真带了棺材，现在就可以送给你了。"② 两人哈哈大笑。68天的山路跋涉，不仅增强了闻一多的意志和体魄，还增强了他对祖国山河的热爱和对人民的了解。

　　1938年4月2日，教育部令国立长沙临时大学更名为国立西南联合大学。昆明一下子涌入许多人口和机构，容纳有困难，更不易找到可供千人办学的场所。西南联大只好把文学院和法商学院设在六百多里外的蒙自。闻一多到蒙自，和一些单身教师住在歌胪士洋行楼上。蒙自城不大，却有个秀丽的公园——南湖。滇南多旱，春天南湖湖底朝天，可进去玩耍，到雨水透地则湖水荡漾。堤上和岛中花木成林，四周垂柳环绕，是休闲娱乐的好去处。西南联大师生课余饭后常去湖堤上走走，置身美景，恍如在京城漫步，可以暂时忘记炮火硝烟。而闻一多则是足不出户，整天蜗居屋内整理旧稿。一天晚饭后，教师们相约散步，路过闻一多屋门，郑天挺教授推门相邀："何妨一下楼呢？"③ 大家笑了起来。从此，闻一多得了一个雅号——"何

---

① 转引自闻黎明《闻一多传》，人民出版社1992年版，第163页。
② 转引自闻黎明《闻一多传》，人民出版社1992年版，第163页。
③ 转引自王云《访蒙自随笔两则》，《云南师范大学学报》，1984年第3期。

妨一下楼主人"。学生向长清、刘兆吉实现"湘黔滇旅途"途中的设想,组成二十多人的南湖诗社,闻一多和朱自清两位著名新诗人被邀为导师。他们发表见解,指导方向,阅读诗社所办诗刊,称赞诗作,给同学极大鼓励。从南湖诗社走出了穆旦、赵瑞蕻等诗人和多位学者。一天,闻一多在集市上购得一根白藤手杖,甚为喜爱,使用终生。由于用作教室的海关大院被征给柳州航空学校使用,一学期后,文学院、法商学院迁回昆明。这时,许多教授的家眷相继来滇。闻一多夫人带着五个孩子和赵妈已进入贵州。期末大考一结束,他便赶往贵阳,迎接家眷。

1938年8月底,闻一多家眷来到昆明,租住于小西门福寿巷3号姚宅。9月28日,日寇飞机开始轰炸昆明。闻一多去城外寻找随校疏散的儿子立鹤、立鹏,被炸下来的砖头砸破头,血流满面,幸得救护队包扎而无事。开学后,一些进步同学排演外文系教授陈铨改编的话剧《祖国》。闻一多作舞台设计,布景有力地衬托了抗日内容,《云南日报》等发表文章加以赞扬。在排练过程中,演员们组成西南联大话剧团,闻一多欣然出任导师。次年《祖国》演出成功后,在孙毓棠和凤子策划下,闻一多写信给在重庆江安国立艺专任教的曹禺,邀他来昆明导演《原野》,并表明愿为《原野》作舞台设计。1939年7月13日,曹禺飞抵昆明,决定导演《原野》和《黑字二十八》。闻一多担任两剧的舞台设计,又一次获得好评。闻一多还为仇虎和金子设计了服装,为《原野》撰写了演出说明书。尽管雨季大雨滂沱,观众仍如潮涌来。两剧连演32场,创造了云南戏剧舞台史上的演出高峰。演出完毕,闻一多陪曹禺上了一趟西山,去了一次安宁温泉。

日机频繁轰炸昆明。自1939年起,西南联大的教授把家眷移到城外。闻一多获准补休推迟的学术假,便于暑假中把家迁到晋宁北门街一户苏姓人家的前楼楼上。晋宁离昆明大约七十里,生活宁静,而离滇池不远,风物宜人。闻一多在此专攻上古文学史,高兴时还给子女讲唐诗。由于外来人口增加、货物储备消耗大、空袭造成金融市场混乱等原因,昆明的物价骤然上涨。1939年9月,《云南日报》短评说:"自今年正月至今,物价增长不止三倍。"[①]到1940年,物价更是天天见长。闻一多虽住在农产品丰富、外来人口不多的晋宁,经济仍觉紧张,生活水平不得不一降再降。为了节约,只好买小麦自磨面粉,吸烟也由纸烟改用旱烟叶自制卷烟。

休假将尽,因中文系主任朱自清获准学术休假,闻一多接到梅贻琦校长函,要他代理其职。他立即致信朱自清,说自己性格"顽直",不适此任。朱自清将闻一多的请辞转告文学院院长冯友兰,并专函梅校长,却提出"劝驾"之请。闻一多分

---

① 转引自《国立西南联合大学校史》,北京大学出版社2006年版,第381页。

别收到冯院长和梅校长的信后打消了辞意。次年9月，朱自清休假返校，身体很差。闻一多为朋友着想，正式担任了中文系系主任，但提出"以抗战胜利为期限"的条件。

1940年8月，闻一多搬家回昆明，一时找不到房子，住在华山东路节孝巷13号胞弟闻家驷家里。9月学校开学，西南联大戏剧研究社排演田汉改编的话剧《阿Q正传》，闻一多被聘为顾问。9月30日，日本飞机再次轰炸昆明，全家躲进后院的防空洞，解除警报后，出洞见一枚炸弹在洞门前，幸而没有爆炸。10月，闻一多和胞弟家搬到市郊大普吉。因两家合住太挤，闻一多家再搬到离大普吉不远的陈家营，租住杨姓人家的二楼。陈家营离昆明约二十里。此时，有家眷的西南联大教师大多疏散在郊区。为减少来往次数，学校将课集中安排。闻一多的课安排在两天以内。第一天进校，讲完课后住师范学院孙毓棠室内，第二天讲完后回陈家营，夫人往往带着孩子在村头迎候。家里的物质生活相当紧张，"先生每月薪金不足全家十天半月开支，月月靠向学校透支或向友人借债解燃眉之急，生活进入了最艰难的阶段。为了养家糊口，家中除必不可少的衣被外，几乎分批寄卖一尽，连先生从北平带出来的几部线装书也忍痛卖给了清华大学图书馆……为了节省开支，十冬腊月先生率子女到村南小河用冰冷的河水洗脸"①。有时去河里摸些小鱼小虾，或者捞田螺、捉蚂蚱当荤菜。尽管如此，闻一多的情绪照样很乐观。是年初，学生组织冬青文艺社。在学期开学后，聘闻一多为导师，并举办讲座，请闻一多讲演。此后闻一多多次参加冬青社的活动。

1941年2月，华罗庚在黄土坡租住的房屋被日本飞机轰炸，一家人无处安身。闻一多得知后，让出一半屋子给他家。两家人在屋子中间挂一块布帘隔开，各自生活。华罗庚曾写诗以为记：

挂布分屋共容膝，岂止两家共坎坷。
布东考古布西算，专业不同心同仇。②

当时，闻一多研究中国古代神话，华罗庚著《堆垒素数论》，故有"布东考古布西算"一句。

5月，闻一多家由陈家营迁到二里外的谷堆村。赵妈常用筲箕在门前的小溪中捞

---

① 闻黎明、侯菊坤：《闻一多年谱长编》，湖北人民出版社1994年版，第592页。
② 华罗庚：《知识分子的光辉榜样》，《闻一多纪念文集》，生活·读书·新知三联书店1980年版，第140页。

些小鱼小虾改善生活。

7月,清华大学文科研究所开始筹建,所长为文学院院长冯友兰,按例中国文学部主任由中文系主任担任。筹建工作首先是选址。闻一多听说,北郊离昆明城二十多里远的司家营有一处新房,便前往考察。考察结果较为满意,便决定把文学部设在司家营。文学部布置停当后,闻一多便把家迁到文学部内。接着,闻一多制订了《文科研究所中国文学部研究计划》,决心从整理古籍入手,然后组织人力实施计划。在司家营,闻一多生活困苦,但家庭温暖,精神愉快。季镇淮说:"先生整理《易经》《诗经》《楚辞》等著作,并指导研究生工作,常至深夜不睡。其余各位也都工作至深夜,成为习惯,研究空气,十分浓厚。夫人高孝贞女士也经常伴至深夜,为先生做茶,夫妻感情甚笃。先生进城上课回乡,夫人常带小孩到桥头去接,先生欣然。"①

1942年,昆明物价进一步暴涨。闻一多家人口多,生活已十分艰难,面临断炊威胁。朋友们设法相助,闻一多拒绝了,他要自食其力。这自食其力的方法便是刻图章。他买来刻刀和石头,一刻即成;又买来云南时兴的象牙,却费尽工夫才刻成。为招揽生意,浦江清教授特为闻一多撰写《闻一多教授金石润例》:

> 秦玺汉印,攻金切玉之流长;殷契周铭,古文奇字之源远。是非博雅君子,难率尔以操觚;倘有稽古宏才,偶点画而成趣。
>
> 浠水闻一多教授,文坛先进,经学名家,辨文字于毫芒,几人知己;谈风雅之原始,海内推崇。斲轮老手,积习未除,占毕余闲,游心佳冻。惟是温磨古泽,仅激赏于知交;何当琬琰名章,共榷扬于艺苑。黄济叔之长髯飘洒,今见其人;程瑶田之铁笔恬愉,世尊其学。爰缀短言为引,公定薄润于后。②

推荐者全是昆明文坛名家:梅贻琦、冯友兰、朱自清、潘光旦、蒋梦麟、杨振声、罗常培、陈雪屏、熊庆来、姜寅清、唐兰、沈从文。公开治印大约从1943年9月起,而接件量至1944年春才多起来。

国家为什么糟糕到这个程度,老百姓的生活为什么如此痛苦?闻一多从自己的生活实际出发,把目光从书本转向现实,开始思考政治问题。文学家认识生活有一

---

① 季镇淮:《闻一多先生年谱》,《闻一多全集》第12卷,湖北出版社1993年版,第505页。
② 浦江清:《闻一多教授金石润例》,北京大学校友联络处编《筇吹弦诵情弥切》,中国文史出版社1988年版,第95页。

闻一多为冯友兰雕刻的印章：冯友兰之玺

个独特的视角——文学作品。此时，外文系教授白英约闻一多合编《中国新诗选译》，于是他遍读中国现代诗歌。朱自清从成都探亲归来，带来一本田间的诗集，拿给闻一多看。闻一多看后，一种新的生活、新的精神、新的美学观展现在眼前，他被那鼓点式的声音震撼了！1943年秋季开学后的"唐诗"课上，他向学生推荐了田间的诗。在国统区的课堂上讲授解放区诗人的诗，是多少有些风险的。而在此前，他被蒋介石《中国之命运》的"义和团精神吓一跳"①。民生的困苦，官僚的腐败，迫使他从文学渐渐转向政治。1944年4月，新诗社发起人向他请教作诗，他一再强调要写"新"诗，全新的诗。从西南联大历史学会举办的"五四"25周年纪念座谈会起，他开始走向群众，专谈政治，向圈子外喊去，最终成为一个民主斗士。

闻一多的转变，生活的困窘不能不说是一个原因。为解决全家人生存问题，除治印外，他还外出兼课。1943年秋，到迁来昆明的中法大学讲授"中国文学史"。1944年春，到昆华中学兼"国文"课。在昆华中学，闻一多每月得到一百二十斤平价米，二十块"半开"（两个半开合一银元）。有了这份固定收入，闻一多一家的生活稍有安全感。此外，还有一些短期讲课，如1942年为西南教育厅和西南联大师范学院联合举办的中学教员暑期讲习班讲课，1943年为军委会外事局举办的译员训练班讲翻译课，一连讲过几期。云南省教育厅举办的讲习班几乎每年都有，他每期都去讲课。

美国空军援华后，昆明不再遭受日机轰炸。1944年5月，闻一多把家人从司家营搬到昆华中学，不仅上课、办公、开会方便，接送印章也方便了。

由于闻一多大谈政治，触及到当局的利益，1944年暑假，传出西南联大奉命解聘闻一多、潘光旦等教授的谣言。谣言甚至传到重庆，许多朋友都来慰问。其实，西南联大不仅没有解聘闻一多，在9月13日召开的教授会上，还选他做第七届校务会议的教授代表和教授会书记。闻一多虽然没有失去西南联大的教职，昆华中学的兼职教师却被解雇了。不过，时间不在此时，而在后一年。1945年8月，云南省教育厅

---

① 闻一多：《八年的回忆与感想》，《闻一多全集》第2卷，湖北出版社1993年版，第431页。

将昆华中学校长和楚雄中学校长对调。昆华中学新校长以加授课钟点为条件逼迫闻一多辞了职。失去这份工作的收入，闻一多家的生活又陷入了困境。

幸好，闻一多家已于半年多前搬出了昆华中学，才不致有另租房屋的压力。1945年1月，西南联大在西仓坡盖了一排教授宿舍，分配时闻一多抽中一间，一家人兴致勃勃地搬入了新居。西仓坡的生活虽然艰苦，却是幸福的，一家人和和美美，笑声满屋。闻一多有时辅导孩子功课，听英语发音，检查作业，教背古诗。闻一多工作告一段落，便带全家人去到野外，任孩子们玩耍，玩累了，则让他们坐下，向他们讲神话传说，讲古代诗人……他们家的作风也是民主的。闻铭说："我们家庭变成民主家庭，这可以说是爸的一个成功。我们吃饭的时候往往和爸辩论得面红耳赤，为了一个问题或一件事，以致饭都吃不下去了。"①闻一多尊重夫人和孩子们的意见，遇事不独断专行，连这次搬入西仓坡住都是全家人举手表决，少数服从多数决定的。2月15日，西南联大悠悠体育会组织路南旅行，闻一多带立鹤、立鹏前往，游了石林、长湖、黑龙潭等风景名胜，至23日才回到昆明。

闻一多已于1944年秋参加了中国民主同盟，并负责云南支部的宣传工作。他又被青年奉为导师，许多事情学生都来找他，而他自己又富有超强的演讲才能，能够影响大众，因此，他的社会活动很多。在1945年"五四"昆明学联主办、西南联大承办的纪念周里，他连续几天参加活动，发表演说。

1945年暑假，闻一多在司家营清华文学部处理事务并进行研究。8月11日，立鹤与王瑶相继赶来，报告日本发出乞降照会的事。他欣喜得跳了起来，即刻去四里外的龙泉镇理发店剃去留了七年半的胡须。回到城里，让人一惊——俨然一个青年！

抗战结束了，建国成为当务之急。建设怎样的国家一问题摆在了人们面前。许多知识分子起而呼吁民主，在西南大后方掀起了民主运动。闻一多充当了这场运动的先锋。不幸"一二·一"惨案发生了。闻一多坚决站在学生一边，支持学生有理有节的斗争，获得斗争的胜利。

1946年5月4日，西南联大宣告结束。北返前，昆明的一些青年希望他留下点东西。于是他写了《昆明的文艺青年与民主运动》一文，寄厚望于文艺青年，倾吐出对西南人民尤其是少数民族的厚爱。他这时正在策划一台少数民族民间歌舞的演出。这台演出从5月24日开始，至6月4日结束，震动了昆明。由于闻一多屡次指斥当局，被反动派称为"闻一多夫"，扬言用40万元买他的头。朋友劝他早走。可他家人口多，机票难买，他只好让两个孩子先走，自己殿后。他的迟走虽然有民盟的工

---

① 闻铭：《我的爸爸》，《文汇报》，1946年10月4日。

作还需要他的因素，但对经济的考虑也不能排除——许多人都想得到他的图章，他也能以此筹集一些机票费。可是，云南地方警察竟对他下了毒手，7月15日以枪击的方式结束了他的生命，把他永远留在昆明的土地上了——反动派的无耻和残忍，与闻一多的高尚和光荣一起写进了历史。

闻一多终究是一名人格伟岸的文人，光明磊落，襟怀坦荡，热情洋溢，坚毅执著，英勇无畏，但也不无偏激。他的理想生活是在安静的书斋里品茶读书，他的目标是写一部全新的《中国文学史》。

二、闻一多讲课

闻一多讲课很受学生欢迎，有的课选听的人多，旁听的也多。西南联大的教室一般不大，听闻一多课的人多，去晚了就没有座位，有时教室后排椅子的后面，窗子和门外面，都有人站着听。当然，不是每门课都这样，有的课太艰深了，听的人也不多。有些笔头快的学生，把他上课时的讲话记下来，整理了出版，可见其价值确实不一般。闻一多的大师风采，通过讲课展示并普及开去，让许多人崇敬有加。

闻一多在西南联大本科开设的课有10门："诗经""周易""庄子""楚辞""乐府诗""尔雅""唐诗""先秦文学史""古代神话""大一国文"。《国立西南联合大学校史》说："10门课程，尤以'诗经''唐诗'最受学生欢迎。"[①]汪曾祺听过闻一多的"楚辞""唐诗""古代神话"这三门课，他说："闻先生教古代神话，非常'叫座'。不单是中文系的、文学院的学生来听讲，连理学院、工学院的同学也来听。工学院在拓东路，文学院在大西门，听一门课得穿过整整一座昆明城。……伏羲女娲，本来是相当枯燥的课题，但听闻先生讲课让人感到一种美，思想的美，逻辑的美，才华的美。听这样的课，穿一座城，也值得。"[②]寄思在《忆闻一多教授》一文中说："我旁听闻先生讲授'庄子'，这一课程每星期两小时，接连着排在一个下午，旁听的人很多，有同学，有职员，还有年青的哲学教授沈有鼎先生。沈先生是每次必到，旁听的人也一直不衰，济济一堂者大约二百人……"[③]看来，"最受学生欢迎的课"不止"诗经""唐诗"，至少还有"古代神

[①] 西南联合大学北京校友会编：《国立西南联合大学校史》，北京大学出版社2006年版，第96页。
[②] 汪曾祺：《闻一多先生上课》，《汪曾祺全集》第6卷，北京师范大学出版社1998年版，第300页。
[③] 寄思：《忆闻一多教授》，转引自闻黎明、侯菊坤《闻一多年谱长编》，湖北人民出版社1994年版，第748页。

话""庄子"。刘晶雯旁听了闻一多的"诗经"课,她说:"闻先生的课是很吸引人的。……本系或外系的老师,甚至校外社会青年,也常和学生挤在一起听课。例如,哲学系沈有鼎教授的身影,就常出现其间。"[1]闻一多的"诗经"课受欢迎的程度可见一斑。对闻一多的"唐诗"课,汪曾祺评价道:"能够像闻先生那样讲唐诗的,并世无第二人。他也讲'初唐四杰'、'大历十大才子'、《河岳英灵集》,但是讲得最多,也讲得最好的,是晚唐。"[2]"并世无第二人"之说恐不为过,因为闻一多有一些他人无法企及的长处,这在下面讲述。说"讲得最好的,是晚唐",这恐怕是个人喜好,不是确论。诚然,闻一多说过"读词胜于读诗,读晚唐诗又胜于盛唐诗"[3],但讲课的侧重与好否和研究的结论不一定完全一致。同样听过闻一多讲"唐诗"的弟子郑临川只说:"先生讲唐诗还有一个特点,就是最重视一批走在时代前面的开新作家,像对'初唐四杰'、张若虚、陈子昂、孟浩然等人的诗,都大讲特讲,津津乐道,赞扬他们为盛唐诗歌扫清道路、开新局面的不朽功绩。"[4]他没有说出与汪曾祺意思相同的话。郑临川就是汪曾祺很佩服的能够把老师课堂上所说的话逐字逐句记下来的那个同学。他记录的闻一多讲"唐诗"课的笔记整理出版了,可是,在《闻一多论先秦两汉文学与唐诗·说唐诗》所记的十讲里,竟没有晚唐的内容。也许是闻一多没有讲到晚唐。郑临川比汪曾祺高一级,他俩都听过闻一多讲的"唐诗"课,但两人所听的时间不同,具体内容也就有所不同,所以郑临川没有汪曾祺那样的感受。重要的是郑临川提供了与汪曾祺不同的感受。也许闻一多头年给郑临川所在1938级讲课时没来得及讲晚唐课程就结束了,而在给汪曾祺所在1939级讲课时调整了课时分配,略讲中唐以前,详讲晚唐,以示弥补。这样,他俩的感受就不一致了。有鉴于此,我们不妨把他俩的感受连起来便可以得出较为完整的关于闻一多讲"唐诗"课的印象:闻一多讲"唐诗",讲得最多,也讲得最好的是一批开创新道路的作家,为"初唐四杰"、张若虚、陈子昂、孟浩然、王维、李白、杜甫、孟郊及晚唐诗人。

闻一多的课为什么具有如此大的吸引力?应该是综合因素的显现。这里从气质、修养、功夫、方法几个方面作一些介绍。

首先,闻一多的气质适合讲课。气质多半来自于先天,也有后天的成分。因气质的关系,有的人适合教书,有的人不适合。闻一多是适合于教书的那种。他有

---

[1] 刘晶雯整理:《闻一多诗经讲义》,天津古籍出版社2005年版,第2页。
[2] 汪曾祺:《闻一多先生上课》,《汪曾祺全集》第6卷,北京师范大学出版社1998年版,第300页。
[3] 转引自郑临川记录、徐希平整理《笳吹弦诵传薪录》,上海古籍出版社2002年版,第146页。
[4] 郑临川记录、徐希平整理:《笳吹弦诵传薪录》,上海古籍出版社2002年版,第7页。

思想，有学问，又能将思想和学问恰到好处地表述出来，不像有的人，如茶壶煮汤圆，腹内有货倒不出来；也不像有的人，如水盆煮汤圆，浮在表面，深处没有货。从外表看，他文质彬彬，儒雅得很：头发略长，乌黑蓬松，眼镜后面的目光炯炯有神，嘴唇稍薄微扁，上髭修饰齐整，下巴上长髯飘飘，一袭长衫，手持藤仗，站立时胸微含，谦逊雅致，一副老教授的派头。而他的内心是感情充沛，灵动敏感的。他早年写的诗，哪一首不是火热滚烫的！1924年6月，见报误载孙中山逝世的消息，他大为激动，红头涨脸反复地说："这个人如何可以死！这个人如何可以死！"①由于感情外露，易于激动，他讲课时常常倾注感情于所讲的内容，也由此感染并吸引了听众。此外，讲课主要靠"讲"，语言表达如何，是讲课好坏的基本条件。闻一多讲话气势充沛，富有磁力。刘晶雯说："他用浑厚的男中音，感情充沛地朗诵诗篇，使每一个人都被深深打动。"②至于词句的丰富，那倒多半是后天修养得来的。闻一多讲课还善于调动知识储备，他能够在瞬间恰当地运用古今中外的多种知识，使讲话丰富多彩，富有魅力。知识是后天积累的，但运用知识的能力恐怕也与天赋有关。但仅有先天的气质因素还不够，还需要后天的教养，气质才能丰富。

教育与修养是一个人能否在讲台上站得住的基本条件。闻一多的教育良好，经历丰富，学识深厚，修养多面。他从小喜欢读书，接受过良好的国学教育和清华的美式教育，还去美国留过学，回国后的工作基本上在学校。也就是说，闻一多一生大体是在学校度过的，从事的是文化教育的工作。从时间上讲，他经历了清朝、辛亥革命、军阀统治、"五四"运动、北伐战争、民国、抗日战争直至国共内战前夕的各个时期；从地域上说，他从南到北、从东到西、从中国到美国，这样的人生经历，所见必多。闻一多的文化修养丰富而深厚，在清华学校读书时，他参加过辩论、演讲比赛，编辑过报刊和书籍，参加过画展，演出过戏剧；在文学方面，他写过论文、小说、剧本、诗歌、散文，美术则是他留学美国的主攻专业，后来他以诗歌作品、古文研究、舞台美术著称于世。这些修养直接作用于他的教学，遂把教学引向深入，做到生动形象，丰富多彩。他以诗心揣摩诗心，体会必不一般，他以画家的眼光品诗，意象灵动，细致入微，而在讲课时，又能从诗里看画，以画观诗。所以，他"讲李贺，同时讲到印象派里的pointlism（点画派），说点画看起来只是不同颜色的点，这些点似乎不相连属，但凝视之，则可感觉到点与点之间的内在联系"③。他把戏剧的表演技巧和话剧的语言功夫用在讲课中，用声音和语调参与

---

① 梁实秋：《谈闻一多》，传记文学出版社1967年版，第60页。
② 刘晶雯整理：《闻一多诗经讲义》，天津古籍出版社2005年版，第2页。
③ 汪曾祺：《闻一多先生上课》，《汪曾祺全集》第6卷，北京师范大学出版社1998年版，第300页。

表达，即使是朗诵也不同一般。听过他朗诵艾青的诗《大堰河——我的保姆》的朱自清说："闻先生有效的戏剧化了这首诗，他的演剧的才能给这首诗增加了些新东西，它是在他的朗诵里才完整起来的。"①他凭深厚的古文学根底和书画才能，写出字体的演变，画出各种图形以求直观的教学效果，"在黑板上或书写出好看的多体古文字，或勾画出古代器物的示意图"②。所以，闻一多的修养不是一般教师所能具备的。

讲课需要学识，学问越深越有力度，知识越广博越显丰厚，但又必须根据听者对象，有所约束，用恰当的语言深入浅出地讲出来。闻一多是学者，大学者，他写的许多著作解决了古往今来没有弄清楚的问题，推动了学术的发展，尤其是在《诗经》、《楚辞》、唐诗研究方面成绩卓著。闻一多讲课游刃有余，吸引力强，是他的学识决定的，也是他花了功夫的必然效果。这种功夫是多方面的，大致说来是研究、磨炼和备课三个方面。

研究的一项内容是掌握资料。闻一多多年研究唐代诗人，收集了大量的资料。他曾把一桌子手抄的大小厚薄不均的本子借给郑临川看，并告诉他说："做学问很像你们三湘的'女儿红'（指湘绣），是成年累月一针一线辛苦织成的，不是像跑江湖的耍戏法突然变出来的。"郑临川和闻一多一起生活了十几天后，深切认识到："先生晚睡早起的勤奋用功生活，又纠正了我们平时对他的误解，以为先生讲课精彩动人，只是由于头脑特别聪明，现在才知道他在教学和学术上的成功，完全是从踏实用功、孜孜不倦得来的。"③

闻一多那几门最著名的课并不是在西南联大一开就红的，而是在多年间经过多次讲授、不断积累的结果。"唐诗"课是他在青岛大学时就开的，"诗经""楚辞"和"古代神话"是在清华大学时期始开的，只是那时"楚辞"中只开了"九歌"，"古代神话"叫"中国古代神话研究"罢了。

闻一多出口成章，即兴演讲精彩绝伦，有人把闻一多的讲话记录整理出来就是一篇漂亮文章。但他讲课，却往往经过认真准备才登台。除了查阅资料、安排时间、设计板书、绘制图表等外，他讲课都是写了教案的。汪曾祺说："闻先生的笔记本很大，长一尺有半，宽近一尺，是写在特制的毛边纸稿纸上的。字是正楷，字体略长，一笔不苟。"④当年教笔者"中国现代文学史"课的老师是闻一多的学生，

---

① 朱自清：《论朗诵诗》，《朱自清全集》第3卷，江苏教育出版社1996年版，第255页。
② 刘晶雯整理：《闻一多诗经讲义》，天津古籍出版社2005年版，第2页。
③ 郑临川记录、徐希平整理：《笳吹弦诵传薪录》，上海古籍出版社2002年版，第5页。
④ 汪曾祺：《闻一多先生上课》，《汪曾祺全集》第6卷，北京师范大学出版社1998年版，第299页。

他说"闻先生的讲稿都是蝇头小楷"。这样的话汪曾祺也曾说过。

讲课毕竟是一项具有艺术性的工作，光有气质和文化修养，并且下了大工夫也不一定行，还必须有方法、有创造。

西南联大当年教室里的讲课设施，是讲台后面的墙上有一块黑板。教师所能应用的教学手段，无非是"讲"和"写"两种，再加上形体动作而已。在讲的方面，闻一多善于利用声音和语言。声音包括音色、音度、快慢、停顿等。这些，闻一多以一个话剧演员的功力都使用出来了。臧克家说：闻一多"讲雪莱的《云雀》时，他随云雀越飞越高，朗读的声音也越来越强，音节也越拉越长"①。何达说："闻一多平常说话、讲演、停顿的时候，是很多的。"②语言包括用词准确、丰富、生动和句子的精练、形象、创见等，此外，闻一多还加上了诗情画意。许渊冲说："仿佛是闻先生说的：五言绝句是唐诗中的精品，二十个字就是二十个仙人，容不得一个滥竽充数的。"③在"写"的方面，闻一多是书法家，板书自然相当漂亮，而他又是古文字学家，能够随手写出字体的演变；更有，他是画家，能够画出多种图形让人一目了然。有时，为了节省课堂时间或画得更有艺术性，他把较为复杂的图形事先画在纸上，上课时展示给学生。"他用整张的毛边纸墨画出伏羲、女娲的多种画像，用按钉钉在黑板上，口讲指画，有声有色，条理严密，文采斐然，高低抑扬，引人入胜。"④在"讲"和"写"两个方面，闻一多都把其功能发挥到了一个高度。

不过，闻一多用得最成功的是比较（联系、联想）和情景。比较是在此诗和彼诗、此人和彼人、此艺术和彼艺术之间进行的。闻一多讲孟浩然，把他和陈子昂、张若虚、王维、刘希夷、李白、香山、王羲之等人作比较，讲一个诗人几近讲了半个唐代文学。没有烂熟于心的文学史功底，哪能达到这样的化境！

情景教学法是创设情景，把听者带入所讲内容的特定环境中进行讲解。课堂的条件有限，再说大学课堂不能像小学课堂那样去营造实景，它往往运用语言，通过想象"进入"。闻一多的这种方法，郑临川先生称之为"现身说法"："他讲时代背景像讲自己丰富的生活经历，讲诗人活动像讲熟识朋友的趣闻轶事，分析作品又像变成诗人的化身在叙述这篇作品的创作过程，于是就使人听了产生如临其境、如见其人的感受。这时候，先生充满诗意的语言渐渐把我们带进了诗人创造的艺术境界，到达深入程度时，甚至使人发生这样的幻觉：好像是自己的一篇作品在被老

---

① 臧克家：《我的先生闻一多》，转引自闻黎明《闻一多传》，人民出版社1992年版，第130页。
② 何达：《闻一多·新诗社·西南联大》，赵慧编《回忆闻一多》，武汉出版社1999年版，第266页。
③ 许渊冲：《闻一多讲唐诗》，《诗书人生》，百花文艺出版社2003年版，第85页。
④ 汪曾祺：《闻一多先生上课》，《汪曾祺全集》第6卷，北京师范大学出版社1998年版，第300页。

师分析评讲，优劣得当，非常清楚，不觉心领神会，得到无穷的启发和妙趣。……最难忘的是先生在讲堂上讲张若虚的《春江花月夜》煞尾两句留下的深刻印象。当先生无限深情地念完'不知乘月几人归，落月摇情满江树'两句诗时，接着就分析说：'这一片摇情的落月之光，该是诗中游子（扁舟子）情绪的升华，也是诗人同情怀抱的象征。它体现了这个流浪者在思想中经过一番迂回跌宕，终于把个人迫切的怀乡情绪转化为对天涯游客们命运的深切关注，他多么愿意像落月一样用这最后的光辉照送他们及早赶路回家。在这里，诗人就把他前面复绝的宇宙意识跟后面这种强烈的社会意识紧密结合起来了。'"①

总之，气质、修养、功夫、方法是闻一多讲课精彩绝伦的主要方面。它们综合地表现在他的讲课过程中，难以分割。

讲课与艺术表演都是"一次性"艺术，不可完全重复。好在有一些文字材料留了下来。我们依据这些文字材料，通过想象可以"欣赏"闻一多讲课的片段。

先看闻一多讲《诗经·周南·芣苢》：

采采芣苢，薄言采之。采采芣苢，薄言有之！
采采芣苢，薄言掇之。采采芣苢，薄言捋之！
采采芣苢，薄言袺之。采采芣苢，薄言襭之！

闻一多先解释"芣苢"。"芣苢"即车前子。他再进一步考释，"芣苢"即"胚胎"，"芣苢有宜子的功用"，"既是生命的仁子，那么采芣苢的习俗，便是性本能的演出，而《芣苢》这首诗便是那种本能的呐喊了"，"结子的欲望，在原始女性，是强烈得非常，强到恐怕不是我们能想象的程度"，"《芣苢》诗中所表现的意识也是极原始的，不，或许是生理上的盲目的冲动"。而在宗法社会里，"一个女人是在为种族传递并蕃衍生机的功能上而存在着的"，"你若想象得到一个妇人在做妻以后，做母以前的憧憬与恐怖，你便明白这采芣苢的风俗所含的意义是何等严重与神圣"。

他继续解释道："采采"是形容车前子的颜色，与"粲粲"同义。"薄言"是"快快的"。这首诗三节十二句，仅六个字不同。闻一多边读边解释了这六个字："掇"与"捋"意义相近，"袺"与"襭"也相近，"采"与"有"也应该是性质类似的两种动作。

---

① 郑临川记录、徐希平整理：《笳吹弦诵传薪录》，上海古籍出版社2002年版，第6～8页。

弄懂采苤苢的意义与诗的词句，可以明白这首诗的意思了。他说："请你再把诗读一遍，抓紧那节奏。"大家读完后，他问：这首诗不是太简单了吗？它的"艺术在哪里？美在哪里？情感在哪里？诗在哪里？"接着，闻一多用戏剧家的想象进入情景，把诗美揭了出来：

"然后合上眼睛，揣摩。"（大家闭上了眼）想象——

"那是一个夏天，苤苢都结子了，满山谷是采苤苢的妇女，满山谷响着歌声。"故事平缓地开场。闻一多的声音加重了亮度——

"这边人群中有一个新嫁的少妇，正捻那希望的玑珠出神，羞涩忽然潮上她的靥辅，一个巧笑，急忙的把它揣在怀里，然后她的手只是机械似的替她摘，替她往怀里装，她的喉咙只随着大家的歌声啭着歌声——一片不知名的欣慰，没遮拦的狂欢。"闻一多的声音转为低沉——

"不过，那边山坳里，你瞧，还有一个佝偻的背影。她许是一个中年的硗确的女性。她在寻求一粒真实的新生的种子，一个祯祥，她在给她的命运寻求救星，因为她急于要取得母的资格以稳固她的妻的地位。在那每一掇一捋之间，她用尽了全副的腕力和精诚，她的歌声也便在那'掇''捋'两字上，用力的响应着两个顿挫，仿佛这样便可以帮助她摘来一颗真正灵验的种子。但是疑虑马上又警告她那都是枉然的。她不是又记起已往连年失望的经验了吗？悲哀和恐怖又回来了——失望的悲哀和失望的恐怖。动作，声音，一齐都凝住了。泪珠在她眼里。

采采苤苢，薄言采之。采采苤苢，薄言有之！

她听见山前那群少妇的歌声，像那回在梦中听到的天乐一般，美丽而辽远。"

闻一多接着说："上面两个妇人只代表了两种主要的型类。其余的你可以类推。我已经替你把想象的齿轮拨动了，现在你让它们转罢，转罢……"同学们仍闭着眼睛，脑海里出现采苤苢的另一番景象，耳中响着另几句诗……

不具备闻一多那种训诂学、音韵学、文字学、文化人类学、民俗学、诗学的眼光，如何解得这首诗？不进入上面的这种群体化、场面化乃至戏剧化般的情景，如何能得到这首诗的美感？闻一多还原了《苤苢》的原创情景，并且把它讲绝了。[①]

再来看闻一多讲解诗人田间：

1943年9月，闻一多讲授"唐诗"，不过他这次把"唐诗"课变成了"田间"

[①] 参见闻一多：《匡斋尺牍·苤苢》，《闻一多全集》第3卷，第202~214页；闻黎明：《闻一多传》，第192~194页。

课。闻一多穿着深蓝色的宽大长衫，左手从讲台上拿起一个手抄本，右手轻轻地拍着那本子说："有一天，佩弦先生递给我一本诗，说，好几年没看诗了，你看，新诗已经写得这样进步了。"然后在黑板上写下"田间"两个大字，转身微笑着向大家说："他的诗，我一看，有点吃惊，我想，这是诗吗？再看，咦，我说，这不是鼓的声音么？"他把语调转向庄重——

"鼓——这种韵律的乐器，是一切乐器的祖宗，也是一切乐器中之王。音乐不能离韵律而存在，它便也不能离鼓的作用而存在。鼓象征了音乐的生命。"他接着用一连串的词语形容鼓的声音：整肃的、庄严的、雄壮的、刚毅的、勇敢的、猛烈的、浑厚的、激动的、粗犷的、粗暴的、急躁的、阴郁的、深沉的、倔强的、横蛮的、男性的……"鼓是男性的，原始男性的，它蕴藏着整个原始男性的神秘。它是最原始的乐器，也是最原始的生命情调的喘息。"

闻一多声调一转："可痛惜的是，声律进步的代价是情绪的萎顿。"他分析诗与乐的关系。他认为，器乐由敲击乐到管弦乐的发展，诗由三言四言到五言七言的进步，但得到的却是"靡靡之音"。抗战突起，多种鼓声响起，却是揶揄、疲困与衰竭。于是，忽然碰到这样的声响，你不免吃一惊——

呵，
歌唱！
呵，
舞踊！
呵，
棒子！
呵，
刀子！
呵，
锄头！
呵，
枪！
呵，
人民！
它们，

更响地
——在舞台上；
在祖国的舞台上
……

闻一多一边朗读，一边加进些"咚，咚咚；咚，咚咚咚"的"鼓点声"。闻一多已经进入情景，说：

"我有一个想象，假若在现代化的电影院里，里面的光从黑色的、暗淡的，慢慢变到灰色、白色、透白，一直在变，最后成为红色；我的头在银幕上由远到近慢慢的移来，大起来，大起来，大得充满了银幕；电影院里的温度由冷而热，渐渐升高，以致使大家流出汗来，筋暴起来。"（听众确实已经流汗了）这时，有鼓声，由轻而重，而震人耳膜。朗诵声起——

你看，——
他们底
仇恨的
力，
他们底
仇恨的
血，
他们底
仇恨的
歌，
握在
手里。

……
耸起的
筋骨
凸起的
皮肉，

朱自清 **闻一多** 沈从文 王　力 魏建功

> 挑负着
> ——种族的
> 　　疯狂
> 　　种族的
> 　　咆哮！
> ……

鼓声始终在伴奏着，有强有弱——"咚，咚咚；咚，咚咚咚"——有弱有强。听者进入了情景，情绪已在燃烧。读完后，闻一多仍意犹未尽，接着说：

"这里便不只鼓的声律，还有鼓的情绪。这是鞍之战中晋解张用他那流着鲜血的手，抢过主帅手中的槌来擂出的鼓声，是祢衡喷着怒火的'渔阳掺挝'，甚至是，如诗人Robert Lindsey在《刚果》中，剧作家Eugene O'Neil在《琼斯皇帝》中所描写的，那非洲土人的原始鼓，疯狂，野蛮，爆炸着生命的热与力。"

闻一多最后说："这是一个需要鼓手的时代，让我们期待着更多的'时代的鼓手'出现。"①

像这种讲法，在闻一多的课上，为数不少。

关于闻一多上课的姿态，有文章说："上课前，先生长衫布履，提着一只褪了色的旧布袋，目光炯炯地走进教室，端了一张空着的木椅坐下来，然后把提袋挂在椅背上，从容掏出那支短烟斗，装上烟丝，安详地抽着。不久，室内渐渐人满，后来的只能站在教室两边的窗户外面候着，这些大半是外系来的旁听同学，上课铃一响，他就立刻放下烟斗，从袋里取出讲稿，开始妙语连珠的课堂教学。"②有文章说："他上课，抽烟。上他的课的学生，也抽。"③新课程开始，他走进教室，放下布袋而后掏出烟斗，装上烟，问："哪位吃？"同学们笑了。这是一种礼让，一种风度，谁都不会当真去接。这是讲授"楚辞"课，"上第一课时，他打开高一尺又半的很大的毛边纸笔记本，抽上一口烟，用顿挫鲜明的语调说：'痛饮酒，熟读《离骚》——乃可以为名士。'"④

讲起课来，"那美髯飘拂的丰姿，恰似一座神采奕奕的绝妙的诗人艺术雕像，

---

① 见闻一多：《时代的鼓手》，何达：《闻一多·新诗社·西南联大》，闻黎明：《闻一多传》，因陈：《鼓的感动》等文。
② 郑临川记录、徐希平整理：《笳吹弦诵传薪录》，上海古籍出版社2002年版，第6页。
③ 汪曾祺：《西南联大中文系》，《汪曾祺全集》第4卷，北京师范大学出版社1998年版，第357页。
④ 汪曾祺：《新校舍》，《汪曾祺全集》第5卷，北京师范大学出版社1998年版，第394页。

尤其是在讲到得意处而捋髯大笑的时候，光景更动人了"①。而讲到激动之时，"长须像通了电流的铁丝一样弹动，眼睛里像在做着'放电现象'的实验"②。

于是，闻一多在课堂上的形象便刻在学生的记忆里，描绘在文字中，永远留存在世间了。

三、闻一多的学术研究

闻一多在西南联大的讲课名声远扬，而决定他的大师地位的却主要不是讲课，而是学术成就。讲课可以成为教学名师，却不能成为大师。学术大师指在学术上有极高造诣的人，其学术思想多所创造，学术成就体现了一个时代的高度。说闻一多是大师，就因为他在学术上具有这样的地位。

闻一多兴趣广泛，多所涉猎，对美术、戏剧、篆刻、政治等方面都有研究，而决定他大师地位的是古代文学研究。学术需要长期积累，后期的成果往往是前期准备的结晶。闻一多在西南联大的学术成就，是他此前二十年以来孕育的花朵。大致说来，闻一多的古代文学研究，奠基于清华学校，立志于芝加哥美术学院，展开于青岛大学，专研于清华大学，集成于西南联大。这里得从闻一多的清华学校时期说起。

清华学校是一所留美预备学校，自然也开设国文课。闻一多不满足于课堂所学，于课外阅读了大量经史子集，尤其是假期回家集中读书："每暑假返家，恒闭户读书，忘寝馈。"③他把家中书屋起名为"二月庐"，作了16篇《二月庐漫记》。这是今见闻一多较早论古文的文章，虽然只是些读书札记，算不上论文，但古文名家的学问不都是从作札记开始的？这些札记表现出少年闻一多"闲为古文辞，喜敷陈奇义，不屑屑于浅显"④的特点。1922年回家结婚，他在蜜月中著成《律诗底研究》。出国后，闻一多陷入了事业选择的困难，对美术、文学、戏剧三者都喜爱，放下哪一种都不愿意。他在1923年3月3日致友人翟毅夫、顾一樵、吴景超、梁实秋的信中表达了这种苦恼："我现在真像受着五马分尸底刑罚的罪人。在学校里做了一天功课，做上瘾了，便想回来就开始illustrate我的诗；回来了，Byron, Shelley,

---

① 郑临川记录、徐希平整理：《笳吹弦诵传薪录》，上海古籍出版社2002年版，第6页。
② 因蕻：《鼓的感动》，《新华日报·新华副刊》，1943年10月16日。
③ 闻一多：《闻多》，《闻一多全集》第2卷，湖北人民出版社1993年版，第295页。
④ 闻一多：《闻多》，《闻一多全集》第2卷，湖北人民出版社1993年版，第295页。

Keats, Tennyson, 老杜, 放翁在书架上, 在桌上, 在床上等着我了, 我心里又痒着要和他们亲热了; 有时理智的欲火烧起来, 我又想继续我那唐代六大诗人底研究或看看哲学书; 有时接到沼瀛、努生诸人底信, 唤起了我的作业的兴味, 我又要提创这个, 改造那个; 更可笑, 有时又觉得诗做得无味了, 我又要在小说戏剧上跃跃欲试了。"① 不过, 他对文学研究的决心似乎更大一些。他在家信中多次说过"我对于文学的兴味比美术还深", "我将来回国当文学教员之志乃盖坚"②之类的话。他对陆游、韩愈、杜甫、李白、苏轼、李商隐等都用了功, 并且写出了《昌黎诗论》, 还有研究唐代六大诗人的打算。不过, 他"研究文学现在没有一定的规则或计划, 随着兴会与精力走去罢了"③。闻一多回国后, 生活不稳定, 1930年夏进了青岛大学, 他想安营扎寨, 铺开了唐诗的研究, 同时还着手《诗经》研究, 对《楚辞》也产生了兴趣。他这时的主要成果是《全唐诗人小传》, 同时收集了许多史料, 做了大量札记。

1932年夏进清华大学, 是闻一多生活和思想的大转折。此前经过多次生活波折, 他决心放弃"向外发展"的道路, 坐在书斋里专心做学问, 他称之为"向内发展"。他为自己的研究拟订了8项工作: (1)《毛诗字典》; (2)《楚辞校议》; (3)《全唐诗校勘记》; (4)《全唐诗补编》; (5)《全唐诗人小传订补》; (6)《全唐诗人生卒年考》; (7)《杜诗新注》; (8)《杜甫》(传记)。这是一个庞大的计划, 他摆开了《诗经》《楚辞》与唐诗三大"战场", 成果也源源不断地产生出来了。在《诗经》方面, 《匡斋尺牍》是这时的重要收获, 梁实秋说它"在《诗经》研究上, 这是一个划时代的作品"④。极有创见的论文《诗新台鸿字说》也是这时发表的。在《楚辞》方面, 《读骚杂记》《离骚解诂》《天问释天》《楚辞斠补》等发表了。研究唐诗的成绩最为显著。1933年夏, 朱湘就见到了以下文稿:《少陵先生年谱会笺》《少陵先生交游考略》《杜学考》《王右丞年谱》《岑嘉州系年考证》《岑嘉州集笺疏》《唐代文学年表》《初唐大事表》(分政治、四裔、宗教、学术、文学、艺术六栏)及《唐语》《全唐诗人补传》《唐诗人生卒年考》《全唐诗校勘记》《全唐诗拾遗》《唐诗统笺》《全唐诗选》《见存唐人著述目录》《唐代遗书撰人考》《唐两京城坊考续补》《长安风俗志》《唐器物

---

① 闻一多:《致翟毅夫、顾一樵、吴景超、梁实秋》,《闻一多书信选集》, 人民文学出版社1986年版, 第131页。
② 闻一多:《致父母亲》,《闻一多书信选集》, 人民文学出版社1986年版, 第91、123页。
③ 闻一多:《致家骡、闻家驷》,《闻一多书信选集》, 人民文学出版社1986年版, 第83页。
④ 梁实秋:《谈闻一多》, 转引自闻黎明、侯菊坤《闻一多年谱长编》, 湖北人民出版社1994年版, 第414页。

著录考》《唐代研究用书举要》《全唐文选》《唐人小说疏证》等。①这些文稿，有的当时已经完成，有的尚未完成；有的后来公开发表了，有的没有发表。从这些题目，可以看出闻一多唐诗研究的全面细致。闻一多这时还开始了中国古代神话传说的研究，并且发表了《高唐神女传说之分析》的长篇论文。在清华园的四年，是闻一多生活最富裕，心情最愉快，投入教学科研精力最多也是成果相对较丰富的时期。

日本侵略军打乱了闻一多的生活，中断了他的研究。卢沟桥事变后，闻一多仓促南下，手边缺少资料，无法继续《毛诗字典》的编撰了。在长沙临时大学，他一边等待政府的召唤，一边摆开一桌子书考订《周易》，同时思考《诗经》《楚辞》的问题。在蒙自，他整理《诗经》旧稿，足不出户，对室外的南湖风光极少拨出专门时间观赏，被同事戏称为"何妨一下楼主人"，可见其读书专精。到昆明，他首先整理《楚辞》旧稿，缮写已成的校勘部分，在1938年12月1日给孙作云的信中说，"《离骚》《九歌》《天问》《卜居》《渔父》《远游》《九辩》，签注部分较繁重，现只完成《天问》中夏史数十条"，"本年内决将楚辞旧稿整理完毕"②。从进清华到此时，闻一多都在故纸堆里讨生活，一心想在古文研究方面做出巨大成绩，较少旁骛。

《璞堂杂识》是他在西南联大发表的第一篇研究文章，是对《周易》和金文中文字的考释与训诂，刊登在1939年3月14日《盖世报》，原题《璞业杂记》。接着是1939年6月1日《中央日报》上发表的《歌与诗》，分三节，第一节讲歌的起源，第二节讲诗的功能与歌的区别，第三节讲诗与歌的合流。论文说"《三百篇》有两个源头，一是歌，一是诗"，并提出"当时所谓诗在本质上乃是史"的观点。③这两个见解对后世影响很大。之后，闻一多参与策划《原野》的演出。新学期开始，他补休学术假一年，移居晋宁，集中精力从事研究。1940年5月26日闻一多在《致赵俪生》的信中说："到此闲居将近一年，除略事整理诗经、楚辞、乐府、神话诸旧稿外，又从易经中寻出不少的古代社会材料。下年将加开'上古文学史'一课，故对于诗歌舞蹈戏剧诸部门之起源及发展，亦正在整理研究中。"④11月11日，闻一多在给清华大学梅贻琦校长的《中国上古文学史研究报告》中陈述了去晋宁休假一年的研究情况：

---

① 朱湘：《闻一多与〈死水〉》，《文艺复兴》第3卷，第5期，1947年7月。
② 闻一多：《致孙作云》，《闻一多书信选集》，人民文学出版社1986年版，第311页。
③ 闻一多：《诗与歌》，《闻一多全集》第10卷，湖北人民出版社1993年版，第15页。
④ 闻一多：《致赵俪生》，《闻一多书信选集》，人民文学出版社1986年版，第314页。

研究结果

（一）专书研究要目

   尚书补释（已成虞夏书部分）

   周易闲诂（行在本校学报发表）

   庄子章句（已成内七篇）

   楚辞校补（已交北平图书馆《图书季刊》发表）

   离骚叙论

   天问疏证

   乐府诗笺（已交联大师范学院国文系主办之《国文月刊》发表）

   易林琼枝

   上古文选校释

（二）专题研究要目

   古代教育

   商周铜器艺术

   史职与史书

   史诗的残骸

   采诗制度蠡测

   古代著述体裁之长成

   神仙与先秦思想

   舞蹈与戏剧

   宴饮与诗

   附相关问题论文目录

   夏商世系考

   姜嫄履大人迹考（载《中央日报》史学周刊）

   象舞考原

   雷纹解

   说繇（已交《金陵学报》发表）

   释夐

   释屈

释臣①

此报告显示，闻一多休假一年，研究面宽而深入，成绩不小。若没有刻苦钻研的作风绝不可能有此作为。

从晋宁回来，闻一多的生活进入了艰难期，多次搬家，生活贫困，但由于积累丰厚，专心研究，成果不断推出：1940年10月，考释长文《乐府诗笺》开始在《国文月刊》上连载；1941年1月，《怎样读〈九歌〉》《道教的精神》发表，系列论文《唐诗杂论》也开始发表，4月《周易义证类纂》写定，7月始作《九章解法》。10月移家司家营文学部，"闻一多在研究所楼上放着一张长方形案板，各种大小手稿分门别类地排满一案板。他精力充沛，研究兴趣最大，范围最广，努力著作，常至深夜不睡。《楚辞校补》《乐府诗笺》《庄子内篇校释》《从人首蛇身到龙与图腾》《唐诗杂论》等专著和论文，都是在这里写定并发表的"②。1942年3月，《楚辞校补》出版。这是闻一多的一部重要著作。这期间，尽管闻一多的生活到了断炊之忧的境地，但他仍然潜心学问，勤奋著述，仅1943年就发表了《七十二》（三人合作）和《芣苢篇》《端午节的历史教育》《孟浩然》《四杰》《庄子内篇校释》《诗经通义·召南》《狼跋篇》《诗经通义·周南》《文学的历史动向》等十余篇论文。如果不是生存的必要条件和现实政治的腐败把闻一多逼出书斋，而照此发展，闻一多的后期不知会写出多少论著，解决中国文学史上的多少疑点。然而现实就是这样的无情。从1944年春天起，闻一多治印的接件量增多，在昆华中学等校外兼课并参与民主政治运动以后，所著论文已不如以前多了。这以后的两年多的时间所著，主要有研究《九歌》的4篇，研究屈原的3篇，以及《龙凤》《什么是儒家》《说鱼》等。

闻一多后期，古文研究的论著少了，针对现实的文章多了。这类文章包括三种：（1）文学批评，如《时代的鼓手》《诗与批评》《昆明的文艺青年与民主运动》等；（2）杂文，如《可怕的冷静》《五四运动的历史法则》《一二·一运动始末记》等；（3）政治文章，如《组织民众保卫大西南》《谨防汉奸合法化》《民盟的性质与作风》等。从现实需要的角度说，这些文章具有重要的意义，但从学术的角度看，这些文章对"古文大师"没有作用。因此，这些文章下面将不作评论。

概括闻一多的古文研究，贡献主要在以下一些方面：

---

① 闻黎明、侯菊坤：《闻一多年谱长编》，湖北人民出版社1994年版，第593页。
② 季镇淮：《闻一多先生事略》，《闻一多纪念文集》，生活·读书·新知三联书店1980年版，第465页。

1. 《楚辞》研究。

闻一多对《楚辞》的研究用功最深，成就也是最高的。他从在青岛的时候开始，直到遇害前不久都在做《楚辞》的工作，共有论著近30篇（1994年版《闻一多全集·楚辞编》收录26篇），其中《楚辞校补》《离骚解诂》《天问疏证》《九歌解诂九章解诂》曾出过单行本。《楚辞校补》"被公认为文献研究中的力作"①，1942年3月由重庆国民图书出版社出版，同年11月再版，获教育部学术奖励1943年度（第三届）二等奖。闻一多研究《楚辞》，"给自己定下了三项课题：（一）说明背景，（二）诠释词义，（三）校正文字"②。由于情势所迫，未能做全，他在这部书中主要做了第三项，同时将第二项纳入其中，但仅就"校正文字"的这一项，已为学术界充分肯定。《楚辞》中的《九歌》是闻一多用力最勤，成果最多的部分，共写了8篇论文和1部剧本。《楚辞校补》未能在"说明背景"上展开，而关于《九歌》的论文却在这方面用足了功夫，值得我们注意。有人评论说："综观他现有的成果，在现代研究《楚辞》的诸大家中，无论就数量或质量来说，都堪称为见解独特、贡献丰富的一位。"③

2. 《诗经》研究。

早在1927年7月，闻一多就有《诗经的性欲观》一文在《时事新报·学灯》上连载，至1945年6月《说鱼》刊登于《边疆人文》杂志，前后跨越近三十年。其中在清华时期关于《诗经》的写作较多，不过大部分文字为初稿，到了西南联大期间又经过整理。闻一多研究《诗经》，运用了文化人类学的方法，并引进了弗洛伊德的心理分析学，使一些经学卫道者大为惊骇，斥之为"《水浒传》的讲法，江湖派"④。可是其考证的功夫得到许多学者的推崇。例如，郭沫若充分肯定他对"鸿"字的考释："他有一篇《诗新台鸿字说》解释《诗经·邶风·新台》里面'鱼网之设，鸿则离之'的那个鸿字。两千多年来读这诗的谁都马虎过去了，以为是鸿鹄的鸿，但经一多先生从正面反面侧面来证明，才知道这儿的'鸿'是指蟾蜍即蛤蟆……这确是很重要的发现。要把这'鸿'解成蛤蟆，然后全诗的意义才能畅通。全诗是说本来是求青年的爱侣却得到一个弓腰驼背的老头子，也就如本来是想打渔而却打到了蛤蟆的那样。假如是鸿鹄的鸿，那是很美好的鸟，向来不含恶义，而且也不会落在渔网子里，那实

---

① 傅璇琮：《闻一多与唐诗研究》，季镇淮主编《闻一多研究四十年》，清华大学出版社1988年版，第195页。
② 闻一多：《楚辞校补》，《闻一多全集》第5卷，湖北人民出版社1993年版，第113页。
③ 费正刚：《闻一多先生的〈楚辞〉研究》，季镇淮主编《闻一多研究四十年》，清华大学出版社1988年版，第162页。
④ 转引自闻黎明、侯菊坤《闻一多年谱长编》，湖北人民出版社1994年版，第484页。

在是讲不通的。然而两千多年来，差不多谁都以这不通为通而忽略过去了。"①王瑶论及《说鱼》时说："他解释'鱼'字是'情侣'的隐语，引用了自古迄今，包括各民族民歌的许多例证，其中讲到'鱼书'一词的出处《饮马长城窟行》，他说：'书函何以要刻成鱼形呢，……现在才恍然大悟，那是象征爱情的。'"②以上说明，闻一多的《诗经》论为我们提供了许多正确的有价值的新东西。

3. 唐诗研究。

诗人读诗，独有心得。闻一多从唐诗入手研究中国古代文学，他从青岛大学任教起就铺开了战场，到清华大学时，已经有了明确的研究计划，这在前述1933年9月29日闻一多致饶孟侃的信和朱湘《闻一多与〈死水〉》一文中可以看出。战争中断了他的研究计划的实现，虽然到西南联大仍继续研究，但时移景换，心境变化，再受到条件限制，有些东西不可能续上了，例如他的《杜甫新注》和《杜甫》（传记）就没有写出。就闻一多的古文研究看，他对唐诗的研究投入时间最多，集成文字最丰。他的许多见解广泛地影响了研究者，例如《唐诗大系》"在一个较长的时间内为研究者所信奉，有时还作为某些大学教材的依据"，但今天"有不少关于唐代诗人考证的论著，对书中所标的生卒年提出异议，另立新说"③了。因为学术研究的特点是后来居上，后人的研究一定会超过前人，提出新说是正常的。不过，闻一多的辟路之功是大家都承认的。而闻一多的许多观点至今还闪耀着光辉，例如他说："一般人爱说唐诗，我却要讲'诗唐'，诗唐者，诗的唐朝也，懂得了诗的唐朝，才能欣赏唐朝的诗。"④又如他赞叹《春江花月夜》的末尾四句说："这里一番神秘而又亲切的、如梦境的晤谈，有的是强烈的宇宙意识，被宇宙意识升华过的纯洁的爱情，又由爱情辐射出来的同情心，这是诗中的诗，顶峰上的顶峰。"⑤这里不只是思想的美，还是语言的美。难怪朱自清会说："《唐诗杂论》，可惜只有五篇，那经济的字句，那完密而短小的篇幅，简直是诗。"⑥

4. 神话研究。

闻一多研究神话的论著不多，但贡献不小。《高唐神女传说》和《伏羲考》是学界经常论及的文章。闻一多从形体演变的历史及其来源考证出龙是若干图腾的综合体，证明中华民族是同源的。原始的各个部落都有自己的图腾，后来经过战争，

---

① 郭沫若：《闻一多全集·序》，《闻一多全集》第12卷，湖北人民出版社1993年版，第432页。
② 王瑶：《纪念闻一多先生》，季镇淮主编《闻一多研究四十年》，清华大学出版社1988年版，第132页。
③ 傅璇琮：《闻一多与唐诗研究》，季镇淮主编《闻一多研究四十年》，清华大学出版社1988年版，第191、192页。
④ 转引自郑临川记录、徐希平整理《笳吹弦诵传薪录》，上海古籍出版社2002年版，第74页。
⑤ 闻一多：《宫体诗的自赎》，《闻一多全集》第6卷，湖北人民出版社1993年版，第27页。
⑥ 朱自清：《中国学术的大损失》，《闻一多纪念文集》，生活·读书·新知三联书店1980年版，第64页。

各部落混合起来,新的部落诞生,原先的图腾便组合进新的图腾,于是成了龙图腾。"后来有一个以这种大蛇为图腾的团族(klan)兼并了吸收了许多别的形形色色的图腾团族,大蛇这才接受了兽类的四脚,马的头,鬣的尾,鹿的角,狗的爪,鱼的鳞和须,……于是便成为我们今天所知道的龙了。"这个观点纠正了龙为北方民族夏后氏的图腾的认识。再经过考证,闻一多发现"古代几个主要的华夏和夷狄民族,差不多都是龙图腾的团族",他兴奋地说:"龙在我们历史与文化中的意义,真是太重大了。"①其意义不止历史和文化,就是对当时的民族团结抗战和今天的民族团结发展,都是重大的。朱自清对闻一多研究神话的现实意义给予肯定:"他要使局部化了石的古代复活在现代人的心目中。……研究伏羲的故事或神话,是将这神话跟人们的生活打成一片;神话不是空想,不是娱乐,而是人民的生命欲和生活力的表现。这是死活存亡的消息,是人与自然斗争的记录,非同小可。"②

5.《庄子》研究。

闻一多研究《庄子》,经历了由肯定到否定的过程。他在《庄子》一文里说,"是诗便少不了那一个哀艳的'情'字。《三百篇》是劳人思妇的情;屈、宋是仁人志士的情;庄子的情可难说了,只超人才载得住他那种神圣的客愁。所以庄子是开辟以来最古怪最伟大的一个情种;若讲庄子是诗人,还不仅是泛泛的一个诗人";"读《庄子》,本分不出那是思想的美,那是文学的美。那思想与文字,外型与本质的极端的调和,那种不可捉摸的浑圆的机体,便是文章家的极致"。③这何止是论,简直是赞,是对《庄子》思想、情思与文采的最高礼赞。而到了后期,闻一多转为痛骂道家了,"一个儒家做了几任'官',捞得肥肥的,然后撒开腿就跑,跑到一所别墅或山庄里,变成一个什么居士,便是道家了","讲起穷凶极恶的程度来,土匪不如偷儿,偷儿不如骗

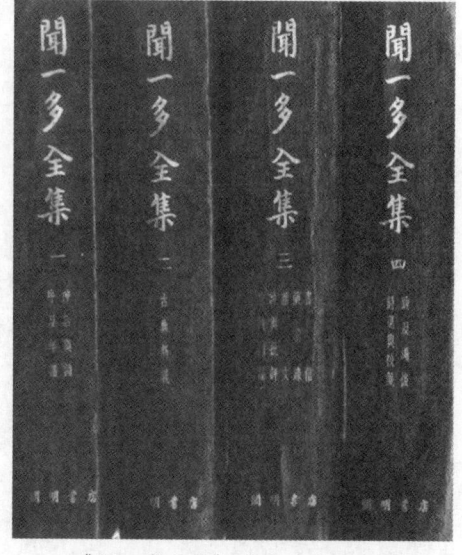

《闻一多全集》(开明书店版)

---

① 闻一多:《伏羲考》,《闻一多全集》第3卷,湖北人民出版社1993年版,第80、97页。
② 朱自清:《中国学术的大损失》,《闻一多纪念文集》,生活·读书·新知三联书店1980年版,第65页。
③ 闻一多:《庄子》,《闻一多全集》第9卷,湖北人民出版社1993年版,第9、11页。

子，那便是说墨不如儒，儒不如道"。①闻一多实际列出了这样一个等式：墨家，儒家，道家=土匪，偷儿，骗子。郭沫若对闻一多由礼赞庄子到扬弃庄子并痛斥道家非常赞赏，把他和鲁迅相提并论。闻一多能够实现这一思想转变，是他获得了人民立场。道家的思想是极端利己的，与人民性背道而驰，所以，闻一多否定道家也就否定了其宗祖庄子。

除以上五种研究外，闻一多还对《周易》《乐府诗》《管子》等下过刻苦工夫，写出了多种论著，提出了许多有价值的学术观点，值得注意。

闻一多古文研究的学术成就，实在是巨大的，堪称学术史上的里程碑。郭沫若评价说："他那眼光的犀利，考索的赅博，立说的新颖而翔实，不仅是前无古人，恐怕还要后无来者的。"②"前无古人"是实，"后无来者"，在局部成就方面已有人超过闻一多了，而在整体研究上恐怕至今还很难说，只有期待未来"有来者"了。闻一多的研究方向是朝着一部唯物史观的文学史迈进的，这在他被害前已经明确地提出来了。可是，闻一多去世了，"千古文章未尽才"③！这是无法弥补的损失。朱自清说："其实他自己的一生也就是具体而微的一篇'诗的史'或'史的诗'，可惜的是一篇未完成的'诗的史'或'史的诗'！这是我们不能甘心的！"④

四、闻一多的演讲

闻一多的社会影响，尤其是在青年当中的"精神领袖"地位，与他的演讲有关——他的许多有重大影响的思想言论是通过演讲发表的，他通过演讲把坚定的信念打入了听众的心中，并且鼓动起青年行动的欲望。在1943年以前，闻一多的声誉还局限于学术界和学校甚至文学院。这年秋天以后，闻一多的声音开始扩展到课堂外、校外以至大后方，到1945年影响更为深广，被青年推为"领袖"了。闻一多影响的扩大和地位的"升迁"，不是靠原有的社会地位、社团或政党组织，或者报纸杂志，甚至主要不是写文章，而在很大程度上是靠了演讲，即通过演讲发出声音，获得拥戴。

---

① 闻一多：《关于儒·道·土匪》，《闻一多全集》第2卷，湖北人民出版社1993年版，第380、381页。
② 郭沫若：《闻一多全集·序》，《闻一多全集》第12卷，湖北人民出版社1993年版，第432页。
③ 夏完淳诗句。转引自郭沫若《闻一多全集·序》，《闻一多全集》第12卷，湖北人民出版社1993年版，第431页。
④ 朱自清：《闻一多全集·序》，《闻一多全集》第12卷，湖北人民出版社1993年版，第450、451页。

语言文学大师风采

朱自清　闻一多　沈从文　王　力　魏建功

1943年以前，闻一多过的基本上是书斋生活。此间也有过演讲，但演讲是在文学社团的活动中作的，讲的是文学问题，听者是文学爱好者。例如，1938年5月，他在南湖诗社的集会上鼓励大家创作出无愧于时代的新诗；1940年春，他应冬青文艺社之邀作专题演讲。由于这些演讲是在社团内进行的，影响的范围有限。这时期，闻一多虽然经历了北平逃难、湘黔滇步行、被日本飞机炸伤、迁居乡下等生活磨难，但他仍然埋头于中国古代文化典籍之中，专务于《诗经》《楚辞》《庄子》及古代神话的研究。他曾到小城晋宁居住一年，去陈家营农民家居住一年，以及在司家营乡村居住两年，但都没有研究农民问题；他自己经济已经入不敷出，生活困顿不堪，在晋宁亲自磨面而食，在陈家营下河捞鱼虾打牙祭，在司家营有断炊之虞，开始做"手工劳动"聊补家用，他仍没有写一篇政论文章，他的专注点仍在学术研究上。1943年暑假中，为向西方译介中国新诗，他读到了田间的诗集。这本诗不仅改变了他的诗学观乃至文学观，还促成他思考社会问题，关心政治，呼吁民主，是他转变关注点，走出书斋的催化剂。9月开学，闻一多讲"历代诗选（唐）"课，可他第一次课没有讲唐诗，却以兴奋的心情讲起了田间。而他的讲课，不是平静地、理性地分析内容，讲解知识，而是激动地、夸赞地称颂田间，推荐田间的诗歌，其内容有比喻、有联想、有议论，却少有分析和论证，形式有板书、有朗诵、有情景创设（这些自然是课堂教学使用的方式），却少有客观冷静的讲解，他在发挥他的想象，表达他的感情，宣扬他的诗歌观。田间诗只是一个引发的缘由，一个典型的例子。他的整个讲课过程用感情推进，以情绪感人，听者得到的首先不是讲授的内容，而是讲者的精神和力量。课后，"一个戴着近视眼镜的同学从教室里走出来，仿佛是教授底力量传送到了他底精神里，他对着教授的背影朗诵：'这听鼓的诗人将要变成擂鼓的诗人！'"[①]这样的讲授与其说是讲课，毋宁说是演讲——虽然讲课与演讲之间没有截然的分别。

这堂课的内容与讲课者的思想态度以文章的形式走出了校园，传到了昆明和重庆，引起了社会反响，重庆《新华日报》刊登《联大杂写》一文记述过这堂课，臧克家在重庆的杂志《天下文章》上发表《擂鼓的诗人》也由这堂课引发。这堂课还引出了一个文学社团——新诗社的诞生。1944年4月9日，一群爱诗的青年拜访闻一多，请他指导成立诗社。他不谈如何作诗，而强调做人，还说："今天的诗人不应该对现实冷淡旁观，应该站在人民的前面，喊出人民所要喊的，领导人民向前

---

① 因陈：《鼓的感动》，《新华日报·新华副刊》，1943年10月16日。

走。"①至此，闻一多即将走向社会，走入人民之中了。

1944年5月3日，西南联大历史学会举行"'五四'二十五周年纪念座谈会"，闻一多和一些教授应邀出席。会上，闻一多即席发言，先讲自己在"五四"运动中抄写岳飞的《满江红》贴到食堂门口的经过，接着说自己这些年的工作脱离了现实，太落伍了，但故纸堆的生活使自己看清了封建文化的弊病，指出"封建社会的东西全是要不得的"②，表示自己愿意"里应外合"，和大家一起打倒"孔家店"。这是闻一多进西南联大以来第一次参加群众性的政治会议，第一次在集会上发表演讲。他的演讲切合会议主题，观点鲜明，态度坚决，针对现实情况，提出继续反封建的思想主张，很有鼓动性。

5月4日，文艺社举行"'五四'运动与新文艺运动"文艺晚会，回顾新文艺的发展，晚会因意外的原因流产。8日，改由国文学会重新举办，请了10位教授演讲，由闻一多和罗常培共同主持。到会者三千余人，除西南联大同学外，还有云南大学、中法大学学生和一些中学生参加。闻一多讲《新文艺与文学遗产》。他针对有人借了文学遗产的幌子来复古的现实，提出"利用遗产而不仅是保存遗产地建设我们的新文学"③的主张，说"'五四'的任务没有完成，我们还要干！我们还要科学，要民主，要打倒孔家店和封建势力"④。他特别强调说："'五四'创造了新文学，现在的问题不单是白话文学的争辩，而是新文学要与政治打成一片，才能有左右社会的作用。"闻一多的演讲激动人心，"同学们尽最大的力量向闻先生致敬，掌声盖过了一切的声音"⑤。闻黎明说："这年的五四纪念，是联大乃至昆明民主运动重新蓬勃发展起来的标志。五四的大规模集会，在大后方也是头一次。"⑥如果说5月3日的"五四"历史座谈还是西南联大内部的一次纪念会的话，这一次晚会则有西南联大以外的人参加，其影响比前次会议大得多，昆明的《中央日报》《正义报》等都作了报道。闻一多的这次演讲标志着他的政治活动已走向校外了。

7月7日，西南联大壁报协会和云南大学、中法大学、英语专科学校学生自治会举行抗战七周年纪念晚会，这是"皖南事变"以来昆明高校学生联合举办的第一次政治性的大规模集会。会议进行中，闻一多一再接到主持人请他发言的纸条，都没有发言。当他听完一位数学教授讲中国的积弱是由于学术不昌明，要救中国的积

---

① 何达：《闻一多·新诗社·西南联大》，《北京文艺》，1980年第2期。
② 闻一多：《五四历史座谈》，《闻一多全集》第2卷，湖北人民出版社1993年版，第368页。
③ 昆明《中央日报》，1944年5月10日。
④ 闻一多：《新文艺和文学遗产》，《闻一多全集》第2卷，湖北人民出版社1993年版，第215页。
⑤ 昆明《正义报》，1944年5月10日。
⑥ 闻黎明、侯菊坤：《闻一多年谱长编》，湖北人民出版社1994年版，第709、710页。

弱，要昌明学术，我辈做师生的人就应当每人守住他的讲求学术的岗位，孜孜矻矻以赴之，而不应当驰心于学术以外的事物，例如政治商业之类等话后，忍不住站起来说："谈到学术研究，深奥的数学理论，我们许多人虽然不懂，这又那里值得炫耀？又那里值得吓唬别人？今天在座的先生，谁不是曾经埋头做过十年、二十年的研究的？谁不希望能够继续安心地做自己的研究？我若是能好好地读几年书，那真是莫大的幸福！但是，可能吗？……国家糟到这步田地，我们再不出来说话，还要等到什么时候？我们不管，还有谁管？有人怕青年'闹事'，我倒以为闹闹何妨！'五四'是我们学生'闹'起来的，'一二九'也是学生'闹'起来的。请问有什么害处？现在我们还要闹！有人自己不敢闹，还反对别人闹；自己怕说，别人说了，呵，又怕影响了自己的地位和自己的前程，真是可耻的自私——那位先生连声申辩：'闻先生，您太误解我了，太误解我了！'他接着说道——没有！云南大学当局是这样的！我们西南联大当局还不是这样的！胆小，怕事，还要逢迎……这就是这些知识分子的态度！"[①]闻一多站在青年学生的立场上说话，反对"学术救国"，支持"青年'闹事'"，而且当面批驳某教授，指责西南联大和云南大学当局"胆小，怕事，还要逢迎"，"真是可耻的自私"，这正是学生想说又说不出或不敢说的话，因而大受学生欢迎。几所大学的学生都认识到，闻一多是自己的贴心人，代言人，应当跟着他走。闻一多就这样一步一步走到青年中间，走到了学生的心灵深处。知识分子大多也信任闻一多，在9月召开的中华全国文艺界抗敌协会昆明分会第四届全体会员大会上，尽管闻一多从没有参加过该组织的活动，却被推为理事，昆明各报报道时，其他理事还坚持要记者把他的名字排在第一位。

　　靠着演讲，闻一多把自己推荐到大众之中，推举到政治舞台上了。他的演讲确实具有巨大的力量，往往在出乎意料中感染人、打动人、鼓舞人。1944年4月以来，抗战前方丧地失城，战局恶化。民盟云南支部在10月10日召开群众大会，号召动员民众保卫大西南，大会在昆华女中操场举行，到会约五千人。那时正是桂林吃紧，贵阳不稳，昆明震动的时候。闻一多针对昆明人心骚动，许多人准备逃难的情况，高声呼吁："不要逃，逃到那里去？没有人抵抗的敌人是逃不过的，站住，我们要站住！组织起来，组织就是力量！"他分析战况时，尤其愤慨地骂道："这不是撤退，这是溃退啊，溃退啊！""他的呼喊让听众都感动得要流泪"。[②]9天后的19日，冬青文艺社等五社团与云南大学学生会联合举办鲁迅逝世八周年纪念晚会。闻一多

---

① 王康：《闻一多传》，转引自闻黎明、侯菊坤《闻一多年谱长编》，湖北人民出版社1994年版，第732页。
② 柳映光：《闻一多就是我的旗子》，昆明《民主周刊》第3卷，第19期，1946年8月2日。

在演讲中说道："从前我们住在北平，我们有一些自称'京派'的学者先生，看不起鲁迅，说他是'海派'。就是没有跟着骂的人，反正也是不把'海派'放在眼上的。现在我向鲁迅忏悔：鲁迅对，我们错了！"①说完，他忽然转过身去，向台子正中的鲁迅木炭画像恭恭敬敬地鞠了一躬，使满场的人大为感动。

这期间，闻一多被邀参加各种政治的或文艺的大会，在会上发表演讲，十分繁忙。转眼到了1945年5月，西南联大、云南大学、中法大学和英语专科学校四所大学学生自治会联合发起"'五四'纪念周"活动。闻一多的活动日程也排得满满的：

5月2日，出席新诗社举办的诗歌朗诵晚会并演讲；

5月3日，出席西南联大历史学会举办的"五四"以来青年运动总检讨会并演讲；

5月4日，出席西南联大、云南大学、中法大学、英语专科学校四所大学联合举办的"五四"纪念大会并演讲；

5月5日，出席"文协"昆明分会与西南联大国文学会、外国语文学会、文艺社、冬青社及云南大学文史学会、中法大学文史学会七团体联合举办的纪念第一届文艺节晚会并演讲。

也是在这几天，闻一多写作、发表了多篇文章：5月2日，作《说鱼》后记，全文发表于昆明1945年6月出版的《边疆人文》第2卷第3期、第4期合刊；5月4日，《人民的世纪》发表于昆明《大路周刊》创刊号上，《五四与中国新文艺》发表于昆明《五四特刊》，《"五四"断想》发表于昆明《悠悠体育会周年 五四纪念特刊》。

这时，闻一多的演讲水平达到了崭新的高度，艺术技巧已炉火纯青。例如，5月4日的纪念是先开会，再游行，而后回到会场作总结。游行回来后，闻一多再次走上讲台即席演讲：

"五四"过去二十六年了，我们大半个国家还在受苦受难。我们今天第一要民主，第二要民主，第三还是要民主！没有民主不能救中国！没有民主不能救人民！……

"五四"还要科学，不过，没有民主，也就不可能发展科学。所以，我再三说要民主。这决不是说不要科学！……如果我们有了民主，又有了科学，国家就可以兴旺发达，可以消除反动复古的把戏了。

---

① 闻一多：《在鲁迅逝世八周年纪念会上的讲话》，《闻一多全集》第2卷，湖北人民出版社1993年版，第392页。

语言文学大师风采

朱自清　**闻一多**　沈从文　王　力　魏建功

> 今天，大会的胜利，证明我们的要求是正确的，是受到人民拥护的，我们也一定会得到更大的胜利！……①

闻一多在"五四"纪念日大声呼吁"民主"，继承"五四"精神，以挽救中国的落后与衰弱，顺应了当时昆明民主运动的大势，鼓舞了民主青年的士气，大家听来十分"过瘾"。

在5月5日纪念第一届文艺节晚会上，闻一多先让两位同学朗诵了艾青的《向太阳》和田间的《自由向我们来了》《给战斗者》，听众都很激动。接下来，闻一多说：

> 一切的价值都在比较上，看出来。
> （他念了一首赵令仪的诗，说)
> 这诗里是些什么山茶花啦，胸脯啦，这一套讽刺战斗、粉刷战斗的东西，这首描写战争的诗，是歪曲战争，是反战，是把战争的情绪变转，缩小。这也正是常任侠先生所说的鸳鸯蝴蝶派。（笑）
> 几乎每个在座的人都是鸳鸯派。（笑）我当年选新诗，选上了这一首，我也是鸳鸯蝴蝶派。（大笑）②

这样的演讲诙谐轻松，富有魅力，深受听众欢迎。

闻一多的朗诵也具有"可听性"、创造性和感染力。在5月2日的诗歌朗诵晚会上，他朗诵艾青的《大堰河——我的保姆》深深打动了听众，让人留下深刻的印象。两年多后，朱自清还记得："在三十四年昆明西南联大的'五四'周朗诵会上听到闻一多先生朗诵这首诗，从他的抑扬顿挫里体会了那深刻的情调，一种对于母性的不幸的人的爱。会场里上千的听众也都体会到这种情调，从当场热烈的掌声以及笔者后来跟在场的人的讨论可以证实。这似乎是那晚上最精彩的节目之一。……笔者那时特别注意《大堰河——我的保姆》那一首，想来想去，觉得是闻先生有效地戏剧化了这首诗，他的演剧的才能给这首诗增加了些新东西，它是在他的朗读里才完整起来的。"③朗诵固然不是演讲，但有时朗诵又与演讲联系在一起。

大约在此前后，闻一多凭着演讲的推动，在青年中树立了极高的威信，许多学

---

① 转引自闻黎明、侯菊坤《闻一多年谱长编》，湖北人民出版社1994年版，第847、848页。
② 闻一多：《艾青和田间》，《闻一多全集》第2卷，湖北人民出版社1993年版，第232页。
③ 朱自清：《论朗诵诗》，《朱自清全集》第3卷，江苏教育出版社1988年版，第255页。

生自觉地把他视为导师，唯他马首是瞻。我们知道，这并非闻一多的主观意图。闻一多进行演讲，宣传大众，号召大家起来为争取民主而斗争，丝毫没有个人的政治目的。他不想组党，没有指挥千军万马冲杀前进的愿望，充其量他只是做一个民间政治家，尽自己之力促进政治的清明。可是，由于演讲的力量，他把青年吸引在自己身边。这里还可以举几次演讲的效果，来证明闻一多对青年学生的号召力：

  此前的1944年11月29日，在抗日战争最为艰苦的时候，西南联大响应政府的号召，动员学生去从军，由教授多人向学生做从军演讲。冯友兰说："闻一多发言最突出，大意说，现在我们在政治上受压迫，说话也没有人听，这是因为我们手里没有枪。现在有人给我们送枪，这是一个最好的机会。不管怎么样，我们要先把枪接过来，拿在手里，谁要反对我们，我们就先向他下手。这次会开得很热烈。……这次动员会开过以后，学生报名从军的多起来了，不过几天就超过了指标。"①此次演讲的效果，昆明《扫荡报》作了报道："自前日下午梅校委贻琦及冯友兰、闻一多等教授讲演后，顿激起同学之情绪，故报名登记即行展开。昨日上午九时起，该项报名参加之运动，已在校中造成热切之气氛，同学多纷纷至征集委员会登记，热切从军，至下午五时许止，报名登记之教职员计共有189人。"②

  1945年5月4日在云南大学操场召开6000人的"五四"纪念大会，开始演讲时，突降大雨，有些人寻避雨处，走到树下，会场秩序出现紊乱。闻一多及时走到台前大声疾呼："是青年的都过来！是继承'五四'血统的青年都过来！"③当时在演讲的吴晗回忆说："正当开始的时候，天不作美，在下雨了，参加的男女青年在移动，找一个荫蔽，会场在动乱了。你，掀髯作狮子吼，'这是天洗兵！不怯懦的人上来，走近来，勇敢的人走拢来！'在你的召唤下，群众稳住了，大家都红着脸走近讲台，冒着雨，开成了这个会。"④能够把走散的人召回到雨中来开会，显示出多大的号召力和多高的威望啊！闻一多接着讲了武王伐纣时"天洗兵"的故事，鼓舞了人心，安定了会场秩序。昆明多为阵雨，演讲继续，过一会儿天空放晴了。大会成功召开。会后大游行，闻一多始终走在队伍的前面，队伍呼着口号，走过昆明的主要街道。返回原会场后，闻一多再次演讲，把民主的呼声打入每个人心灵。

  在此后的"一二·一"运动中，闻一多引导学生进行有利斗争，为取得胜利作出了重要贡献。洪德铭回忆说："闻先生是教授会书记，每次会后，他都向我介

---

① 冯友兰：《三松堂自序》，《三松堂全集》第1卷，河南人民出版社2000年版，第296页。
② 昆明《扫荡报》，1944年12月1日。
③ 《让民主回到民间 五四万人大游行》，《联大通讯》第2期，1945年5月21日。
④ 吴晗：《哭闻一多父子》，转引自闻黎明、侯菊坤《闻一多年谱长编》，湖北人民出版社1994年版，第847页。

绍情况，分析动态，提出我们应如何有目的地做教授工作的意见。教授会有几次邀请学生自治会代表参加，闻先生总是告诉我们如何准备发言，要派哪几位做代表比较适宜。闻先生在这方面的关心和工作，对我们了解校情、争取校方和教授的同情支持，起了无可替代的作用。"①由此可知，闻一多在"一二·一"运动中是学生斗争的指导者，而学生也是推崇他、服从他的指导的。这虽不是演讲，但可以反映出闻一多在学生中的威望和号召力。朱自清在12月28日的日记中写道："上午开教授会，选出三名代表劝学生复课。下午三时学生在阅览室集合开会，会场内有许多墙报。开会发言时，学生们又将许多新的标语贴在教师的呼吁书前。讲话者都发出紧急呼吁。会议结束前，罢课委员会贴出通告，谓不久将提出答复。大部分教授离去，少数留下来。一个温姓学生以诗歌似的煽动性语言作了答复，××认为这是挑战，他以激昂的声调回答。听众反应愤怒，他们要继续罢课，我们失败了。一多上了讲台，将局面安定一下，他承担了不少义务。"②朱自清的日记一向简单，闻一多讲了什么话，局面怎样安定下来的，尤其是他承担了什么"义务"，而且"不少"，读者无从知晓。但学生在激动之中，误把老师当作对立面，产生了对抗情绪，在这情况下，是闻一多，大概也只有闻一多出面才能有效地做学生的工作，这一点是可以肯定的。在这种局面下，闻一多的影响力和号召力明显地显示了出来。

1945年5月以后，闻一多在昆明的民间政治舞台上确立了崇高的地位。"地位"不是闻一多争取的，而是他的政治主张并通过演讲获得人们认同的必然结果。这之后，他时常参加政治活动，发表各种政治言论，俨然是一位政治活动者了。例如：7月1日，经他修改，由146人联名的《昆明文化界致国民参政会电》发表；4日，作了"润辞"的《抗战八周年纪念日中国民主同盟云南省支部宣言》定稿；8月14日，与207人联名发表《告国际友人书》；9月4日，在群众集会上宣读《昆明教育文化界庆祝胜利大会宣言》；13日，订正《昆明文化界潘光旦等致龙云函》；15日，与1232人联名发表《昆明各界人士为庆祝胜利及和平建设新中国通电》；10月1日，参与发表《国立西南联合大学张奚若等十教授为国共商谈致蒋介石毛泽东两先生电文》……与此同时，闻一多也在许多场合发表演讲，演讲和政治就这样紧密配合了。闻一多的名声和影响也就这样通过演讲扩大开去了。

由于闻一多的演讲极为有名，一次会议若没有他作演讲似乎就差点什么，有些人为听他演讲而去参加会议，一般会议的主办者一定要请到他作演讲才放心，他

---

① 转引自闻黎明、侯菊坤《闻一多年谱长编》，湖北人民出版社1994年版，第952页。
② 《朱自清日记》（1945年12月28日），《朱自清全集》第10卷，江苏教育出版社1988年版，第377页。

成了演讲的"明星"，会议的招牌，主办者的号召力。1946年5月4日，西南联大举行结业典礼，会后又举行纪念碑揭幕式，闻一多本应出席，但这天是"五四"纪念日，昆明学联在云南大学至公堂举行青年运动检讨会，请闻一多务必到会演讲，闻一多只好缺了西南联大的会而出席昆明学联的会。

在闻一多的许多著名演讲里，他遇害前一次和遇害当天所作的演讲是必须提到的：

前一次是1946年6月26日，闻一多在民盟云南省支部第一次招待会上作演讲。当时，昆明形势发生变化，外界风传民盟破坏大局，勾结地方势力企图暴动。于是，民盟在昆明商务酒店举行招待会阐明自己的观点和立场，以正视听。会上，闻一多作了精彩的发言。发言时，他首先坐着用诗人一样的口吻解释民盟的性质，而后起身离开坐席，两手握着椅子靠背，沉默一会儿，引用老子"一生二，二生三，三生万物"的哲理说：如果国民党是第一大党，共产党是第二大党，那么民主同盟就是第三大党。有了第一大党，从科学的历史发展眼光看，必然会产生出第二大党，既然如此，那么，第三大党的产生，也是必然的。他很得意而微微掬着笑容，继续不断地说着：如果有人问会不会产生第四呢？那是一定不会的……继而，他突然大声地说：最近有一些莫须有的标语传单，有意造谣中伤甚至诋毁侮蔑民盟。现在，我们公开与各位见面了，让大家明了民盟的主张是民主团结，和平建国。最后，他伸出一张手，降低了声调，极其温和地说："诸位看一看在我的这一张手上是空无所有，满手都是粉笔灰，教书人的手，自然只有粉笔灰，粉笔灰都是白的颜色……我愿意伸出这张洁白的手，期待着各位朋友们亲密地携起手来，共同为反内战，争民主，坚持到底！"大家都跟着他伸出了友爱的双手，紧紧地握在了一起。没有一个人不为之感动。散会后，大家异口同声称许他的天才智慧与学术造诣及演讲才能。[①]

后一次是大家所熟知的《最后一次的演讲》。当会场中的特务起哄捣乱，会场气氛有些混乱的时候，原不准备讲话的闻一多登台说道：

> 这几天，大家晓得，在昆明出现了历史上最卑劣，最无耻的事情！李先生究竟犯了什么罪？竟遭此毒手，他只不过用笔写写文章，用嘴说说话，而他所写的，所说的，都无非是一个没有失掉良心的中国人的话！大家都有一支笔，有一张嘴，有什么理由拿出来讲啊！有事实拿出来说啊！为什么要打要杀，而且又不敢光明正大的来打来杀，而偷偷摸摸的来暗

[①] 参见胡笛：《痛悼吾师闻一多先生》，《文萃》第40期，1946年7月。

杀！（鼓掌）这成什么话？（鼓掌）

今天，这里有没有特务？你站出来，是好汉的站出来！你出来讲！凭什么要杀死李先生？（厉声，热烈的掌声）杀死了人，又不敢承认，还要诬蔑人，说什么"桃色案件"，说什么共产党杀共产党，无耻啊！无耻啊！（热烈的掌声）这是某集团的无耻，恰是李先生的光荣！李先生在昆明被暗杀，是李先生留给昆明的光荣！也是昆明人的光荣！……①

闻一多的语调时而平静时而沉痛，时而低抑时而高昂，时而严厉时而热情，时而激愤时而赞扬，再配以明晰的表情，有力的动作，镇住了反动派，稳定了会场秩序，大长了正义者的志气，赢得一阵又一阵热烈的掌声。闻一多的声音感天动地，气壮山河，震荡在会场的上空，响彻历史长河。今天读着这篇演讲，耳畔犹响起他的声音，眼前还浮现着他的姿态……

---

① 闻一多：《最后一次的演讲》，《闻一多全集》第2卷，湖北人民出版社1993年版，第448页。

作家的培育者：沈从文

一、沈从文在昆明的生活

1938年4月30日下午4点钟，一辆蒙满红色灰尘的汽车驶进昆明汽车站。汽车停稳后，沈从文提着行李跨出车门，明晃晃的太阳照在身上，有些刺眼，空气似乎格外透明。他正想观察体会，忽听得两声熟悉的"从文——"，侧头一看，是梁思成和林徽因。他们走过来，未及多言，把行李搬上停在一旁的小汽车，三人上车后，梁思成开车出了车站。一路上，他们除了问沈从文路途的经历，就是介绍来到昆明的老友的情况。约半个小时以后，汽车停在北门街火药局旁。推开车门，满地是水。奇怪，他们的汽车在路上竟然没有淋到雨！现在雨过天晴。举目四望，蓝蓝的天与远近景物一碧如洗。"这不是书上所述西班牙的明净吗？"沈从文欢呼道，旅途的疲劳消失殆尽。"不，比西班牙美丽得多。"梁思成肯定地说。他们都认为这是一个发展文化艺术最理想的环境。说着说着，他们走进青云街3号，住在楼下的傅雷夫妇笑着迎了出来，不一会儿住后院的施剑翘也下班回来了。沈从文安置好简单的行李，开始了长达八年的昆明生活。[①]

沈从文（1938年摄于昆明）

[①] 沈从文：《复彭荆风》（1980年10月16日），《沈从文全集》第26卷，北岳文艺出版社2002年版，第164页。

此次沈从文来昆明，是为了编写中学教科书的工作。1933年，原青岛大学校长杨振声接受了中华民国教育部国立编译馆委托编写中小学教科书，他邀请沈从文、朱自清等负责中小学国文教材的编纂。1935年，小学部分的《高小实验国语教科书》编成，由商务印书馆出版投入使用，中学部分则因日本侵占北平，编委会一路撤退到了昆明。沈从文来后，编委会租了青云街217号作为办事处。①沈从文是单身一人，便搬来住进临街楼上的一间屋。楼房很低矮，光线也很差。沈从文买来几件旧木器：一床、一桌、一椅子，还有几个供客人坐的稻草墩。他就在这里展开编写教科书的工作。杨振声不常来，朱自清每周来一二次，常在小楼上的是沈从文、汪和宗与张充和。朱自清选散文，张充和选散曲并作注。汪和宗抄写，沈从文选小说兼总编。工作开展得较为顺利。

沈从文住的小楼渐渐成了一个文艺中心，朋友们喜欢去聊天，健谈的林徽因惯常"坐在稻草墩上，她会海阔天空的谈文学，谈人生，谈时事，谈昆明印象。从文还是眯着眼，笑着听，难得插一二句话，转换话题"②。施蛰存时在云南大学任教，也经常去闲聊。他还常和沈从文相约去逛福照街夜市以"觅宝"。他俩出门，沿青云街、华山西路、转武成路，左边一条垂直的街便是福照街。街上约有五六十个地摊，每个地摊点一盏电石灯，卖电料、五金零件、衣服、小玩意等。他俩所注意的是几个古董摊子，古书、文房用品、玉器、漆器常有，有时还有琥珀、玛瑙、大理石雕件。有一次沈从文买到一只康熙八骏图瓷碟，非常高兴。他还特别喜欢买篾编朱漆盒。

就是在这座小楼上，沈从文写了《长河》与《湘西》两部重要作品以及《谈朗诵诗》等重要文章。可以说，这个小楼是沈从文在昆明的创作中最重要的地点，是最值得珍视的地方。也是他住进小楼后的5月1日，"文协"昆明分会成立，他缺席当选理事。不过，他因不愿与"无作品的作家"共事而谢绝。

沈从文在昆明的生活是充实且富有成效的。不过，他内心却空出了一个大洞——夫人张兆和和孩子不在身边。他日夜思念着滞留在沦陷区的亲人，不断写信催促他们早点动身南来，并为他们办好了中途经越南转昆明的出入境护照，在楼上分隔出一个房间等待着他们。8月14日他在给张兆和的信中说："我很痛苦，很痛苦"，"两天来换了十四张纸"都写不出一封信。③他甚至给不满四岁的儿子龙朱

---

① 关于办事处地址，张充和的《三姐夫沈二哥》一文说是"青云街6号"，沈虎雏编的《沈从文年表简编》说是"青云街217号"。此从后说。

② 施蛰存：《滇云浦雨话从文》，孙冰编《沈从文印象》，学林出版社1997年版，第24页。

③ 沈从文：《复张兆和》（1938年8月14日），《沈从文全集》第18卷，北岳文艺出版社2002年版，第323页。

写了一封上千字的长信，诉说自己想念他们的痛苦，并抱怨"姆妈""少虑"，其时龙朱根本不会看，也听不懂。19日给夫人写了四千多字的信，充满抱怨，说自己"心里很乱"①。11月4日，张兆和与两个孩子历经辛苦，终于到达昆明，沈从文内心的空洞这才得以填充。一家人住在办事处，有了安定的生活。

由于办事处太挤，12月沈从文一家搬到北门街45号蔡锷旧居安家②。旧居已很古旧，"坐东朝西，灰瓦砖墙，木楼梯一步一响，地板一踩一颤"③。这是逃难，他们一家四口安居自怡。沈从文在楼上读书、写作、会客，龙朱、虎雏在院子里玩耍，院子里有两株尤加利树，树干高大挺拔，北风劲吹，树枝沙沙作响，夏日西斜，树叶阻挡了阳光的直射，院子里有许多松鼠，每天都能看到它们在屋檐和树上追逐戏耍，早晚小鸟从密叶间送来悦耳的叫声。对于屋内的生活，张兆和的妹妹张充和作了这样的描述：

> "七七"事变后，我们都集聚在昆明，北门街的一个临时大家庭是值得纪念的。杨振声同他的女儿杨蔚、老三杨起，沈家二哥、三姐、九小姐岳萌、小龙、小虎，刘康甫父女。我同九小姐住一间，中隔一大帷幕。杨先生俨然家长，吃饭时，团团一大桌子，他南面而坐，刘在其左，沈在其右，座位虽无人指定，却自然有个秩序。我坐在最下首，三姐在我左手边。汪和宗总管我们伙食饭账。……傅斯年、李济之、罗常培或来吃饭，或来聊天。院中养个大公鸡，是金岳霖寄养的，一到拉空袭警报时，别人都出城疏散，他却进城来抱他的大公鸡。④

张充和自己则吹笛、拍曲、练字。大约这里还有曲会举行。"文艺中心"也从青云街217号移到这里，施蛰存、林徽因、杨振声、朱自清等常去，学生常去的有国立艺专的李霖灿、李晨岚、夏明，西南联大的林蒲、刘北汜、方龄贵、萧珊、杨苣、王树藏等。

1939年元旦，《今日评论》周刊创刊，沈从文主编文艺稿件，周刊负责人是陈岱孙和潘光旦。这时，沈从文还为《大公报》发文艺稿件。在北门街的楼房中，沈

---

① 沈从文：《致张兆和》（1938年8月19日），《沈从文全集》第18卷，北岳文艺出版社2002年版，第327页。
② 沈从文北门街住所的门牌号，没有直接资料可依，由于他家和杨振声家住在同院，此根据《国立西南联合大学各院系教职员录（1938）》所载"杨振声 北门街45号"推断。
③ 刘北汜：《执拗的拓荒者》，《长河流不尽》，湖南文艺出版社1989年版，第172页。
④ 张充和：《三姐夫沈二哥》，孙冰编《沈从文印象》，学林出版社1997年版，第158页。

从文写出了《昆明冬景》和《烛虚》里的一部分，被"左翼"作家批判的论文《一般和特殊》也在这里写出。中学国文教科书的编写工作也基本上在这里完成。

由于日本飞机空袭频繁，城里人逐渐疏散到郊区或乡下居住。5月11日，沈从文到离昆明五十里的呈贡县龙街租下了杨家大院中的几间房子。龙街位于山坡脚，风景不俗。张充和写道："由龙街望出去，一片平野，远接滇池，风景极美，附近多果园，野花四季不断的开放。"①杨家是大盐商，当地首富。大院建在高处，背靠山坡，前对田畴，视野开阔。房子分两个院落。主院的前楼，院坝宽阔，房子用料粗大结实，木材整齐，雕梁画栋，屋檐、廊顶、门窗雕饰繁复，涂金绘彩。沈从文在《绿魇·黑》中赞美道：

  这房子第一回给我的印象，竟简直像做过荒唐的梦。那个寂静的院落，那青石做成的雕花大水缸，那些充满东方人幻想将巧思织在对称图案上的金漆槅扇，那些大小笨重的家具，尤其是后楼那几间小套房，房间小小的，窗口小小的，下午三点左右一缕阳光斜斜从窗口流进，由暗朱色桌面逼回，徘徊在那些或黑或灰庞大的瓶罂间，所形成的那种特别空气，那种稀有情调，说陌生可并不吓怕，虽不吓怕可依然不易习惯，真使人不大相信是一个房间，这房间且宜于普通人住下！②

沈从文当即租定了前后楼二楼上的几间和前楼一楼的长厅。前楼楼上他自己家住，后楼楼上给小姨张充和住，一楼长厅住画画的朋友。张兆和喜欢乡下的清静，约于14日就带着小虎去了杨家大院。沈从文和小龙仍住北门街。小龙每天上学。沈从文介绍说："每礼拜天我可下乡看看，坐火车一小时，骑马一小时，即可到达。乡下在滇池边，平田万顷，处处见得安静。"③

因教科书编写工作告一段落，沈从文的工作成了问题。他在5月15日给大哥的信中说："工作年底即告结束，将来必不继续。预计可作数种生活法，或编报，或教书，或上前方到任何一军去看看，或回乡住下来，写点文章。"④对他的工作首先给予帮助的是杨振声。6月6日，他向时任西南联大中文系主任和清华大学中文系主任的朱自清建议，聘沈从文到西南联大师范学院任教。因西南联大教师学历要求高，

---

① 张充和：《三姐夫沈二哥》，孙冰编《沈从文印象》，学林出版社1997年版，第158页。
② 沈从文：《绿魇》，《沈从文全集》第12卷，北岳文艺出版社2002年版，第141页。
③ 沈从文：《复沈荃》（1939年5月20日），《沈从文全集》第18卷，北岳文艺出版社2002年版，第369页。
④ 沈从文：《致沈云麓》（1939年5月15日），《沈从文全集》第18卷，北岳文艺出版社2002年版，第367页。

当时朱自清感到"甚困难"。朱自清办事一向沉稳,没有把握不先承诺。12日,他访北大中文系主任罗常培,与他商量"以从文为助教……结果甚满意"。16日,他与沈从文交谈,"从文同意任联大师院讲师之职务"①。6月27日,西南联大常委会第111次会议议决:"聘沈从文先生为本校师范学院国文学系副教授,月薪280元,自下学年起聘。"②此决定出乎沈从文望外!9月25日新学期注册,沈从文成为西南联大的一员,开始在文学院中文系和师范学院国文系上课,每周三次课,集中在两天讲。

新学期开始,龙朱转入龙街小学,去了呈贡的家。北门街45号仅有沈从文一个人居住。由于有了集中而固定的工作时间,又因为昆明的物价上涨,工资收入仅能对付生活,沈从文考虑把北门街45号住房退去。1940年6月,他搬到师范学院也就是"昆北院"去住,与孙毓棠同屋,后又有卞之琳加入。他每周进城一次,住三晚,上课和处理事务。10月27日,西南联大惨遭日机轰炸,师院男生宿舍全毁,学院办公处及教员宿舍多处震坏。沈从文说:"学校第一次受空袭,四周房子毁去不少。小楼邻室也半坍倒,独我们住处尚好,不过房子瓦顶开若干天窗,一堆灰土下落时,打碎小小物件二三事罢了。"③此房不能住了,只好另找。这一次,沈从文搬进了文林街20号楼上居住,他在这里住的时间比较长。西南联大的学生和昆明的文学青年访他多半是在这里。这里也遭日机炸过两次,两次都把四周房屋毁去若干栋,而文林街20号楼依然独存,虽然屋顶大开天窗,但沈从文没考虑马上搬。他仍然四天在乡下,三天住城里。他在城里的许多活动,如讲课、写文章、改作业、改稿、写信、会客、演讲、送稿件、编刊物都在这里或者从这里出发完成。例如,交稿子给昆明《中央日报》,寄稿给《大公报》,编《战国策》文艺稿件,拉金岳霖去金鸡巷讲《小说与哲学》,为西南联大学生作演讲,去中法大学演讲等。当然,最主要的是到西南联大文学院和师范学院讲文学课。后来他又在别的地方住过,如1943年10月前住青云街62号,1945年9月前住师范学院。

如果说沈从文在城里的生活是外向型的,那么乡下的生活则是内向型的。沈从文每周上完课,办完各种事后,走到塘子巷,登上滇越铁路的火车,行50分钟,而后在呈贡站下车。走出车站,叫一匹马来骑上,由马夫牵着,下一段缓坡路,是一条宽而直的马路,路旁平田万顷,行十里,到县城门外,继续向西南,便可看见河堤高处跳跃着一个小黑点,行到"小黑点"——虎雏处下马,牵着虎雏的小手上

---

① 《朱自清日记》(1939年6月6日、12日、16日),《朱自清全集》第10卷,江苏教育出版社1998年版,第28、31、32页。
② 北京大学等编:《国立西南联合大学史料》第2卷,云南教育出版社1998年版,第96页。
③ 沈从文:《复施蛰存》(1941年2月3日),《沈从文全集》第18卷,北岳文艺出版社2002年版,第389页。

一段坡路，便进了杨家大院自己家中。这一段路大约为一小时。走进厨房，夫人张兆和正在准备着一家人的晚餐，香味已散发在空气中，虎儿便嚷着要吃。晚上，当小龙、小虎睡后，沈从文铺开稿纸，开始精神漫游。《烛虚》《七色魇集》《怎样从抗战中训练自己》《见微斋杂文》《芸庐纪事》《乡村琐事》《虹桥集》以及《云南看云集》中的一些篇章就是这时候写成的。作为作家，沈从文时常思考的自然是文学的建设问题。早在30年代的京派与海派论争中，他就指出了"商业"对文学的损害。抗战以来，他又敏锐地发现"政治"对文学的损害，要文学远离宣传。此时，他出于文学家的职责，出来捍卫文学的庄严，写了《文学运动的重造》，指出当前"作品过度商品化，与作家纯粹清客化"，希望把文学从商界和官场解放出来，"使文学作品价值，从普通宣传品而变为民族百年立国的经典"。①这篇文章在1942年10月《文艺先锋》上发表后，引来了"左翼"文学阵营的批判。

不过，沈从文思考得最多的是"人生""民族""未来"这些大问题。在千万人付出了生命代价的战争背景下，这些问题显得格外突出。当时，一些人抓住"生命的尾巴"，醉生梦死，及时行乐；一些人是非泯灭，唯利是图，用生命去换取金钱；一些人则紧握善良的品性默默地忍耐着摧残慢慢前行……杨家大院坐落在缓坡上，背后是小山梁，山梁上青草铺地，绿树成荫。沈从文白天写作之余，或者被这种抽象的思绪袭击难以安宁之时，或者领受到想捕捉周围的声音和色彩以及气味而又无词描述的苦恼的时候，便会爬上山梁半中，躺在草地上，看天空的行云，滇池的波光，远处的田亩，近处松树和柏树做成的墨绿色，以及秋天杂草脚下新长出来的绿色小草，还有蚂蚁和斑鸠：一只细腰大头黑蚂蚁来了又去，一双斑鸠从头上飞过消失在绿阴边际……这一切引起了他的思考，把他带入一种玄学般的思维境界。他这时所写的散文、小说和文论都带有一些哲理，一种理想和一点信心。他的这些散文被后人信手拈来一个现成的词而命名为"哲理散文"，小说还没有得到重视，文论中的直接表达获得的反响则是"批判"。若把它们合在一起，则可以看出一个善良、正直而又有头脑的纯粹文学家对于自己工作意义的执著追求和不懈努力。

沈从文的人生固守在精神层面，而没有堕落到物质追求上去，但日见飞扬的物价却把人逼到了为保命而努力的境地。闻一多刻图章，朱自清、沈从文、王力、冯至、费孝通、潘光旦、冯友兰等奋力写文章都有一个同样的目的——生存。但写作所得的稿酬仍然不足以补贴日常家用。初来呈贡之时，沈从文在难童学校、育侨中学和呈贡县中学兼课，是义务性质，不取报酬，随着物价的腾飞，他在私立建国

---

① 沈从文：《文学运动的重造》，《沈从文全集》第17卷，北岳文艺出版社2002年版，第296、297页。

中学兼课就是有酬劳动了。而沈夫人张兆和自从来呈贡之后一直在中学教英语。最初在乌龙浦（五龙埠）垂恩寺难童学校教。乌龙浦在滇池岸边，与龙街隔坪对望，两间有五里多宽的田坝，需走一小时。张兆和每天去一次，来回十里，走两个多小时，风雨无阻。后来，城里的育侨中学疏散到龙街，张兆和又被聘为老师。同时任教于两所学校，教学任务很繁重，回到家里还要洗衣、烧饭，照看孩子，承担所有家务。有时，沈从文和孩子也出动帮忙。麦收时节，下田拾麦穗，磨面做饭。有时吃些杂粮，有时数量不多，只能尽孩子吃饱，大人半饱而已。龙街每五天赶一次"街"（集）。逢街天，夫妻俩上街采购货物，以备五天食用，育侨中学的学生见他们负担沉重，总会来帮忙。1943年初，育侨中学的男生被征为远征军译员，学校没剩下多少学生而停办，张兆和失业。家中生活更为艰难了。沈从文在家信中经常谈到物价和生活。正如王力记述的那样，"因为物价高涨的缘故，朋友一见面就互相报告物价，亲戚通信也互相报告物价"，人们"日有言，言物价，夜有梦，梦物价"。[①]1939年10月14日，沈从文领到西南联大的薪水时的情况是："东西太贵，如今生活仅能对付。"[②]1942年9月8日，他在信中写道："物价如再涨，也就束手了。……我想即再糟一点，我也得支持下去。"[③]1943年1月11日，又写道："应付吃住，已不容易。至若添补衣鞋，自更困难了。"[④]这以后不知写的什么，未见家信，不便推测，但他们搬家大约与生活困难有关。

尽管生活窘迫，一家人却身心健康，过得愉快，这是最让人感到欣慰的。沈从文在1942年9月8日给大哥的信中说："大小四个人，几年来住在乡下，日子过得极快乐。"信末，抑制不住又写道："最近两年在呈贡住，真是最值得记忆，一切似乎都安排对了，一切都近乎理想，因此一家日子过得非常健康。人家要过节时才把家中收拾收拾，我们倒像每天都在过节似的。孩子们给我们的鼓励，固然极大，最应感谢的，还是兆和，体力方面的健康，与性情方面的善良，以及在困难中永远不丧气，对家中事对职务永远的热诚，都是使一家大小快乐幸福的原因。"[⑤]家庭和睦，身体健康，精神愉快，在战争的艰难岁月中，这是十分难得的！沈从文有空时，会领着孩子出去玩，"远则到滇池涉水，近则去后山翻跟斗，躺着晒太阳，或一同欣赏云南的云霞。背山峡谷里小道奇静，崖壁有平地见不到的好花，树桠巴上

---

① 王力：《战时物价》，《龙虫并雕斋琐语》，商务印书馆2002年版，第23、24页。
② 沈从文：《致沈云麓》（1939年10月14日），《沈从文全集》第18卷，北岳文艺出版社2002年版，第377页。
③ 沈从文：《致沈云麓》（1942年9月8日），《沈从文全集》第18卷，北岳文艺出版社2002年版，第409页。
④ 沈从文：《致沈荃》（1943年1月11日），《沈从文全集》第18卷，北岳文艺出版社2002年版，第423页。
⑤ 沈从文：《致沈云麓》（1942年9月8日），《沈从文全集》第18卷，北岳文艺出版社2002年版，第409～412页。

横架着草席包裹的风干童尸。有时跑很远去看一口龙井沽沽冒水,或到窑上看人做陶器,讨一坨特别黏的窑泥玩。若进了县城,路越走越高,冰心家在最高处"①。这种生活足以抵消部分经济困难带来的忧闷,所以,沈从文感觉"每天都在过节"。

1943年7月22日,西南联大常委会召开第268次会议,会议"议决事项"第四条说:"改聘沈从文先生为本大学师范学院国文学系教授,月薪360元。"②也是在这个时候,张兆和谋得了呈贡县中学的英语教职。他们家的经济收入有了较多增加,但是由于物价上涨过快,增加的数目难以平衡上涨的幅度,生活仍然没有根本改善,只是困难得到了缓解而已。沈从文应邀为呈贡县中教语文课,不过是义务的。1944年秋,私立建国中学在桃园新村创办,邀请沈从文讲现代文学、张兆和讲英文。桃园新村在滇越铁路呈贡站附近的跑马山麓,交通便利。而住在龙街,沈从文从昆明回来在呈贡站下车,骑一小时马回家,还得倒回桃园新村上课,张兆和走来更为费时,于是他们考虑搬家。他们找到了桃园新村第八栋房屋。这栋茅草房由于年久破烂,主人建新房搬走了,但还能住人。他们决定搬过去,一来可以省下车站与龙街之间往返的时间和路费,二来房租也比杨家大院便宜,三来还可以自己种菜减少生活负担。对于这户茅屋,王彦铭作过这样的描绘:

> 他在桃园村租住的农家小院,是昆明传统的"三间两耳"民居格局。进门天井西侧为耳房。正厅三间,"堂屋"居中,靠后墙陈设一张条桌,左右两侧各放一几两椅,这些家具都是房东连屋子一并租借给他们的。"堂屋"是一家人吃饭、会客、休闲的地方。条桌左侧有小门通后院,庭院不大,干净整洁,靠右墙两侧各有一间平房,一间作厨房,一间是藏书室。一堵竹篱把正厅与厨房的空地隔开,篱上爬着牵牛花的藤蔓。藏书室四边架子上放着古今中外各种图书、杂著,还有一束贝叶佛经。③

沈家搬来后,辞了保姆,又省下一笔钱。沈从文每周往返于昆明和呈贡,授课、写文章、编报刊、写信、改作业,兼做家务。张兆和每周15节英文课,回来后充满兴趣地做全部家务事。沈从文说:"我们在这里过的日子是挖土种菜,磨刀生火,生活虽琐碎,并不痛苦。"④他们过上了真正意义上的田园生活。他还说:"家

---

① 沈虎雏:《团聚》,孙冰编《沈从文印象》,学林出版社1997年版,第246页。
② 北京大学等编:《国立西南联合大学史料》第2卷,云南教育出版社1998年版,第293页。
③ 王彦铭:《忆沈从文先生》,昆明市政协文史学习委员会《抗战时期文化名人在昆明》(一),云南美术出版社2000年版,第170页。
④ 沈从文:《致胡适》,《沈从文全集》第18卷,北岳文艺出版社2002年版,第434页。

小说《长河》（上海开明书店1948年版）

中人每年均只进城三五次，已完全如一乡下人矣。"①他们的住房本为主人遗弃不用的，顶漏无修。昆明的雨一般来势凶猛，大雨时，他家屋里也跟着下雨，有时夜里还得起床用桶和盆接漏水。就是在这栋茅屋里，他写出了包括《赤魇》《主妇》等小说在内的多个作品，再一次修改了《长河》。也是在这栋茅屋里，他焚毁了自己所写的日记本7册，稿子15件。这15件稿子多为没有发表过的小说。他还在这栋茅屋里接待过闻一多、吴晗、程应镠、王逊、王彦铭等客人。

这期间，沈从文仍然在为增加经济收入而努力。他在继《闻一多教授金石润例》上签名推荐，希望老友能够靠手工劳动脱贫之后，又参加了西南联大12名教授共同拟定《诗文书隽联合润例》，想通过卖字以谋取一些生活费。同时，他参加了"文协"发起的援助贫病作家的活动，参加了昆明文化界324人联名发表《关于挽救当前危局的主张》的签名，参加了闻一多等51人为蒋介石强令解散郭沫若领导的文化工作委员会而慰问郭沫若、顾颉刚等的行动。由于政治的混乱和民生的困顿，这时沈从文参与了具有实际意义的政治斗争，但他对党派政治是反感的。1945年冬，闻一多邀吴晗专程跑四十里到沈从文家，动员他加入中国民主同盟，他谢绝了。②

尽管生活困难，沈从文却坚守"君子爱财，取之有道"的古训。他搬进桃园新村后，桃园新村村长、建国中学董事李沛阶见他家生活清苦，主动提出让他在自己的酒厂当个挂名股东"吃干股"，以改善一下生活，他婉言谢绝了。

1945年4月，根据西南联大有关规定，沈从文的薪金每月增加至440元，扣税后实领426.5元，比之前有了较大幅度的提高。若以当时研究生每月400元生活费的标准作参考，③教授的收入实在不高，穷困也就难免了。但沈从文有一个简单的概念：这是战争时期，要忍耐。

① 沈从文：《复钟恂》，《沈从文全集》第18卷，北岳文艺出版社2002年版，第438页。
② 见吴世勇编：《沈从文年谱》，天津人民出版社2006年版，第261页。
③ 北京大学等编：《国立西南联合大学史料》第2卷，云南教育出版社1998年版，第343页。

8月，抗日战争结束了！沈从文并没为胜利欢呼雀跃，因为他在忧虑："以党治国的党，正在民怨沸腾中不知何以为计。"[1]果然，地方军警开杀戒了，12月1日杀害了西南联大及外校的4人，之后又先后杀害了李公朴和闻一多——他们都是书生！沈从文义愤填膺，1946年3月17日参加了"一二·一"四烈士送葬游行和公葬仪式，回来后写了《我们要个第四党》，"希望由非党专门家形成不同的政治力量，以找到和平途径"[2]。文章遭当局禁止，未能发表。李、闻被害后，他写文章呼吁驻滇的湖南军官务必"使这件事水落石出，彻底清楚"[3]。

1946年2月，沈从文一家结束了愉快的7年呈贡生活，把家从桃园新村搬到西南联大昆北院。5月4日，西南联大举行结业典礼。5月10日，开始复员迁移。7月12日，沈从文携家眷从昆明飞往上海，结束了为期八年的云南生活。

三十四年后，沈从文还满怀感情地写道："昆明地方对我始终保留极好印象，一家人八年中是在呈贡乡下度过的，和当地人关系也极好。孩子在那里长大，至今还会说昆明呈贡乡下话语。……若有机会，我一定会和我的家人同来昆明看看，因为一家人对昆明还充满了一种良好印象的。"[4]

二、沈从文在西南联大讲课

1939年5月7日，西南联大高原文艺社请沈从文去作了一次演讲，所讲的内容是"文学与时代及人生"。演讲主持人林蒲在介绍沈从文时说道："有人说过，英国宁可失去印度，也不能没有莎士比亚。现在日寇侵占了我国大片土地，但我们有沈从文这样的一些文化界有识之士来到大后方，我们的民族精神有所寄托，国土沦陷也终是一时的事，总是要收复的。"[5]沈从文在演讲中告诉大家：在目前的局面下，文艺家应当恪尽职守，写出不愧于时代的作品来。战争是民族的灾难，同时也是锻炼和检验民族的机遇。我们应当在战争中表现出我们伟大的一面来。文学青年则应该在战争中更深入地认识人生："文学青年要把人生当小说看，又要把小说当人生看。不要觉得别人平庸，其实，自己就该平庸一点。伟大的人并不脱离人生，而是

---

[1] 沈从文：《题〈一个天才的通信〉》，《沈从文全集》第14卷，北岳文艺出版社2002年版，第444页。
[2] 吴世勇编：《沈从文年谱》，天津人民出版社2006年版，第269页。
[3] 沈从文：《怀昆明》，《沈从文全集》第12卷，北岳文艺出版社2002年版，第277页。
[4] 沈从文：《复彭荆风》（1980年10月16日），《沈从文全集》第26卷，北岳文艺出版社2002年版，第164、165页。
[5] 周定一：《沈从文先生琐记》，《长河不尽流》，湖南文艺出版社1989年版，第215页。

贴近人生的。文学青年从书本中得到的经验太多，从实际生活中得到的经验却太少了。"①沈从文的讲话充满了至情至理，但话语却缺少磁力，不能吸引住每一个人，因为他缺乏"讲"的技巧应用：他声音小，没有震撼力；语调平，没有起伏，缺少抑扬顿挫，更无表情姿势的配合；方音重，他操着浓重湘西音的北平话，让人难以全部听明白。这一场演讲的效果实际上不算很好，不仅沈从文讲的听者不很明白，连林蒲的开场白也遭人反对："会上有位西语系的同学认为比拟不伦，当场忿然离去，会后又在同学中大加非议。"②那时，沈从文还没有进西南联大，他是以著名作家的身份被西南联大文学社团请去演讲的。这次演讲"预示"了沈从文在西南联大的教学工作能够获得的反映：①讲课不太吸引人；②有人反对；③文学青年很愿追随。

　　没想到，过了不久，沈从文真的进了西南联大。由于沈从文编写的《中学国文课本》书稿完成后，工作无以为继，他只好另找饭碗。而在当时的昆明，要找到一个适合的工作相当不易。恰值西南联大师范学院开办不久，国文系还缺专职教师，杨振声便向朱自清提议聘沈从文为国文系教师。时任文学院中文系主任兼师院国文系主任的朱自清经过慎重考虑，预计以助教职称聘沈从文。他首先取得北大中文系主任罗常培的支持，再与沈从文商量，沈从文坚持任讲师。朱自清又以聘沈从文为讲师职称分别向师院院长黄钰生和文学院院长冯友兰提出，获得他们的同意，并最终在有三校校长和杨振声、黄钰生、冯友兰等人参加的常委会上顺利通过，但令沈从文和朱自清都没有想到的是，所聘职称是副教授。这表明西南联大具有唯才是举、破格用人的办学气魄。

　　杨振声和朱自清推荐沈从文进西南联大，是要加强西南联大新文学的教学力量。那时，西南联大只有杨振声一个人开"现代中国文学讨论及习作"课。沈从文来后，立即开出了"各体文习作（白话文）"，把杨振声课中的"习作"部分分裂出来，使之独立成更为专门的"现代中国文学"课。从西南联大的课程设置和历史发展面貌看，沈从文进来后，西南联大的新文学教学与创作确实开始发生了很大的变化。但沈从文进西南联大，反对声也很高，不仅旧派教师和崇尚古文学的学生反对，连有的搞新文学创作的人也不满。杨振声的儿子杨起就亲耳听到查良铮（穆旦）对人说："沈从文这样的人到联大来教书，就是杨振声这样没有眼光的人引荐来的。"连引荐者也遭到了非议。

---

① 许渊冲：《追忆逝水年华》，生活·读书·新知三联书店1996年版，第61页。
② 周定一：《沈从文先生琐记》，《长河不尽流》，湖南文艺出版社1989年版，第215页。

1939年9月开始，沈从文在西南联大文学院中文系和师院国文系授课，一直到西南联大结束。沈从文讲过的课程有："国文读本""国文作文""各体文习作（一）""各体文习作（二）乙（语体）""各体文习作（三）""创作实习""中国小说""中国文学史""现代中国文学"等9门，其中"各体文习作（一）"和"中国小说"各9次，"国文读本"7次，"现代中国文学"和"各体文习作（三）"各3次，"国文作文"2次，"创作实习""各体文习作（二）乙（语体）"和"中国小说史"各1次。在9门课程中，除"中国小说"和"中国小说史"属古代范畴外，其他7门均为现代内容；而7门课程中，除"国文读本"和"现代中国文学外"，其余5门又都是现代文写作课。西南联大的作文，"限用语体文，不能以新诗代替"①，也就是规定"国文作文"课是讲授并训练现代文的写作能力。"各体文习作（二）乙（语体）"课程名称已经标明是现代文习作。"各体文习作（三）"属提高课性质，仍然用现代文写作。"创作实习"讲授现代各体文学的创作问题以及创作实践。"各体文习作（一）"与"各体文习作（二）乙"与文言文习作相对，专讲语体文即白话文亦即现代文习作。由此我们知道，现代文写作是沈从文讲授最多（无论是门数还是次数），也是最具特色的课。事实上，西南联大的现代文写作课是沈从文的开创：西南联大有了沈从文，才有了现代文写作课。

沈从文讲现代文写作课的特点，可以概括为两个字——"实习"，即通过写作实践而获得写作水平的提高。具体做法是老师讲范例，学生做练习。对此，汪曾祺在《沈从文先生在西南联大》一文里有过论说：

> 教创作靠"讲"不成。如果在课堂上讲鲁迅先生所讥笑的"小说作法"之类，讲如何作人物肖像，如何描写环境，如何结构，结构有几种——攒珠式的、桔瓣式的……那是要误人子弟的，教创作主要是让学生自己"写"。沈先生把他的课叫做"习作""实习"，很能说明问题。如果要讲，那"讲"要在"写"之后。就学生的作业，讲他的得失。教授先讲一套，让学生照猫画虎，那是行不通的。②

汪曾祺的话是以沈从文的写作课为范例引出的，是要回答"创作能不能教""用什么方法教"的问题，其根据是沈从文培养作家的实效以及他自己的成长经历。王彦

---

① 西南联合大学北京校友会编：《国立西南联合大学校史》，北京大学出版社2006年版，第91页。
② 汪曾祺：《沈从文先生在西南联大》，《汪曾祺全集》第3卷，北京师范大学出版社1998年版，第463、464页。

铭也说：沈从文先生讲课，"全课程的重点在'练'"，"课堂讲授，重点也在结合学生写作实际，讲一些观察、体验、描写的知识"，"现在看来，沈先生这种以练为主，讲练结合的教学方式之所以取得成效，是因为它符合'实践、认识、再实践、再认识'的辩证认识规律的"。①沈从文这两位学生的话，可以证明所概括的"实习"二字的正确性。

新课程的第一堂课开始，他会说："剃头是看得见摸得着普普通通的手艺，从烧水扫地到出师，还要学个三年五载。写作不但是技术，更是文化艺术，需要付出的时间、精力可以想见。"②这是告诉学生：学好写作不是一件容易的事，要舍得付出，要"耐烦"。端正了学习态度，这才开始讲课。沈从文讲课，并不像"学院派"（他本没受过这样的训练）那样注重学理、体系、逻辑、要点等，而是根据具体问题，提出主张，讲授方法，纵横恣肆，引申发挥。所以汪曾祺说："沈先生的讲课，可以说是毫无系统。"③"无系统"，但有特点和方法。其特点和方法，有以下几点值得注意：

1. 从问题出发。

"他大都是看了学生的作业，就这些作业讲一些问题。"④即从学生作文中存在的问题讲起。如果学生不善于观察，导致文章流于一般化，他就提出观察的问题来讲解。"如讲人血和鸡血的气味是不同的，冬天的景色不一定是枯草，也有长绿草的时候，'十月小阳春'就长绿草。"⑤沈从文晚年与汪曾祺有这样一次谈话——

> 我说："'菌子已经没有了，但是菌子的气味留在空气里'，这写得很美，但是我还没有见到一个作家写到甲虫的气味！……"
>
> ……
>
> 沈先生笑迷迷地说："甲虫的分泌物。"
>
> 我说："我小时候玩过天牛。我知道天牛的气味，很香，很甜！……"
>
> 沈从文仍旧笑迷迷地说："天牛是香的，金龟子也有气味。"⑥

---

① 王彦铭：《忆沈从文先生》，昆明市政协文史学习委员会编《抗战时期文化名人在昆明》（一），云南美术出版社2000年版，第168、169页。

② 转引自王彦铭《忆沈从文先生》，昆明市政协文史学习委员会编《抗战时期文化名人在昆明》（一），云南美术出版社2000年版，第167页。

③ 汪曾祺：《沈从文先生在西南联大》，《汪曾祺全集》第3卷，北京师范大学出版社1998年版，第464页。

④ 汪曾祺：《沈从文先生在西南联大》，《汪曾祺全集》第3卷，北京师范大学出版社1998年版，第464页。

⑤ 王彦铭：《忆沈从文先生》，昆明市政协文史学习委员会编《抗战时期文化名人在昆明》（一），云南美术出版社2000年版，第168页。

⑥ 汪曾祺：《与友人谈沈从文》，《汪曾祺全集》第6卷，北京师范大学出版社1998年版，第352、353页。

可见沈从文对自然界的观察是多么细致独到。针对学生抒情的困难,他说:"在写作上想到下笔的便利,是以'我'为主,就官能感觉和印象温习来写随笔。或向内写心,或向外写物,或内外兼写,由心及物由物及心混成一片。方法上富于变化,包含多,体裁上更不拘文格文式,可以取例作参考的,现代作家中,徐志摩作品似乎最相宜。"①于是他讲徐志摩,讲周作人,讲鲁迅,剖析他们的作品如何抒情。对于学生写作难以出新的问题,沈从文提出"要训练感觉":"沈先生在给我们上课时就说过:要训练自己的感觉。学生之中有人学会一点感觉,从沈先生的谈吐里,从他的书里。沈先生说他从小就爱到处看,到处听,还到处嗅闻。'我的心总得为一种新鲜声音,新鲜气味而跳。'(《从文自传》)就是一些声音、颜色、气味的记录。当然,主要的还是人。声音、颜色、气味都是附着于人的。"②

2. 讲作品范例。

沈从文讲写作,是根据学生作文中存在的问题,告诉学生应当怎么做。怎么做,不是讲几条理论让学生遵循,而是讲别人的作品是怎么处理问题的。他在《国文月刊》上发表过两篇关于"抒情"的文章,一篇是《从徐志摩作品学习"抒情"》,一篇是《从周作人鲁迅作品学习抒情》。两篇文章是他的讲稿,基本上能够反映出他上课的内容。头一篇要学生读《我所知道的康桥》时,跟随作品去看,去听,去感觉康桥、康河的特殊风光,而后在《巴黎的鳞爪·引言》中感受对都市光影的捕捉和文字的建筑性、流动性,再从《石虎胡同七号》领会"从实处写所见",从《云游》领会"从虚处写所感",最后回到《我们所知道的康桥》,揭示出作者之所以能有那样的感觉、情感和文字,全在于他的"单独","静静的与自然面对,即可慢慢得到"。徐志摩的抒情是一种特色,周作人和鲁迅的抒情又体现出另外的特色。于是写出了第二篇文章,经过许多作品实例,说明"周作人的小品文,鲁迅的杂感文,在二十年来中国新文学活动中,正说明两种倾向:前者代表田园诗人的抒情,后者代表艰苦斗士的作战。同样是看明白了'人生',同源而异流:一取退隐态度,只在消极态度上追究人生,大有自得其乐意味;一取迎战态度,冷嘲热讽,短兵相接,在积极态度上正视人生,也俨然自得其乐"③。这样讲"抒情",的确还是有些听之茫然。但他是要告诉学生,抒情不能总是直抒胸臆地发一通感慨,而要把情感融入具体的事象之中,通过事象的描写透露出情感。因此

---

① 沈从文:《从徐志摩作品学习"抒情"》,《沈从文全集》第16卷,北岳文艺出版社2002年版,第251页。
② 汪曾祺:《与友人谈沈从文》,《汪曾祺全集》第6卷,北京师范大学出版社1998年版,第355页。
③ 沈从文:《从周作人鲁迅作品学习抒情》,《沈从文全集》第16卷,北岳文艺出版社2002年版,第266页。

抒情也是多种多样的："抒情文应不限于写景、写事，对自然光色与人生动静加以描绘，也可以写心，从内面写，如一派澄清的涧水，静静的从心中流出。"①为了讲授作家的风格，让学生认识作品风格的重要，沈从文把徐志摩和鲁迅作对比，认为他们都十分深切地表现人生，但又完全不同。而冰心、朱自清和废名（冯文炳）三位作家，其"作品中无不对于'人间'有个柔和的笑影"，但"文学风格表现上，并无什么相同处"。冰心"文白杂糅"，"词藻的运用也多由文言的习惯转变而来"，朱自清把"文字的基础完全建筑在活用的语言上"，废名则"不黏不滞，不凝于物，不为自己所表现'事'或表现工具'字'所拘束限制"。②而在对他们的论述中又穿插了对于俞平伯、周作人、川岛、落华生风格的论述和比较。这样的讲法，的确"信息量"大，放得开，显得散，但若抓住"风格"这个中心，认真学习各个作家的作品，会获得深刻启示的。记得一位伟人说过这样的话：成功的作品都告诉我们应该怎么写。沈从文教写作就充分利用了名作的示范作用。

3. 讲自己的见解。

从上面所举的例子已经可以看出这一点，即沈从文讲课不从本本出发，不唯理论是从，而是讲自己的感受和见解。讲自己的见解，这是对大学教师的要求，但真正能做到的在今天有多少？不过，西南联大的教授，至少是我们所写的教授都是讲自己见解的，沈从文只是其中之一。汪曾祺说："沈先生读很多书，但从不引经据典，他总是凭自己的直觉说话，从来不说亚里斯多德怎么说，福楼拜怎么说，托尔斯泰怎么说，高尔基怎么说。"③他说的是他自己的话。教写作课做到这一点，恐怕没有深厚的知识不行，没有大量作品的积累不行，没有丰富的创作经验也不行。而这些，沈从文都具备了。"他给我们讲'写作实习'课，他有丰富的创作经验，学识也很渊博，谈起创作问题和新文学来，使人感到特别亲切，见解多精辟独到处，发人深思。"④沈从文能够做到这一点，是因为他本人就是现代文学的创造者之一，他对现代作家、作品及事件相当熟悉。讲起课来，"新文学运动的历史情况，茅盾、老舍、巴金、冰心、徐志摩、丁玲等人的作品，他讲来如数家珍，引人入胜，令你想见其人。汪静之、章衣萍、吴曙天这些人的代表作，讲课中涉笔成趣，偶尔也提到过。……屡屡提到的，是萧乾的散文，废名的小说"⑤。讲自己深思熟虑的东

---

① 沈从文：《从周作人鲁迅作品学习抒情》，《沈从文全集》第16卷，北岳文艺出版社2002年版，第259、260页。
② 沈从文：《由冰心到废名》，《沈从文全集》第16卷，北岳文艺出版社2002年版，第274、278、285页。
③ 汪曾祺：《沈从文先生在西南联大》，《汪曾祺全集》第3卷，北京师范大学出版社1998年版，第464页。
④ 萧望卿：《永远地拥抱自己的工作不放》，《长河不尽流》，湖南文艺出版社1989年版，第206页。
⑤ 王彦铭：《忆沈从文先生》，昆明市政协文史学习委员会《抗战时期文化名人在昆明》（一），云南美术出版社2000年版，第168页。

西，必然会讲出一些精辟的话来。例如，讲人生，他说"人既必死，就当于生存时知所以生"；讲创新，他说"文学非有独创不能存在，而独创，就要在别人没有发现的地方有发现"①；讲审美，他说"我们不但要看杂书，而且要了解杂艺术。如果对于音乐图画多懂一点，写风景一定会更好些。如果学文学的人不懂一点杂艺术，他的审美感一定很有限"②；讲写人，他说"要贴到人物来写"③。汪曾祺对于"要贴到人物来写"的理解是：

> 我以为这是小说学的精髓。据我的理解，沈先生这句极其简略的话包含这样几层意思：小说里，人物是主要的，主导的；其余部分都是派生的，次要的。环境描写、作者的主观抒情、议论，都只能附着于人物，不能和人物游离。作者要和人物同呼吸、共哀乐。作者的心要随时紧贴着人物。什么时候作者的心"贴"不住人物，笔下就会浮、泛、飘、滑，花里胡哨，故弄玄虚，失去了诚意。而且，作者的叙述语言要和人物相协调。写农民，叙述语言要接近农民；写市民，叙述语言要近似市民。小说要避免"学生腔"。④

短短七个字的一句话，包含了这么多内容！难怪汪曾祺要说："你要是真正听'懂'了他的话，——听'懂'了他的话里并未发挥罄尽的余意，你是会受益匪浅，而且会终生受用的。"⑤

开一门课，当然要讲，但讲与讲不同。沈从文就是这样讲的，但沈从文的写作课，重点在"实习"，他把大量精力放在"实习"上。写作课的"实习"，主要是作文。讲一种文体，沈从文首先讲一讲该文体的要求，即让学生写一篇作文，然后根据作文中存在的问题，再如上文介绍的那样讲解，之后又让学生写，看掌握和运用的情况如何。至于写什么，他一般不作要求，只规定文体界线。因为他认为写作必须有生活、有感受，不能为写而写，无病呻吟。汪曾祺说："沈先生是不赞成命题作文的，学生想写什么就写什么。但有时在课堂上也出两个题目。沈先生出的题目都非常具体。我记得他曾给我的上一班同学出过一个题目：'我们的小庭院有什

---

① 王彦铭：《忆沈从文先生》，昆明市政协文史学习委员会编《抗战时期文化名人在昆明》（一），云南美术出版社2000年版，第167、168页。
② 萧望卿：《永远地拥抱自己的工作不放》，《长河不尽流》，湖南文艺出版社1989年版，第206页。
③ 汪曾祺：《沈从文先生在西南联大》，《汪曾祺全集》第3卷，北京师范大学出版社1998年版，第464页。
④ 汪曾祺：《沈从文先生在西南联大》，《汪曾祺全集》第3卷，北京师范大学出版社1998年版，第465页。
⑤ 汪曾祺：《沈从文先生在西南联大》，《汪曾祺全集》第3卷，北京师范大学出版社1998年版，第464页。

么'，有几个同学就这个题目写了相当不错的散文，都发表了。他给比我低一年班的同学曾出过一个题目：'记一间屋子里的空气'！我的那一班出过些什么题目，我倒不记得了。沈先生为什么出这样的题目？他认为：先得学会车零件，然后才能学组装。我觉得先做一些这样的片段的习作，是有好处的，这可以锻炼基本功。"①汪曾祺早期有篇题为"寒夜"的小说，写一种寒冷和紧张的气氛，有类于"记一间屋子里的空气"，此文疑是根据沈先生布置的作文要求而写的。李光荣在《西南联大文学教育与新文学传统》一文中把沈从文上写作课的方法概括为"以写代讲"②，指的就是学生写文章和老师改文章。

学生交来作文，老师就得改。布置的作文次数多，老师改作文的工作量也相应增多。沈从文不厌其苦，总是耐心细致地修改学生作文。好多学生在回忆文章中都感念沈从文为他们批改作文之事。王彦铭说："他对我们的习作，总是仔细阅读，认真批改。我们那个时候，少年气盛，随手挥写，他认真到连标点的错误，行草字体的不规范，都要改过，作出示范。他是大作家，尽可以疏略不计，匀出时间去搞自己的创作的。这是他用行为示意我们，'艺术起于至微'，差之毫厘，就会谬以千里。"③刘北汜说："那年暑假，我们几个同学去呈贡看他，以为他可以在滇池边上的乡间好好休息一下了，谁知他桌子上堆了高高一堆同学们的习作，他正用毛笔一篇篇写下他的读后意见。"④汪曾祺的回忆是："沈从文教写作，写的比说的多，他常常在学生的作业后面写很长的读后感，有时会比原作还长。这些读后感有时评析文本得失，也有时从这篇习作说开去，谈及有关创作的问题，见解精到，文笔讲究。"⑤

沈从文的评语不是《写作学》的书上罗列的简单条款，而是"读后感"。由于感想不同，评语也就一篇与一篇不同。因此，他的评语是有独特性的，那是很有价值的文论。许多学生保存了他的评语，可是经过时代风雨，几十年后的今天，所存不多了，保存下来的是极少数。经济系学生陈家煜在大四时选修了沈从文的"各体文习作"课，希望通过学习写作多掌握一点谋生技能。应课堂要求，他写了小说《避静》，表现天主教的方修士在修道过程中的思想活动。沈从文看后，写了三百余字长批：

---

① 汪曾祺：《沈从文先生在西南联大》，《汪曾祺全集》第3卷，北京师范大学出版社1998年版，第464页。
② 李光荣：《西南联大文学教育与新文学传统》，《中国现代文学研究丛刊》2005年第4期。
③ 王彦铭：《忆沈从文先生》，昆明市政协文史学习委员会编《抗战时期文化名人在昆明》（一），云南美术出版社2000年版，第168页。
④ 刘北汜：《执拗的拓荒者》，《长河流不尽》，湖南文艺出版社1989年版，第172页。
⑤ 汪曾祺：《沈从文先生在西南联大》，《汪曾祺全集》第3卷，北京师范大学出版社1998年版，第465、466页。

> 你文章好，惟论事叙事混来一气，写事写人分配上有点乱，所以不大像散文，也不能给人一个"小说"印象。这是有生活经验，少写故事训练必然的情形。换言之，即不知如何运用材料。场面写得相当多，实不必要，要写的是方修士的行为动作，以及那颗不安定的心，如何反映到行为中，小动作上，矛盾上，以及相反表现上。你试去看看契诃夫短篇集，会明白写人的各种方法，对你运用目前这种题材必有极多帮助。他也常写教会中人事，却常常知道将属于宗教仪式条规用简单经济方式说明，而侧重在写人，且居多还从人的行为中表现那个心，正仿佛给人画像，画像时于神情间让观众明白这人是在作什么，并打算作什么。他不另外为画中人作任何解释，这才是小说！你文笔够用了，对教会知识够用了，只是对如何写这件事的经验不够用。①

批语写这么长的，恐怕不多，而写得这样具体的，更为少见。是评语，更是读后感。他指出了作文中存在的问题以及问题存在的原因，告诉作者要读什么书并如何加以补正，肯定作者的长处且点明今后努力的方向。这样的训练，学生收获必大，按照老师的指点去做，成功的可能性较高。难怪后来陈家煜毕业时，能够得到昆明《生活导报》的邀请，去筹办"桂林版"。陈家煜为此向沈从文请教时，沈从文还介绍他到桂林后找巴金和邵荃麟两位先生。

从试写、讲授、练习，到批改发还，教学的一个单元结束了；若干单元结束，一门课也就结束。沈从文在西南联大讲了什么课，怎么讲的，教学的过程和效果如何等问题已经讲清楚，似乎可以结束了，但沈从文的教学活动并没就此结束。

一个单元结束之后，沈从文把写得较好的学生作文作些修改，发表在自己所编的报刊，或者推荐到其他报刊上去发表。例如，《国文月刊》第1卷第2期发表的姚芳和姚婉容的同题散文《我们的小庭院有什么》，第1卷第10期发表的汪曾祺的小说《灯下》；《今日评论》第1卷第21期发表的方龄贵的散文《荒村》，第1卷第15期发表的周正仪的独幕剧《告别》，第2卷第15期发表的辛代的小说《平原》，第2卷第9期发表的辛代的散文《蜀小景》，第2卷第15期发表的祖文的小说《刽子手》，第2卷第21期发表的祖文的小说《他卖了他的松树》，第3卷第8期发表的辛代的小说《同乡》，第3卷第10期发表的姚芳的小说《杂货铺》，第3卷第15期发表的卢静的

---

① 张源潜：《沈从文先生对学生习作批语举例》，《云南文史资料选辑》第34卷，云南人民出版社1988年版，第200、201页。

小说《期待》，第3卷第16期发表的汪雨的小说《死》，第5卷第3期发表的汪曾祺的小说《悒郁》；《中央日报》发表的方龄贵的散文《马槽口》，孙昌熙的小说《小队长》，林抡元的小说《大学生》，马尔俄的散文《山之颂》，辛代的小说《无题》，郝诒纯的散文《雨》，卢静的散文《蛙》，汪雨的散文《在繁荣的山城》，汪曾祺的小说《翠子》……都是这样的作品。作品刊登在报刊上，对于文学青年是一种莫大的鼓励，尤其是作文课习作的发表，能够极大地提高大学生的写作兴趣。一些学生在沈从文的鼓励下，积极探索和实践，在当时就成为比较有名的作者，汪曾祺、辛代、马尔俄、林元、卢静、刘北汜、袁可嘉等就是那时出名的。如果说作品的发表是写作课的近期成果，那么作家的养成则是写作课的远期成果。沈从文的写作课以及他的课外辅导培养出好几个作家，汪曾祺、林蒲、穆旦、辛代、杜运燮、郑敏、袁可嘉等则是我国现当代文学的著名作家。有的学生后来没再搞文学创作，但当初在写作课上打下的文学功底成为他们做好其他工作的坚实基础。沈从文在西南联大开设的写作课，在人才培养上的功绩是不可磨灭的！

然而，寸有所长，尺有所短，讲课却不是沈从文的长处。对此，他最得意的门生汪曾祺，以及崇敬他的学生王彦铭、杜运燮等都这么说。虽然选他课的人很多，但大多是慕名而去，有的听了几次课后即望而却步了。请看以下两段纪念沈从文先生的文章中的话："那时，选读他'各体文习作'的同学很多，三间大的教室，总是座无虚席，不少同学不得不搬了椅子坐到门外窗外听讲，因为，不止中文系的同学来上这一课，有空来旁听的其他系的同学也不少。"在这些旁听者中就有一个外文系的杜运燮，他回忆道："我是在1939年进西南联大后才认识沈先生。没有选他的课。虽然也曾慕名去旁听过，但讲课的口才不是他的特长，声音很低，湘西乡音又重，有的话听不见，有的听不懂，因此听过几次后就不想去了。但一直认为他是我的一位好老师，可说是不上课的老师。更确切点说则应该是，在他家里上课的老师。"[①]其实，沈从文很有自知之明，他对自己的讲课并不看好，他上课以写代讲，有一半的考虑也是出于用做练习来弥补讲授之不足。1975年1月21日，《凤凰之子·沈从文传》的作者金介甫访问张充和与她的丈夫时，曾谈起沈从文早年在吴淞中国公学第一次讲课时只咕噜了几句就下堂的狼狈情形，说道："连张充和本人也认为沈老师讲课实在不讨人喜欢。沈从文自己呢，对他的教课本领也不满意，曾将其中情景写入《灯》等几篇小说。"[②]这里所述沈从文对自己的讲课本领不满意恐怕

[①] 杜运燮：《可亲可敬的"乡下人"》，《长河不尽流》，湖南文艺出版社1989年版，第211页。
[②] 金介甫：《凤凰之子·沈从文传》，中国友谊出版公司2000年版，第329页。

不单指讲第一堂课,而是包括了他后来所有的讲课。因为,在沈从文的言论中,从未见他对授课的自许。

然而,沈从文能避短扬长,这就是他的明智之处。的确,他没有闻一多讲话时的语言力量,也缺乏朱自清授课的条理明晰,但他比闻一多和朱自清能写文学作品,有比他们更多的创作经验,他利用自己所长创造了自己的授课特点和风格,并且取得了良好的教学效果。可以肯定地说,沈从文是教写作课的一位难得的好老师。

但是,沈从文的教学不是每个人都能接受的。甚至可以说,沈从文在西南联大的教师资格一直存在着争议。上文说过,沈从文进西南联大曾引起一些人的不满。西南联大流传一则趣话:有一次跑空袭警报,刘文典看到沈从文跑在前面,极端不满地说:他也跑警报!我跑是为了庄子,学生跑是为了保留下一代的希望,他跑是为了什么呢?刘文典是有名的"狂人",他瞧不起从事创作的人,认为文学创作的能力不能代替真正的学问,现代文学不登大雅之堂,搞现代文学创作的人更低人一等。1943年7月,西南联大决定改聘沈从文为教授,反对者的情绪表现更为激烈。据说刘文典得知此事后,勃然大怒道:陈寅恪才是真正的教授!他该拿400块钱,我该拿40块钱,沈从文只该拿4块钱,可我不会给沈从文4毛钱!他要是教授,那我是什么?[①]刘文典对新文学的蔑视自然是错误的,沈从文的价值也不是他估量的那样,但这也是历史的"另一面",为文者应该写出。

历史发展到今天,回过头去看沈从文开创现代文写作课的是非功过,沈从文讲写作课的成败得失,应该如上文所说,是可以充分肯定的。

三、沈从文在昆明与文学青年的交往

作为宽泛的文学创作课,沈从文从来没有结束:学校安排的写作课程结束了,他把课堂移到家里继续讲授。文学青年喜欢去找他,而他总是热情地与他们交谈。他在昆明住过好几处房子,每一处都是文学青年的"课堂"。西南联大学习文学创作的学生很少有没与沈从文发生过联系的,校外的文学青年也有许多得到过沈从文的指导。他们之中的许多人成了他忠诚的朋友,有的与他终生保持联系。

---

① 此传闻版本较多,无可依据。李光荣曾在《西南联大文学教育与新文学传统》一文中引用过,据此。可参见《中国现代文学研究丛刊》2005年第4期,第73页。

笔者几次访问方龄贵先生，他几乎每次都说到沈从文对他自己和其他文学创作者的指导。他在2004年6月14日说："我经常去沈先生那里，主要是去他家里，去青云街靛花巷他家，后来又去北门街原蔡松坡故居的他家。我经常到他那里去请教一些文艺问题，也借一些书来看。我写的文章都拿给他看，经他修改后寄给《大公报》发表的。具体情况一时记不起来了。我后来不搞文艺，所以没有这一段回忆。"①这次访谈的内容主要是当时一些年轻作者的情况，关于他与沈从文的情况问得很突然，他没有准备。大概这以后他作了回忆，2006年1月16日笔者再次访问时，他主动谈了与沈从文的关系：

> 在文学上对我影响最大的是两个人：沈从文和端木蕻良。沈从文先生是我的文学启蒙老师，我在西南联大时所写的文章基本上都经他修改过。大学毕业后，我虽然进了研究院，仍与沈先生继续来往。例如，他在本科讲"各体文习作"课，我去听，且从头听到尾。……《边城》对我影响最大。《边城》是作为小说写的，实际上则是很好的散文，长篇散文。作品写湘黔川边境茶峒的事。我从长沙到重庆时经过茶峒，在那儿住了一晚。我曾到作品所写的河岸上跑了一转，想看看作品中写过的情景。有一次萧乾请朋友吃饭，他在餐桌上告诉沈先生，说我经过茶峒时去河边寻找翠翠的影子。沈先生听后哈哈大笑。就这样，我和沈先生认识了。沈先生当时对我说：经常来家里坐坐，谈一谈。从那以后，我成了他家的常客。我发表在香港《大公报》上的文章大部分是经沈先生修改过的。当时西南联大的老师创办《今日评论》，文艺栏编辑是沈先生。他在上面发表了我以"辛代"作笔名的《平原》和《蜀小景》，介绍说："《平原》和《蜀小景》的题材都是辛代之所长。"当时我的文章，有的他提了意见后我加以修改再寄给报社，有的是他直接寄给《大公报》的……②

郑敏先生给笔者讲过一段趣事："有一次我跟哲学系的一个同学突发奇想，坐火车到了呈贡。我们说到沈先生家去看看吧，于是到了他家。可是沈先生不在家，他去昆明上课还没回来。我们见了沈师母。离开沈先生家时，沈师母还拿点钱给我们当火车票费。"③当时的师生关系就是这样，学生想找哪位老师就找，想去哪个

---
① 李光荣访方龄贵记录，2004年6月14日，昆明方寓。
② 李光荣访方龄贵记录，2006年1月16日，昆明方寓。
③ 李光荣访郑敏记录，2004年10月6日，北京郑寓。

老师家就去，这当然也是老师对于学生的吸引力所致。沈从文以他的文学作品和人格，吸引了许多文学青年到家中去漫谈。

沈从文逝世后，当年他的一些学生写了怀念文章，其中大部分都谈到去沈先生家请教或闲谈的事。杜运燮在文章中写道：沈先生对于我"可说是不上课的老师。更确切点说则应该是，在他家里上课的老师。他是一位善于个别辅导和施行身教的难得好老师。我十分爱上这种课。从他在青云街、呈贡的龙街，直到在北京东堂子胡同、前门东大街、崇文门东大街的家，从联大起直到他辞世前不久，我坚持尽可能去他家上这种课。几十年累计起来，这种面聆教诲的次数，可能不会比一些学生在教室听他讲课的次数少"①。萧望卿写道："他的房间里常聚集着一些年轻人，不管他怎么忙，总是细心地和他们谈论学习和创作问题，鼓励他们写作，日日夜夜地为他们修改文稿，用很清秀的小行书写下些批语。……有时还邀有的年轻人到他乡下的家里去住一两天，他和他的夫人热情地接待他们。将近半个世纪过去了，他生前还经常念着这些经过他培育成长起来的人。"②马逢华是沈从文从西南联大到北京大学的学生，他们在沈家的谈话也从昆明延续到北京："走到沙滩的红楼和中老胡同附近，虽然已是三十年后，总也无法不怀念当年一袭褪色蓝布大褂，到沈家去看望老师和师母的情景吧。有时自己去，有时和朋友们一同去。不是一回两回，而是常常去，每个月好几次。……在那里坐谈久了，师母一定留饭。吃饭的时候，也是大家谈笑风生。沈先生夫妇对待学生的确是亲如家人子弟，他们那个温暖的家，几乎也近于是学生们的家了。"③

沈从文家最经常的客人是王树藏和萧珊。有一段时间，她俩就借住在沈家租住的小楼上。这种关系当然有萧乾和巴金的渊源，但这里侧重讲师生关系。萧荻在《忆萧珊》一文中说："萧珊初到昆明时，就和她的挚友王树藏借住在青云街沈从文先生家里。而我的大一国文导师正是朱自清、沈从文两位教授。朱先生讲古典文学，沈先生教我们语体文和习作。在朱、沈两位文学前辈的启蒙下，我也学着写一点诗、散文、小说之类，向沈先生求教，并向沈先生借阅新文艺的书刊。中文系的刘北汜兄也是向从文先生学习写作的，所以我们和萧珊、树藏都常在沈先生家见面，因而熟悉起来。"④刘北汜在《四十年间》一文里也说："约在1940年夏秋间，在西南联大中文系教授沈从文先生家里，我遇到萧珊和与她形影不离的她的好友王

---

① 杜运燮：《可亲可敬的"乡下人"》，《长河不尽流》，湖南文艺出版社1989年版，第211、212页。
② 萧望卿：《永远地拥抱自己的工作不放》，《长河不尽流》，湖南文艺出版社1989年版，第206、207页。
③ 马逢华：《敬悼沈从文教授》，《长河不尽流》，湖南文艺出版社1989年版，第190、191页。
④ 萧荻：《忆萧珊》，《最初的黎明》，萧荻自印，2005年，第11页。

育常。……那时，沈先生家住在昆明青云街一处小院的二层楼上。……就在这座危楼里，他备讲课稿，写文章，细心指点带着习作前来请教的同学，接待纷至沓来的朋友"；"沈从文夫妇对她们两人一直是关怀备至的。沈先生家里做点好吃的，总邀她们去吃；沈先生家里有事忙不开，她们也赶去帮忙；沈夫人上街买点什么，她们陪伴；遇到空袭警报，她们也常和沈先生一家一起到郊外去躲，帮助沈先生照料两个还年幼的孩子小龙和小虎。沈先生夫妇对她们如此，对常去的同学也总是热诚相待，如果赶上他们吃饭，总是招呼上一道吃，要推是推不掉的"。[1]遗憾的是王树藏和萧珊都在沈从文之前离开了人世，否则她们定会写出感人肺腑的回忆文章的，她们当时就在学习创作。杨苢也是得到沈从文深切关怀的文学青年之一，她在《勇敢些》一文里写道："当我在半个世纪前犹豫的望着那一串串从来没见过的那种带有浓浓泥土味的云南小地瓜时，沈先生叫我剥开一只尝尝，他笑嘻嘻地说：'勇敢些，甜哩！'当那年冬天的夜晚，我们这几个在北方烤惯了火炉的'少男少女'，以为昆明没有冬天，居然也感到好冷好冷时，沈先生把我们带到僻静的街上，进了一家小店，门面好像挂着一头血淋淋的怪东西，我们也不敢细看。沈先生叫我们围着一张方桌坐下，然后给我们一人要了一碗滚烫的'口条'或'灯笼'。我们呆望着那一碗碗白白的一小片一小片的羊舌头，吓得说不出话来，而我们惊慌的眼睛转过来再看那一碗碗凸凸的黑黑的羊眼睛时更是发怵！沈先生却又笑眯眯地说：'勇敢些，吃下去会暖和多了！'与我们三个莽撞的年轻人（树藏、萧珊和我）在年三十的夜里，和沈先生、兆和姐围着炭火守岁，过了12点，我们才想起该回女生宿舍时，兆和姐是那样地不放心，说你们三个人这时出城怎么行呢！沈先生笑着给我们三根甘蔗，说：'没关系！她们三个才不怕呢！勇敢些！'于是我们挥舞着我们的'武器'，叫着：'放心！没问题！'其实可能只有树藏一个人是一点恐惧之感也没有的，而我心里却只能念叨着：'勇敢些！'"[2]过了三年，沈从文叫学生陪着，步行十几里路，突然去到岗头村看望杨苢，后来又写信鼓励她勇敢地奋斗下去。就是在他和巴金的鼓励下，杨苢后来到了重庆又继续写作。

沈从文和学生谈些什么？由于当时不可能记录，今天也就无从考查，这里只能引学生的回忆文章来说明。巫宁坤在《再生的凤凰》一文中说："当时他是中文系的教授，我是外文系的新生，没有上过他的课。也许是缘分吧，我们终究相识了。我是刚从一个小县城的中学里出来的毛孩子，出身寒微，又没有见过大世面，偶然

---

[1] 刘北汜：《四十年间》，《百花洲》，1983年第2期，第186、188页。
[2] 杨苢：《勇敢些》，《长河不尽流》，湖南文艺出版社1989年版，第147、148页。

在校园里撞上鼎鼎大名的教授我是连头也不敢抬的。可是，不论在文林街上沈公的陋室，还是呈贡县他的乡居，我都感到十分自在，后来甚至敢把我写的幼稚的小诗小文拿去请他指点了。起初，听他那有浓重湘西口音的普通话感到很吃力，但日子一长就听惯了，上瘾了，像学着吃辣椒一样。他从不作长篇大论，也不旁征博引，更不摆出一副'大师'的架势，却仿佛有永远讲不完的小故事。讲起来有说有笑，断断续续，一段段小故事平淡而又新奇，为我幼稚的心灵打开了一片又一片如诗如画的新世界。"①这是谈文学，谈人事，那一个又一个小故事即是人生百态。马逢华在《敬悼沈从文教授》一文里说："在那没有拘束的气氛里，倾听沈师闲话文坛掌故，谈论出版不久的新书，鉴赏他与朱光潜先生同逛古董店和地摊新近得到的小件玉器、瓷器，或其他手工艺术品，同时听他兴趣盎然地把那些宝贝逐渐解释品评。有时有别的客人在座，就静静坐在那里作旁听生，也很有意思，也可以学得不少知识。"②这是谈文化，谈艺术。关于谈艺术，汪曾祺说得较直接："我在昆明当他的学生的时候，他跟我（以及其他人）谈文学的时候，远不如谈陶瓷，谈漆器，谈刺绣的时候多。他不知从哪里买了那么多少数民族的挑花布。沏了几杯茶，大家就跟着他对着这一些挑花图案一起赞叹了一个晚上。有一阵，一上街，就到处搜罗缅漆盒子。这种漆盒，大概本是盒具，圆形，竹胎，用竹笔刮绘出红黑两色的云龙人物图像，风格直接楚器，而自具缅族特点。不知道什么道理，流入昆明很多。他搞了很多。装印泥、图章、邮票的，装芙蓉糕沙琪玛的，无不是这种圆盒。昆明的熟人没有人家里没有沈从文送的这种漆盒。有一次他定睛对一个直径一尺的大漆盒看了很久，抚摸着，说：'这可以做一个《红黑》杂志的封面！'"③为什么喜欢谈艺术、谈工艺品？一方面出于他对艺术的喜爱，另一方面也是文学创作的需要。沈从文说过："我们不但要看杂书，而且要了解杂艺术。如果对于音乐图画多懂一点，写风景一定会更好些。如果学文学的人不懂一点杂艺术，他的审美感一定很有限。我写农村的小说，往往也淡淡的描写风景，许多是由宋、元的画和瓷器的兴趣引起的。"④他把自己的经验传授给了学生。

汪曾祺的记述则较为具体，他在《沈从文先生在西南联大》一文中写道："沈先生不长于讲课，而善于谈天。谈天的范围很广，时局、物价……谈得较多的是风景和人物。他几次谈及玉龙雪山的杜鹃花有多大，某处高山绝顶上有一户人

---

① 巫宁坤：《再生的凤凰》，《长河不尽流》，湖南文艺出版社1989年版，第167页。
② 马逢华：《敬悼沈文先生》，《长河不尽流》，湖南文艺出版社1989年版，第190页。
③ 汪曾祺：《与友人谈沈从文》，《汪曾祺全集》第6卷，北京师范大学出版社1998年版，第343页。
④ 转引自萧望卿《永远地拥抱自己的工作不放》，《长河不尽流》，湖南文艺出版社1989年版，第206页。

家,——就是这样一户!他谈某位老先生养了二十只猫。谈一位研究东方哲学的先生跑警报时带了一只小皮箱,皮箱里没有金银财宝,装的是一个聪明女人写给他的信。谈徐志摩上课时带了一个很大的烟台苹果,一边吃,一边讲,还说:'中国东西并不都比外国的差,烟台苹果就很好!'谈梁思成在一座塔上测绘内部结构,差一点从塔上掉下去。谈林徽因发着高烧,还躺在客厅里和客人谈文艺。他谈得最多的大概是金岳霖。金先生终生未娶,长期独身。他养了一只大斗鸡。这鸡能把脖子伸到桌上来,和金先生一起吃饭。他到处搜罗大石榴、大梨。买到大的,就拿去和同事的孩子的比,比输了,就把大梨、大石榴送给小朋友,他再去买!"①

杜运燮在《可亲可敬的"乡下人"》一文中,不但记下了交谈的话题,而且写出了沈从文谈话时的特点:"到教室听他的课,甚感吃力。似乎学生听得吃力,他也讲得吃力。可是每次与沈先生晤谈,特别是谈有关文艺和历史文物的话题,都是一次愉快的享受,在愉快的气氛中接受许多教育。他总是带着一种具有很强感染力的微笑。见面时微笑,讲话时微笑,甚至有时在提到某种社会不良现象、某人的缺点时,也是微笑着讲的,虽然也不无苦涩味。他讲到某地风景,某种文物,一时兴奋,常用的感叹词是'米(美)极了','真米(美)呀'。这时常常也只是带着微笑,那个'米'与微笑巧妙和谐地融合在一起,好像他的微笑只能和那个'米'才能相得益彰。几十年间,他经历过无数风风雨雨,一直到他八十多岁的晚年,那种微笑似乎一点也没变。"②

由以上可以得出这样的认识:学生和沈从文在一起,固然是因缘于文学,但所谈并不限于文学,甚至大多在文学之外。他们谈自然、谈社会、谈历史、谈现实、谈文物、谈艺术、谈人生、谈事象、谈个性、谈趣闻……范围极宽,包括甚多,还多以小故事的形式交流。他们所谈的这些对文学创作有作用吗?有。

文学研究人,人生活在环境中,因此搞文学创作的人必须对生活发生兴趣。"小子果学诗,功夫在诗外。"先圣早就说清楚了。此外,还有一个意义,叫做"濡染",亦即梅贻琦所提倡的"从游":"学校犹水也,师生犹鱼也,其行为犹游泳也。大鱼前导,小鱼尾随,是从游也。从游既久,其濡染观摩之效,不求而至,不为而成。"③学生跟随老师,耳濡目染,时间既久,自然获得所求的东西。这就是沈从文把教学实行于课外,通过家庭的课堂辅导方式培养出一批文学创作者的原因。

---

① 汪曾祺:《沈从文在西南联大》,《汪曾祺全集》第3卷,北京师范大学出版社1998年版,第469页。
② 杜运燮:《可亲可敬的"乡下人"》,《长河不尽流》,湖南文艺出版社1989年版,第212页。
③ 梅贻琦:《大学一解》,北京大学等编《国立西南联合大学史料》第1卷,云南教育出版社1998年版,第22页。

郑敏就是这种方式的受惠者之一,她对此有深切的体会。她说:"那时候,很多学生与老师混合住在一起,很多学生晚上就到老师家去聊天,师生关系很密切,身教感觉最地道,甚至有点像从前师傅带徒弟的做法。我觉得那种关系挺好。学生从老师那儿得到的东西非常多。我去过好多次冯至先生家,因为那时候我开始写诗。冯先生教我德文,他太太也教过我德文。我时常到他们家去,跟冯先生聊聊。有一次,我在他家里碰到卞之琳先生来看冯先生,我坐在一旁听他们谈,感觉获益很多。身教很重要,那时我感受身教很明确,学生在言谈之间受益,不见得都要上课才能学到东西。"①

沈从文在"家里"上课是主要的、多数的,但不是唯一的。在教室外面,在路上,在别的地方也有交谈。1941年初,刘北汜、萧荻等租住于金鸡巷4号。由于他俩是冬青文艺社社员,冬青社的社员便常到那里集会。萧荻回忆道:"后来,巴金先生到昆明,也曾在我们那里下榻,他的老友沈从文、卞之琳等先生也常来坐。因此,我们的小楼,一时颇有些联大文人雅集之所的味道。"②沈从文不但自己常去坐坐,与刘北汜、萧荻、王文焘、萧珊、王树藏等"住户"交谈,还把其他文学青年与专家拉去坐坐。有一次他把来昆明的老舍先生拉去与大家谈《小说和戏剧》;又有一次,他把金岳霖先生拉去谈《小说和哲学》。这些"课",在课堂上怎么能听得到?杜蒲和沈从文有一次"翠湖夜话",很有意味,虽显稍长,却也当抄录于此:

> 在昆明的某一时期,沈师和我同住翠湖东北角的文林街。湖与街接榫处,有个门面不起眼的图书馆,名字记不起来了,新书不多,有关地方历史掌故如通志、风物记可不少。我常于课余走去看报看民间歌谣传说小书小故事。沈师有时也来。他借看的是地方志,《黔书》《续黔书》之类大部头的书。他好像和图书馆的主持人很熟。除了很少的例外,老在同一个位子上坐下来。图书馆人从一间特别藏书室中,把一套一套线装书抱了来,放满一桌子,随沈师浏览。照例加上一杯云南普洱茶。图书馆开阅虽有规定,阅读时间并没有严格执行。一般人多半下午3时左右来看书报,5时回家吃饭。见了面,熟人远远打个招呼,说话的机会不多。有一晚,不知何故,沈师和我看书到将近午夜,离开图书馆,不约而同地往翠湖的方向走去。路上没有行人。四周安静极了。沈师和我,默默地像老僧,

---

① 李光荣访郑敏记录,2004年10月6日,北京郑寓。
② 萧荻:《怀念萧珊》,《最初的黎明》,萧荻自印,2005年,第12页。

在一棵树下的长椅上，不知禅定了多久。沈师仍然眼睛半闭，声音小得像是自语："错磨终南翠。"大约他因翠湖联想起西山，想到杜甫的《渼陂西南台》的诗篇吧。我不假思索，接下吟道："颠倒白塔影！"他面上立刻泛起了一份惊讶的表情，对我望了好一会。糟糕，该是我闯祸了。我过于自信，忖度沈师的心境。他吟诵的老杜那句诗，接着下一句应是"颠倒白阁影"。以"白塔"代替"白阁"，一字之差，一咏长安，一指北平（京），当然毫厘之差，失之千里。渼陂，根据仇兆鳌《杜少陵集详注》，离京兆（长安）鄠县5里光景，在终南山诸谷中，合胡公泉为陂，因水美，故配水为名。而渼陂附廓，环绕着的是紫阁、白阁、黄阁，颠倒拱卫，故杜诗云云。唐时杜甫时代的长安，内忧外患，处境和我们对日抗战期间不相上下。沈师触景生情，吟诵那句杜诗，我心中联想到北平北海公园里的白塔。因为中国的历史上有三个古都名城，南京、北平（京）、西（长）安。北平与南京，相继陷落敌手。何时南京北平重归中国版图，使受蒙尘的北海白塔，庆贺金瓯完整，巩固金瓯完整？陈师寅恪当时在蒙自刚写完他的《南湖诗》，诗中有曰"南渡自应思往事，北归端恐待来生"，念来令人心酸。经过我反复说明，沈师认为我的联想新颖，称它为类比的飞越，使其特定的形象，担当了上、下、古、今配合的桥梁。不但说它自无而有，是超越了有无的界线。沈师知我选过罗师膺中的杜诗课，吩咐我继续细心读杜诗，连注解都不要放过。不要贪多，天天读一点。后来，我和沈师谈论写作技巧时，曾以"留连光景惜朱颜"为题，大都引杜诗为例作证。用的是仇注本。①

文学青年与沈从文先生见面，交谈是主要的形式及内容，其他还有送稿、取稿、借书、还书等事。沈从文在昆明为学生修改过多少稿子，已无法统计。同学们去他家，总见他在批改文稿。这其中的部分文稿是学生独自创作而请沈从文审阅的。根据笔者调查了解的情况，西南联大很少有没请沈从文阅读过文稿的文学爱好者，有的学生则所有投出去发表的作品都经沈从文看过。林蒲和汪曾祺不止一次说，他们1946年以前的作品都是经过沈先生之手才投出去的。方龄贵也几次对我说："我那些文章都是先拿给他看，经他修改后才寄到《大公报》或其他报刊去

---

① 林蒲：《投岩麝退香》，《长河不尽流》，湖南文艺出版社1989年版，第156、157页。

的。"①程应镠说:"抗日战争的第三年,我写的一篇以《夜行》为题的纪实文章,发表后又被大西洋杂志译成英文刊载,就是他精心修改的。"②沈从文买过很多书,但他不收藏,同学要看,他借给,有的看后归还,有的就不还了。还不还他都不在意,他借书给谁心中本没有数。他住呈贡桃园新村时,还借书给农民看,村里人来借书,无不有求必应。

稿子看完后,有的提出修改意见退还作者,有的经过他加工润饰,直接给了编辑或者刊发在他编辑的报刊上。王彦铭说:"学生有了佳作,他付邮资介绍给熟识的编辑发表,到你收到稿费和印件时,才知道有这么回事。"③程应镠说:"由于先生的推荐,三九年至四〇年,我负责昆明《中央日报》副刊《平明》的编辑工作,西南联大的学生,有不少在这里发表处女作,汪曾祺大概也是的吧。我还记得的有袁可嘉等。有的后来专治历史,如现在昆明师院历史系主任方龄贵。……从文先生常常拿一个蓝色小包袱到我的住处来,从那里拿出用各种不同稿纸写的文章,有的还经过他亲手修改。"④这种做法一直延续到北平。袁可嘉说:"我当时开始写点新诗和诗论,常常去沈老处求教,他总是笑嘻嘻的把稿子收下,尽快地在他主持的报刊上予以发表。"⑤沈从文不仅推荐文章,还推荐书稿。萧望卿说:"年轻人的书稿他是很关心的,托名作家、学者给写序,设法给书店介绍出版。我的《陶渊明批评》这本书,就是他托李健吾先生向叶圣陶先生推荐,1947年很快就在开明书店出版的。"⑥沈从文奖掖扶持过的文学青年实在不少。

关于沈从文改稿荐稿、借书给他人、帮助文学青年等事,仍是汪曾祺写得较为全面生动:

> 沈先生对青年的帮助真是不遗余力。……他对学生的作品细心修改,寄给相熟的报刊,尽量争取发表。他这辈子为学生寄稿的邮费,加起来是一个相当可观的数字。抗战时期,通货膨胀,邮费也不断涨,往往寄一封信,信封正面反面都得贴满邮票。为了省一点邮费,沈先生总是把稿纸的天头地脚页边都裁去,只留一个稿芯,这样分量轻一点。稿子发表了,稿费寄来,他必为亲自送去。李霖灿在丽江画玉龙雪山,他的画都是寄到昆

---

① 李光荣访方龄贵记录,2004年6月14日,昆明方寓。
② 程应镠:《永恒的怀念》,《长河不尽流》,湖南文艺出版社1989年版,第116、117页。
③ 王彦铭:《忆沈从文先生》,昆明市政协文史学习委员会编《抗战时期文化名人在昆明》(一),云南美术出版社2000年版,第168页。
④ 程应镠:《永恒的怀念》,《长河不尽流》,湖南文艺出版社1989年版,第117页。
⑤ 袁可嘉:《从一本迟出了40年的小书说起》,《长河不尽流》,湖南文艺出版社1989年版,第163页。
⑥ 萧望卿:《永远地拥抱自己的工作不放》,《长河不尽流》,湖南文艺出版社1989年版,第207页。

明，由沈先生代为出手的。我在昆明写的稿子，几乎无一篇不是他寄出去的。一九四六年，郑振铎、李健吾先生在上海创办《文艺复兴》，沈先生把我的《小学校的钟声》和《复仇》寄去。这两篇稿子写出已经有几年，当时无地方可发表。稿子是用毛笔楷书写在学生作文的绿格本上的，郑先生收到，发现稿纸上已经叫蠹虫蛀了好些洞，使他大为激动。沈先生对我这个学生是很喜欢的。为了躲避日本飞机空袭，他们全家有一阵住在呈贡龙街，后迁跑马山桃园新村。沈先生有课时进城住两三天。他进城时，我都去看他，交稿子，看他收藏的宝贝，借书。沈先生的书是为了自己看，也为了借给别人看的。"借书一痴，还书一痴"，借书的痴子不少，还书的痴子可不多。有些书借出去一去无踪。①

沈从文在昆明辅导过的文学青年，大致可以分为西南联大的、旅居昆明的和昆明以外的三类。由于沈从文任教于西南联大的关系，第一类青年为数最多，成效也最大。这一类又可以分为两种：听过沈先生课和没有听过的。听过沈先生课的如汪曾祺、刘北汜、林元、吴宏聪、杜运燮、方龄贵等，没听过沈先生课的如林蒲、赵瑞蕻、郑敏、巫宁坤、袁可嘉等。这一类青年与沈从文的交往上文已说得较充分了。

旅居昆明的文学青年留下的文字材料较少，他们与沈从文的交往情况有些模糊，目前仅知道一些。1941年初春，一个叫邓俊的青年访沈从文不遇，留下一封信和文章。沈从文回宿舍见后，立即给邓俊复信："你文章拟带下乡去，俟下礼拜回城再约你谈天，告给你读后感。"②他们谈话的内容已不可知，但沈从文辅导过这样一位陌生作者是事实。国立艺术专科学校的学生李霖灿和李晨岚，多次访问沈从文，他们有了考察玉龙雪山的打算，沈从文给予支持和鼓励。他们去后，不断地给沈从文寄来信、文章和画作。画作由沈从文代为出售，文章由沈从文推荐到报刊上发表，为他们筹集了不少旅费；来信中所描写的金沙江和雪山风光则使沈从文心驰神往，浮想联翩。他凭借自己的文学经验和才能，靠想象编织了一个优美的故事：《虹桥》。小说用纷纭奇幻、灿烂明丽的文字刻绘了美绝人寰的玉龙雪山景象。后来，李晨岚回昆明，立即向沈从文报告玉龙雪山见闻。沈从文听入了迷。两人谈了整整一夜。天亮时，沈从文总结说："比我所能想象的还要美上十倍，这篇小说是没办法写下去了。"③于是这篇小说有头无尾。而沈从文对李霖灿和李晨岚的影响则

---

① 汪曾祺：《星斗其文，赤子其人》，《汪曾祺全集》第4卷，北京师范大学出版社1998年版，第255、256页。
② 沈从文：《给一个作者》，《沈从文全集》第17卷，北岳文艺出版社2002年版，第424、425页。
③ 李霖灿：《一封不说哀伤文字的追悼信》，《长河不尽流》，湖南文艺出版社1989年版，第122页。

持续了一生,同样他俩对沈从文的崇敬也保持了一生。

  对于外地的文学青年,沈从文的辅导只能是信件了。收在《云南看云集》第二组《新废邮存底》中的12封信便是这样的产物。给沈从文写信的文学青年都是请教文艺问题或者请阅作品的。阅读沈从文的复信,可以知道,复信直接谈文学创作的不多甚至没有。这是为什么?因为这个问题实在不是一封信能够谈论清楚或者说产生效果的。信中讲得最频繁的是国家观念、民族自信、做人、有信心、能坚持等问题。他总是鼓励青年"永远不灰心,永远充满热情去生活、读书、写作"[①]。同时宣传他的"国家重造""文学重造"观念,并希望青年能够坚持不懈地努力下去。这些青年,有云南的,也有外省的。沈从文总是热情而又耐心地与他们写信交谈。

  就这样,沈从文在昆明是文学青年最可信赖的导师和朋友,他的身边总是围绕着一批文学青年。在他的指导、熏染、帮助和鼓励下,产生了一批文学作家,创造了许多优秀的作品,为中国现代文学作出了巨大的贡献。袁可嘉认为:"可以不夸张地说,沈老通过刊物和个人交往栽培了40年代开拓文学一代新风的一批作家群。"[②]

[①] 沈从文:《学习写作》,《沈从文全集》第17卷,北岳文艺出版社2002年版,第331页。
[②] 袁可嘉:《从一本迟出了40年的小书说起》,《长河不尽流》,湖南文艺出版社1989年版,第164、165页。

走过自学道路的语言大师：王力

一、从高小失学到留法博士

1900年8月10日，王力出生在广西博白的一个小村庄——岐山坡。王家祖上三辈都出过读书人，并在科举中取得功名：王力的曾祖父王文田，是清朝贡生；文田公的三个儿子中，长子紫庭（即王力的祖父）在乡里行医，次子早亡，三子方洲15岁就中了秀才，但是不幸在赴乡试的途中因病去世；王力的父亲王贞伦也是从小读书，也在15岁上中了秀才，后来做过小学教员等职。王力就出生在这样一个称得上书香世家的家庭中，从小受到祖父和父亲的启蒙教育。他的曾祖父文田公当年写得一手好字，给儿孙留下了一本亲手抄写的唐诗，这本手抄唐诗就成了王力的幼学读本，也是他习字的字帖，王力一边照着它来练习写字，同时也从上面学会了许多唐诗，并且还能背诵不少诗篇，从小就养成了热爱古代文化的兴趣。他7岁进私塾，跟着先生读《三字经》《神童诗》等传统启蒙篇章，且能一字不漏地背诵。11岁进了县里办的高小，开始接受正规的学校教育。

王力（20世纪80年代摄于北京大学）

王力进入高小那年，正值辛亥革命发生，他当时年纪虽小，但"受了教科书的知识灌输,……已经知道了国家衰弱到了极点。一旦听见革命军在武汉起义,便乐得手舞足蹈,连忙自己动手剪掉了小辫"①,心中期待着国家命运的转机。在他年少的心灵中,已经开始接受民族意识、民主观念和爱国思想的启蒙。

王力高小时的两位国文老师,一位叫陶伯明,另一位叫冯彰全,两人都是县里有名的老秀才,陶伯明还做过县教育局局长,他们的教育给了王力很深的影响。两位先生给学生讲课时,字词准确,文意透彻,内容精到,培养了王力对古文的兴趣和强烈的求知欲。王力不仅能背诵许多古文名篇,如《孟子》《留侯传》《赤壁赋》等,还阅读了《三国演义》《水浒传》《西厢记》等诸多古代作品。两位先生在说话的口音上也很有特点:一个用的是博白本地方言地老话,一个用的是博白凤山的客家话。地老话语音柔润和谐,富有音乐性;客家话声调抑扬顿挫,富有节奏感。他们各自的方音对王力后来从事广西博白方言的研究很有启发。

在王力高小毕业的那年,他给自己改了名字。原来,按王氏的家族字辈排列,王力这一代是"祥"字辈,他原名叫王祥瑛,他的弟弟妹妹分别叫祥瑞(后改名祥珩)、祥禄等。王力上高小后,觉得自己的名字比较俗套,又容易跟别人的名字相同,于是请老师为他改名,老师给他取名"渭华",他仍觉不满意,就自己改名为"王力",取字"了一"。他后来自己说:"为了避免雷同,有些雅人采用偏僻的名字,我本人就是其中的一个。在十五六岁时,我嫌父亲所给的名和老师所给的字都太俗,太普遍,于是自己改名为'力',改字为'了一'。"②他当时说自己的名字"力"是冷僻字,是因为在中国几千年的儒家正统观念中,人们普遍认同王道以德,霸道以力,所以多用"仁德"之类的字取名,而不愿用"力"之类的字,故"力"是僻字。不过在今天看来,"力"字已不是什么僻字,反而成了许多人取名常用的字。王力成名后,曾有人对他的名和字的含义作了多种猜测和解释。其实按王力自己的说法,之所以取"力"为名,以"了一"为字,仅仅是因为简单,不重名。

王力14岁高小毕业,这时家中的经济境况已十分窘迫,全家七八口人只靠几亩薄田度日。他父亲曾教过高小,行过医,做过小生意,在外县当过小职员,但收入微薄且不长久。再加上当时博白县里没有中学,上初中要到百里以外的玉林县去,花费更大,父亲只好让他辍学回家,但许诺今后家庭境况好转再让他继续念初中。

没想到这一辍学就是十年。

王力辍学后,起初帮家里干点活,大多数时间仍然痴迷读书,埋头自学,其

---

① 王力:《苦尽甘来》,《龙虫并雕斋琐语·清呓集》,商务印书馆2002年版。
② 王力:《姓名》,《龙虫并雕斋琐语·瓮牖剩墨》,商务印书馆2002年版。

用心之专，还曾闹出过拿粽子蘸砚台里的墨来吃而不觉的趣事。1916年，由父母做主，16岁刚出头的王力娶了亲，妻子是博白龙树堂村的农家姑娘，没有文化，嫁到王家后才取名秦祖瑛。第二年，生下长子。从此，王力担起了家庭的担子。

王力三弟祥珩7岁时，到了该上学念书的年纪，但家中实在贫困，连给私塾先生送束脩都成了难题。为了给家里节省开支，王力就担起了教弟弟念书的责任，自己在家里给弟弟上课。村里另有几户人家原本就很赏识王力的才学，听说王力给弟弟开课，也把自家的子弟送到王力家来跟着他念书。于是王力就在自家厢房的正屋设了一个小课堂，开始他的教书生涯，当起了私塾小先生。王力一边教，一边学，他给学生上课很用心，用心就得认真准备，这样对他来说也是一个很好的自学过程。因此，当小先生使王力的学问大有长进，他这时写出的文章已经很有些老道了。下面是他写给弟弟祥珩的一篇短文：

　　余弟祥瑞，有宗兄同名，爰请于余曰："盍为弟易之？"因易其名为祥珩，字曰若石。夫若石者，取其谦恭之意焉；且夫处世若石之坚，持躬若石之洁，亦为兄所切望于弟者，因以字之，使常融于目而警于心，庶可为修身之一助云耳。既以此意矫之，复从而为之说。

王力给弟弟改了名字，并写下这篇短文来表述改名的缘由及取字的用意。短短百余字中，无论叙述还是议论，无不精当妥帖，并且立意高远，既阐述了"若石"的含义，又表达了为兄的期望。这样的文章出自一个17岁的高小毕业生，确实是不同寻常。

王力的一个私塾弟子，其家长是村中的一位乡绅，名叫王礼贤。这位乡绅后来到县城任职，并把家也迁到了县城，他很看重王力的教书本领，对王力的文章人品也很赏识。他搬到县城后，便聘请王力到自己家中当家庭教师，继续教他的子女读书。这样王力就到了博白县城，做了一名家庭教师。

王礼贤家隔壁有一位邻居叫李荫田，是县里的名士，做过县立高级小学的校长和县教育局的督学。李荫田是个风雅文士，喜欢吟诗作对，经常组织县里的一些文人举办对联比赛、缀句、赛诗会之类的活动。李荫田在王礼贤家接触了王力之后，也很欣赏他的才华，因此每当举办对联比赛等活动时他也会邀请王力参加，而王力几乎次次获奖。

有一次缀句比赛活动，王力也参加了。缀句其实就是一种文字填空，由主持者出题，其中首尾的字是固定的，要求参赛人填出中间的字，使之与题面上的首尾两字组成完整的一句。那一次出的赛题是：

一〇〇〇〇〇〇〇〇心。

有的参赛人胸襟狭隘，不问国事，填的多是些醉生梦死、无聊颓废之事，例如什么"一日三餐，佳肴美酒最关心"、"一妻两妾，夜梦销魂最开心"之类。

而年轻的王力却出语不凡，他填的句子是：

一瓯百缺，支那现象最伤心。

寥寥十一个字表现出心系国运的博大胸襟和情怀，遣词用字妥帖巧妙，并与题面上的字前后连缀天衣无缝。他的缀句受到大家一致称赞，被评为比赛第一名，列在榜首，并且还用红纸张榜贴在县城东门的城墙上。从此，"王了一"就在县城出了名。

李荫田看到王力在参赛中表现的才华，又到王礼贤家听过他讲课，内心十分喜欢这位小老师。李荫田的老家在大车坪，他自己也常常住在乡下，于是便邀请王力到他的家乡去做家塾教师。王力也很敬重李荫田的风雅文才，很愿意与这样有学问的人相处，以便切磋交流，就接受了邀请，随李荫田去他的家乡大车坪做家塾教师了。那年王力20岁，他在大车坪教了一年多的书。

大车坪的"家庭私塾"，是十多户人家合办的，由大家凑钱请老师来教他们的子弟，老师按月轮流到学生家中吃饭。有一天，王力到学生李子初家里吃饭，偶然发现他家藏有很多书，装在十四个箱子里，一问得知这些书是这家主人的父亲李月庄的遗物。李月庄是一名晚清拔贡，曾经在广州著名的广雅书院读过书，并且很受书院山长的赏识，对于经史理文、词章文学都有很高的造诣。这些书不仅内容丰富，经史子集、天文地理、医卜星象俱全，有些还是极好的注疏本，其中还有书籍主人的大量读书笔记。王力从来没有见过这么多的书，他欣喜若狂，便向主人请求借书来看。主人本来就很赏识这位好学上进的青年教师，何况还与王力家有些沾亲带故（王力的姑妈嫁到大车坪），便非常爽快地答应了。王力真是喜出望外。学校放假的时候，他辞去了大车坪的教书工作，雇人将这十四箱书运回家去。

王力得到了这批书籍，如同进了宝山，如饥似渴地一头扎进其中。这些书及其主人的读书笔记对于只上过高小的王力来说，不仅使他眼界大开，知道了天下之大，学问之广，而且还使他初步领悟了治学的途径和方法。发现这14箱书，是王力人生道路上的一个重要契机，王力从中获取了丰富的知识，为今后的求学和发展打下了坚实基础。他后来说："这十四箱书，对我后来的科学研究有多大影响，当时我不知道，后来我才懂得。"①

王力还邀约村里七八个志同道合的青年组成了一个"民十书社"（那一年是民国十年），大家共同研读这些书，一起探讨学问，交流切磋。书社在当时小有名气，后来这批有志青年都外出求学，成为学者。在王力等人的带动下，村里的好些人家也支持自己的孩子读书求学，使岐山坡后来成为全县出读书人最多的村庄。

在20世纪20年代初，博白县兴办了两所新式学堂，其中一所办在大平坡，是村里的李姓人家共同创办的一所完全小学，叫做"李氏开国学校"，校长是村里的开明士绅李慎西。李慎西听人说王力书教得好，便聘请他到开国学校来任教，一开始因为王力只有高小学历，就安排他教初小的课。不久李慎西就发现王力的学识和教学水平都远胜一般初小教师，于是提升他为高小教师，还把他的年薪由八十小洋增加到一百六十小洋，并亲自送到王力家中，以示器重。

王力在李氏开国学校任教三年。他依然一边教书一边自学，除了学习传统的知识外，还向同事学习代数和英语，虽然学到的东西很有限，但是却充分体现出他的好学精神。校长李慎西和同事见他如此勤奋上进，都觉得他在小学教书太屈才而为他惋惜，便鼓励他外出求学。继续求学一直是王力的梦想，只是由于家庭的困境才使他没能走出县城，去实现这个愿望，现在校长和同事的鼓动又重新点燃他内心的希望。但此时王力已有二子一女，他的父亲又远去印尼谋生，所以他肩上的负担十分沉重。还是校长李慎西和同事李春馨给予了他真诚的鼓励并资助他一百多元小洋做盘缠，于是王力坐船来到了上海。他终于在辍学十年之后，重新踏上了求学之路，同时也开始了他走向大师的人生之路。

1924年秋，王力进了上海私立南方大学国学专修班。南方大学并不是他理想的学校，但由于这所学校入学时免试外语和数理化，这对于只有高小学历，没有受过中学教育，因而也不具备英语和数理化考试水平的王力来说是最好的选择了。王力辍学十年，一旦重新获得读书的机会，勤苦发愤自不必说。他从前没有学过英语，因此刚进大学时他的英语水平和成绩常常受到老师的指责和批评。于是王力对英语倍加用功，抓紧时间背诵单词，又细心揣摩语法，到了第一学期期末考试时，他的

① 王力：《我的治学经验》，《龙虫并雕斋琐语·增补拾遗》，商务印书馆2002年版。

英语竟然得了满分。这不仅让老师和同学刮目相看,也给王力自己增添了信心,专业学习也更加用心了。第二年,南方大学校长江亢虎因为支持封建复辟活动受到社会舆论和全校师生的群起反对,王力也参与了学潮并在14位教授和3名同学发起的"驱江"文告上签了名。后来联名发表"驱江"文告的教授和学生都被学校除名,而这些被除名的14位教授自己办起了一所新的大学,叫做国民大学,王力也就跟着转入了国民大学学习。

王力在国民大学学习一年后,写出了他的第一本学术著作《老子研究》,这本著作1928年由上海商务印书馆出版。《老子研究》紧扣老子自然无为的主旨,分章节阐述老子的思想。这样一部哲学研究著作出自一个二十多岁的大二学生之手并且获得出版,充分显示了王力的学术潜力。

1926年,清华大学国学研究院在全国公开招收研究生。对报考者有如下要求:一、大学毕业;二、或在中学任教五年;三、或从名师研究并有心得者。王力此时刚上到大二,先前也只教过小学,因此头两条均不符合,但第三条所说的"从名师研究并有心得者",倒值得琢磨:当时他就读的国民大学,是请章太炎挂名做名义校长的,虽然王力并未直接聆听过章太炎的授课,只是在开学典礼上从台下远远地看到过这位著名人物,但若以"师从名师章太炎"的名义去报考,或许还是说得过去。果然,王力以这个条件去报名并被获准了。于是王力参加了清华大学国学院招收研究生的考试。清华国学院的入学考试题很特别,人们称之为"四个100",即:写出100位古代人名,包括他们各自所处的时代与主要著述;写出100个古代地名,包括今天与之对应的地名;写出100部书,包括每部书的作者;写出100句诗词,包括它们的出处。这"四个100",目的主要在于考查学生的知识面与阅读量,考生必须具有宽广的学识和深厚的国学基础,否则是不可能完成的。考试结果,王力在研究生班招收的32名学生中,考了第26名,被录取了。可以说王力的成功更主要的还是靠他十年自学打下的坚实基础,同时还得力于那十四箱书扩宽了他的知识和视野,否则仅凭他在大学两年的学习是远远不能具备这样厚实的功底的。

清华国学研究院总共办过四届,王力属于第二届。当时在研究院执教的是梁启超、王国维、赵元任和陈寅恪,每一位都是名望显赫、屈指可数的大师。梁启超主讲中国通史,王国维主讲《诗经》《尚书》和训诂学,赵元任主讲音韵学,陈寅恪主讲佛教文学。在四位导师中,赵元任对王力影响最大。赵元任是中国现代语言学的奠基人之一,他本人具有极高的语言天赋,懂得英、法、德、日多门外语,掌握了现代语言学理论和研究方法,并运用到汉语音韵学的研究中,故他对音韵学的讲解为前人所不及。王力很敬佩赵元任的语言天赋和学识,他本来对语言学就很有兴趣,于是选择了语言学作为自己研究的专业,确定了自己的学术道路。在这一届32个学生中,跟赵元任先生学习语言学的,只有王力一人,因此师生二人关系十分密切。在学术方法上,王力受赵元任影响很深。王力进入国学研究院不久,就陆续发表了好几篇语言学方面的论文,有《文话平议》《三百年前河南宁陵方言考》《浊音上声变化说》《谐声说》等。当时清华大学研究生的学习期限一般为一年,如果想继续深造,也可以选择两年或三年。王力根据自己的情况打算只学一年,于是他在清华国学研究院学了半年之后就着手准备毕业论文。他的题目是《中国古文法》,这个选题是他还在上海读书时就开始酝酿的,论文由梁启超和赵元任两位导师负责指导。王力原本想将它写成一部书,分《已固定之文法》和《文法未固定时代》两卷共十章,但因为时间不够,只写出了前两章:《总略》和《词之分类》。在这两章中,王力就有不少富于创见的观点,例如他提出的死文法与活文法的区别,词有本性和准性的说法以及反对"削足适履"、反对"以英文法为楷"等,都是超出前人的见解。梁启超看过以后,对王力论文的创见给予了充分肯定和评价,他写的总评语是"精思妙语,可为斯学辟一新途径。第三、四、五章以下,必更可观,亟思快睹"。梁启超还在文中写下"卓越千古,推倒一时"的眉批。一位大师能对学生的论文下如此之高的评语,至少说明论文确实有其独到之处。但是赵元任却找出了王力论文中尚不够严谨的地方并给予严厉的批评,例如针对王力论文的一处附言中说"反照句、纲目句在西文中罕见",赵元任的批语是:"删附言!未熟通某文,断不可定其无某文法。言有易,言无难!"①两位导师的评语截然相反,一褒一贬,但这并不等于他们的观点相左,也不是对王力论文的全盘肯定或全盘否定,而是着眼点不同,两者是相辅相成的。王力从中深深领悟出做学问的门道,这就是:既要创新开拓,又要严谨求实。王力后来把"言有易,言无难"六个字作为自己的座右铭,常用它来提醒自己。他对人说:"赵先生这句话,我一辈子受用。"

王力在清华大学学习的一年对他后来从事的专业和学术研究影响极大,他曾经说:"如果说发现14箱书,是我治学的转折点,使我懂得了什么是学问,那么,研究院的一年,就是我的第二个转折点,有了名师的指点,我懂得了到底应该怎么做学问。"

在离开清华大学前,王力就自己毕业后的去向问题征求赵元任的意见。赵元任建议他到法国去继续深造,因为法国有世界著名的语言学家,他希望王力进一步学

---

① 王力:《怀念赵元任先生》,《龙虫并雕斋琐语·增补拾遗》,商务印书馆2002年版。

习语言学方面的东西，以期将来有所发展。

王力相信老师的建议对于自己今后学业的长进和事业的发展一定最有价值，但是当时他最大的困难是继续求学的费用没有着落，甚至连出国的路费都没有。一位在银行工作的同乡得知他出国求学的决心，就借给他40英镑作路费。有了路费，王力就在1927年冬天从上海启程赴法国巴黎大学留学。他乘坐的法国邮轮途经印尼，王力见到了父亲，向父亲讲述了自己出国留学的打算，希望得到父亲的援助。但他父亲一时筹不到钱，还是在印尼的博白同乡伸出援助之手，给他凑了一笔款子，王力这才到了法国。

在去法国之前，王力曾跟国内的一位白俄教师学过一个月的法语，但仅只是学会了法语的基本发音，并没有掌握多少单词，更谈不上用法语会话。王力初到法国，特意找一个没有华人的地方居住，以便自己多跟法国人交往，尽快学会法语。他进了一所语言补习学校，语言进步非常快，半年时间就连升三级，从初级班到了高级班，掌握了较全面的听说读写能力，不仅能听能说，还可以直接阅读法国报刊和文艺作品。第二年，他在上海读书时的一位老师李石岑来到巴黎，王力为老师去办入境手续，他同法国人交谈应答自如，很快就办完了手续。李石岑见他的法语如此流利，非常赞叹。

王力在法国最初靠父亲寄钱资助，但家中负担实在太重，每月寄给他的100盾荷币是全家人维持基本生活开支外的全部结余，父亲还为他向同乡们借了不少债。后来由于欠债太多，他父亲实在无力继续支持他了。王力没有办法，又不愿中途辍学，他向李石岑老师讲了自己的困境。李石岑十分同情王力的困难，他看王力法语掌握得不错，又有很好的文学功底，就建议王力翻译一些法国文学作品，由他介绍投给自己在国内的朋友叶绍钧（叶圣陶）帮助出版。叶绍钧当时是商务印书馆的编辑，是个热心帮扶后学青年的前辈，他曾帮助朱光潜等在国外留学的学生出版过译作。王力按老师的建议，很快就翻译出莫洛亚的小说《女王的水土》，由李石岑推荐寄给了叶圣陶。叶圣陶在收到王力的第一部译著后，很快就给王力回了信，对他的译作给予很高的评价，信中说："'信''达'二字，钧不敢言，'雅'之一字，实无遗憾。""信、达、雅"是当时严复对翻译作品提出的三个标准，分别针对译文的准确、流畅和优美而言。叶圣陶不懂法语，所以自谦说自己对译文的准确流畅等方面"不敢言"，但他以一个文学家的眼光，夸赞王力的翻译在语言优美方面"实无遗憾"。叶圣陶表示将尽快出版王力的译作，并希望他继续翻译更多的作品。就这样王力靠翻译文稿挣取稿费来维持自己的生活和学习开支，度过了他在法国的后两年留学生涯。这期间他翻译的作品除莫洛亚的小说《女王的水土》外，还有纪德的小说《少女的梦》和小仲马的剧本《半上流社会》等。王力翻译法国文学作品本来是为了解决自己的生活困难，但在客观上却起到了促进中法文化交流的作用，他自己也因此成为颇有名气的翻译者，在翻译界获得了声誉。因为这段文字缘，王力后来常常说自己是叶圣陶的"私淑弟子"，一直不忘这位前辈对自己的扶掖。

王力在巴黎大学选择了语言学作为自己的专业，主要攻读实验语音学。实验语音学是语言学中的尖端学科，涉及自然科学和社会科学的许多领域，如生理学、物理学、数学、心理学等。王力为了全面掌握实验语音学这门学科，花了许多时间和精力去学习与之有关的各方面的知识。王力还听了著名语言学家房特里耶斯讲授的普通语言学，普通语言学是通过对世界各民族语言的比较分析概括出来的科学结论。此外王力还广泛接触到了历史比较语言学的理论与方法，系统地学习了西方语言学理论，这为他后来在语言学研究中继承和发展中国传统语言学，建立中国现代语言学的新体系提供了条件，也为他在汉语语音、汉语语法、汉语词汇等方面的研究打下了坚实的基础。王力的博士论文，是用实验语音学理论来分析研究他所熟悉的具体语音现象，他以'博白方音实验录'为题，用法文写成了10万字的博士论文。在研究中，王力发现博白方言是迄今汉语方言中调类最多的一种，他的论文精确翔实地描述了博白方言的语音系统，具有较高的学术价值，是用科学理论和方法来研究汉语语音的一个良好范例。1932年，王力顺利地通过了博士论文答辩，获得了巴黎大学文学博士学位。据说，截至王力获得巴黎大学博士学位时，几十年来东方学者在巴黎大学取得博士学位的只有九个人，王力是其中之一。他的博士论文《博白方音实验录》由巴黎大学出版社出版，得到法国语言学界的关注。

就这样，王力从高小失学，到私塾先生和小学教师，凭着顽强不息的十年自学，奠定了坚实的知识基础，以高小学生的学历考进了大学，再以大二学生的资历考进清华国学研究院，最终进入法国巴黎大学学习并取得博士学位，一步步走完了他艰苦而卓越的求学道路。

二、著作等身的语言学大师

王力获得了博士学位后，打算回到国内发展，实现自己建立中国现代语言学体系的宏愿。他给清华大学写了信，表达了想回清华大学任教的意愿。清华大学很快就回信表示欢迎，还给他寄来了回国的路费。王力便在1932年夏启程，踏上了回国之路。在回国途中他又顺道去印尼看望了父母，并登门拜谢曾借钱给他父亲支持自己留学的乡亲们，表示今后自己会承担起替家中偿还债务的责任。

王力回国后就到清华大学就任，受聘为中国文学系专任讲师。清华大学不设副教授，专任讲师就相当于当时北京大学的副教授。王力从此开始了新的人生旅程，他的内心充满了对新生活和事业的憧憬与向往，同时也为自己的婚姻而苦恼。王力16岁由家庭包办与秦祖瑛结婚，婚后他大部分时间在外乡教书，后来又到外地求学，虽然他们已有三个子女，但夫妻之间谈不上感情，秦祖瑛没有文化，而王力是留法博士，两人之间的巨大差距使他们确实无法在一起共同生活，他打算向秦祖瑛提出离婚。王力是个孝顺的人，离婚大事不能擅自做主，他给父母写了信征求他们的意见。他的父母在印尼生活多年，思想上比从前开明许多，他们看到自己给儿子包办婚姻造成的不幸，也同意儿子的选择。秦祖瑛嫁到王家十六年，勤劳善良，王力多不在家，后来王力的父母也去了印尼，她就一直与王力的继祖母一道艰难地支撑着家庭，养育儿女。她看到村里其他外出读书的人一个个回来解除了原来的包办婚姻，王力学成归来了，秦祖瑛明白自己与王力解除关系只是早晚的事。1932年秋天，王力回到岐山坡，与秦祖瑛商量解除婚姻关系的事。王力体谅秦祖瑛的处境与心情，并感激她在王家多年勤俭操持，侍奉老人，养育儿女，他表示离婚后秦祖瑛可以继续住在王家，与子女一道生活，自己今后也会一直给她寄生活费和子女的教育费。秦祖瑛虽不情愿，但她也是要强的人，知道勉强维持也没有意义，就签了离婚书。之后秦祖瑛仍然像从前一样住在岐山坡的王家，同王力的继祖母一道种菜、养猪、织布，抚育三个儿女并把他们培养成才。王力也一直定期给秦祖瑛寄生活费和子女的教育费。

王力在清华大学教书，有了固定的收入，但因为家庭负担较重，留学期间他父亲又向别人借了不少钱，王力一方面要负担前妻及子女的生活教育费用，又要寄钱给父亲还账，故他虽然工资不低，日子却过得很紧。为了尽快偿还债务，王力除了教学之外，其余大部分时间都用来撰写文稿和翻译外国文学作品，就想多挣点稿费。从1933年到1935年之间，他为《万有文库》撰写了《论理学》《希腊文学》和《罗马文学》三个单册，翻译出版了《莫里哀全集》等十几部外国文学作品，其中仅1934年间就出版了《屠槌》《恋爱的妇人》《小芳黛》等译作十二种。

虽然王力的专著和译作出了不少，但是却因此影响了他在专业学术方面的研究，从而影响了他按期晋升教授。按照清华大学的规定，专任讲师任职两年就可以升为教授，王力是1932年夏受聘到清华大学的，按惯例来说到1934年夏他就可以晋升为教授了，但学校给他发的下一年度聘书上依然是专任讲师。这其中的缘故并不是王力的教学有什么问题，相反他上课很受学生欢迎，而是因为清华大学晋升教授首先注重的是学术成就，虽然王力在这两年中出版了不少书，但都不是专业学术方面的成果，所以没能通过晋升考绩。为这事王力曾去找系主任朱自清，问为什么没有按时给自己晋级。朱自清是个温厚的人，并没有当面指责他，只是笑而不答。后来王力领悟到原因是自己两年多来"不务正业"，没能拿出像样的学术成果，所以才影响了晋级。从这以后，王力就潜心于专业学术研究工作，从1935年到1937年间，相继完成了论著《中国音韵学》和《中国文法学初探》《中国文法中的系词》等重要的学术论文。

《中国音韵学》（后改名为《汉语音韵学》）是王力从事语言学研究的第一部富有创见的著作。这是一部音韵学教材，是抗战前经国民政府教育部认定的"大学丛书"之一，由商务印书馆出版发行。王力用现代语音学理论解释传统音韵学的概念，叙述了传统的今音学（《广韵》音系）、古音学和等韵学的基本内容，对传统音韵学的一系列名词术语作了解释，并对前人的著述作了简要的评价。《中国音韵学》还有一大突出特点是资料丰富，各章节后面附有大量参考资料，其篇幅甚至超过正文，给初学者提供了极大的方便，减省了搜集资料的麻烦。《中国音韵学》继承和改造了传统的音韵学，建立了现代音韵学体系，使音韵学不再是"绝学"，这对普及音韵学知识和培养人才都是很有价值的。

《中国文法学初探》《中国文法中的系词》两篇文章标志着古汉语语法研究进入了一个新的时期，即不以构建完整的语法体系为目标，而以对历史语法的某些现象进行描写研究为主的时期。《中国文法学初探》对中国语法学界自《马氏文通》以来生搬硬套英语语法的研究状况提出批评，对汉语语法的特点和研究方法进行了初步探讨，第一次明确地提出汉语历史语法研究的任务。《中国文法中的系词》一文具体论证汉语里系词从无到有的历史演变，指出系词在古代汉语里不是必要的，汉语的句子也不一定都要有动词，这揭示了汉语不同于印欧语言的一个突出特点。论文考察详尽，引例丰富，是第一篇真正研究汉语语法发展史的论文。

《中国音韵学》《中国文法学初探》和《中国文法中的系词》等专著和论文奠定了王力在学术研究方面的基础。1935年，他被升任为教授。

1933年，王力经朋友介绍结识了他后来的妻子夏蔚霞。夏蔚霞是江苏人，也出身于书香之家，她父亲是清末秀才，还中过榜首。夏蔚霞就读于苏州景海女子师范学校，毕业后就留校当了图书管理员，那年刚满20岁。景海女师是一所教会办的学校，条件不错，夏蔚霞在这里受到很好的教育，她会弹钢琴，还懂英语，人也长得秀气。她知道王力离过婚，还有三个儿女，家中负担很重，但还是被王力坦诚的品性和出众的学识才气所吸引。他们相识两年后，于1935年在苏州举行了婚礼。婚后，夏蔚霞随王力来到北京，住进清华大学新南院43号。夏蔚霞从小一直生活在南方，初到北京时，乡音很重，国语讲不好，王力常常要给她纠正发音，于是他就专门给夏蔚霞写了一本学习说国语的小册子。夏蔚霞照着小册子来练习，不久国语就说得很流利了。王力是语言学专家，为妻子写这本小册子，可以说是把他的研究专长运用到"家"、发挥到"家"了。1936年，这本小册子还由南京正中书局正式出版，书名叫做《江浙人学习国语法》，书的扉页上印着"献给蔚霞"四个字。1955年北京文化教育出版社将该书再版，并改书名为《江浙人怎样学习普通话》。

1937年"七七事变"后，抗战全面爆发。清华大学奉教育部令南迁，与北京大学、南开大学联合组建长沙临时大学。9月10日王力得到学校南迁的口头通知。9月14日，他带着妻子和弟弟离开北平，途经天津、青岛、济南、徐州、郑州、武汉等地，辗转前往湖南长沙。在天津车站出站时，王力夫妇还被带到日本宪兵司令部盘查，王力以"学校停办，自己被遣散还乡为由"才得以脱身。就这样历尽艰辛，一个月后才到达长沙。这时，离长沙临时大学开学的日子（11月1日）还有一段时间。王力是个一有空就要看书思考的人，但由于逃难在外，无论学校还是个人带出来的书都很少，找不到书来读，让他很是苦恼。当时学校还未上课，空闲时间较多，王力就常常去逛书店和书摊。有一次他偶然从书摊上买到了一部《红楼梦》，后来又买了《儿女英雄传》。这两部小说都是用清代北京口语写成的，虽然《红楼梦》距当时已经两百多年，《儿女英雄传》也有六七十年，但现代北京语法还跟这两部书差不多，只是词汇变换得较大罢了。王力从中受到启发，决定以这两部小说作为语言素材，探究现代汉语语法规律，揭示汉语语法特点，写一部现代汉语语法讲义。于是他投入到对这两部小说的语言分析、选择和整理工作之中。12月，南京沦陷，长沙告急，临时大学决定再次南迁，前往昆明，并改称国立西南联合大学。王力此时接到广西大学的邀请，希望他前去讲学。他考虑到学校长途搬迁需要一个过程，再说乡情难却，就向清华大学请了半年假，前往广西大学讲学，担任文史专修班主任。空余时间他仍然继续研究和撰写《中国现代语法》讲义。

1938年暑假后，王力在广西大学的讲学期满，他离开了桂林前往昆明，此时西南联大已在云南开课一个学期了。王力在西南联大讲授的课程是"语言学概论"和"中国文法研究",他将自己刚完成的《中国现代语法》初稿印成讲义,提供给学生使用。朱自清和闻一多看了这个初稿都很赞赏,闻一多还建议他将《中国现代语法》讲义分为《中国现代语法》和《中国语法理论》两个部分,作为各自独立的两部书稿。王力接受了闻一多的建议,用了一年多的时间进行修改,于1942年完成。这两部书各分上下册,从1943年至1945年间分四次陆续由重庆商务印书馆出版,1954年中华书局重印了这两部书。

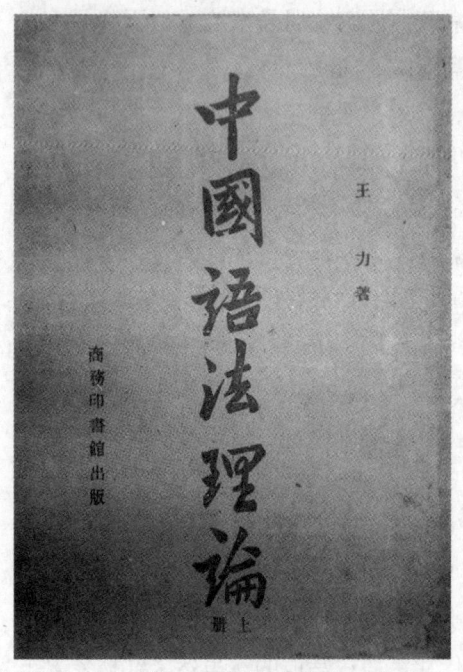

《中国语法理论》的价值首先体现在它对汉语语法特征的重新定位。王力认为中国语法的特点是汉语的构成方式,也就是汉语的造句法,而此前研究中国语法的人往往将重点放在词的分类和术语问题上面。王力的观点在当时是一个有创见的新观点。《中国现代语法》就按这一新观点,根据现代汉语的特征去分析汉语的造句法。

《中国现代语法》以《红楼梦》和《儿女英雄传》中的语言为研究对象,细致深入地对中国现代语法进行了分析。它改变了《马氏文通》以来模仿西洋语法的格局,根据谓语的不同性质,将句子分为以动词为谓语的叙述句,以形容词为谓语的描写句和在主语谓语之间有系词"是"

《中国语法理论》(商务印书馆版)

连接的判断句三类。将复合句分为等立句和主从句两种。将简单句分为递系式、能愿式、使成式、处置式、被动式、紧缩式六种。对语法成分也按汉语的特点作了分析和叙述。朱自清为这部著作写了长达六千多字的序言,他认为王力"根据他看到的中国语的特征,提供了许多新的意念,奠定了新的语法学的基础";朱自清还说"本书描写现代语,给我们广博的精确的新鲜的知识,不但增加我们语言学的兴趣,并且增加我们生活的兴趣,真是一部有益的书"。①

接着,王力又应上海开明书店之约,完成了论著《中国语法纲要》,1946年出

---

① 朱自清:《中国语的特征在哪里》,《朱自清全集》第3卷,江苏教育出版社1996年版,第57、61、66页。

版，1957年上海新知识出版社再版时改名为《汉语语法纲要》。《中国语法纲要》《中国语法理论》和《中国现代语法》三部专著，是王力在极其艰苦的战争环境中对汉语语法进行全面研究取得的奠基性成果，由此建立了较为完整的汉语语法体系，在汉语语法史上打开了新的一页。

除了研究汉语之外，王力还关注到其他国家和民族的语言。他本来懂得英语和法语，对西方语言有所了解，但对于东方语言，除了汉语之外了解甚少。当时按清华大学的规定，教授任教满四年，可以享受一年的学术休假。1939年，该轮到王力休假了，他打算利用这个机会，申请到越南河内的远东博古学院去进修，因为那里有许多东方语言方面的藏书，他想通过进修，进一步了解与汉语有着较密切关系的东方语言。本来当时西南联大有规定，战争期间教授休假一律不得出国，但考虑到王力去越南是学术研究所需，于是破例批准了他的出国申请。于是王力就带着妻子到了越南。在越南远东学院，王力阅读了大量的东方语言书籍，了解了越南语、吉蔑语（柬埔寨语）、暹罗语（泰国语）等东方语言，尤其对越南语和汉语进行了系统的比较分析，收获颇丰。从越南回国后，王力向学校提交了这次出国休假研究情况的书面报告：

……兹将一年中所作之研究工作分别报告如下：（一）越南语（着重与汉语之关系）；（二）吉蔑语（即柬埔寨语）之文法部分；（三）暹罗语之文法部分；（四）苗语及傣语之大略；（五）梵文之文法部分；（六）西人关于汉语之著作在国内未得见及者；（七）普通语言学之著作在国内未得见及者。其中费时最久颇有所知者为越南语，尤以汉字音在越南之演变及近古越南文字（喃字）之构造为特别留心之点。本年度（廿九年至三十年）拟在国立西南联合大学开"汉越语研究"一科，冀收教学相长之效。一年来所手录东方语言参考资料（法文及英文）共四百页，装订成册，如承索阅，即当呈上。特此报告。①

从报告中我们可以看出，在进修期间王力的学习和研究效率相当惊人，成绩也是十分显著的。王力发现越南语中有不少汉语借词，越语和汉语有密切关系，他后来将自己的研究写成论文《汉越语研究》，1948年在《岭南学报》上发表。这篇论文至今仍被研究者推为国际上研究汉越语的权威论著。

---

① 《王力出国休假研究情况报告》，北京大学等编《国立西南联合大学史料》第4卷，云南教育出版社1998年版，第452页。

1945年8月，抗战胜利。1946年5月4日，西南联大结束在昆办学，三校各自准备北返。这时王力过去在清华国学研究院时的一位同学孔德从广州中山大学给他发来邀请，希望他利用清华大学迁校北返的间隙到中山大学讲学两个月，并希望他能再邀请一位教授同来讲学。孔德当时是中山大学校长王星拱的秘书，因此代校长出面邀请王力。王力难以推辞，于是就带了家人前往广州中山大学，还邀请了外文系教授吴达元一同去讲学。两个月讲学期满时，中山大学校长王星拱再三挽留王力继续留在中大，并聘请他担任文学院院长。盛情难却，王力只好答应先留一段时间。吴达元按期返回清华大学，王力留在中山大学，并写信辞去了清华大学的职务。

王力在中山大学一上任，就对文学院进行了大的改革，他把中国语言文学系分为中国语言学系和中国文学系。过去的大学都是把语言学专业和文学专业放在中文系名下，西南联大时期闻一多曾提议把中文系和外文系合并之后再重新组建为文学系和语言学系，但是他的愿望未能实现。王力在中山大学建成了国内大学的第一个中国语言学系，这是一个开创，并因此为中国语言学的研究和发展培养了一批专门人才。

王力在主持中山大学文学院工作期间，还抽空将他过去在西南联大时期开过的"诗法"课讲义加以整理和补充，写成了专著《汉语诗律学》。这部书写成于20世纪40年代后期，但出版的时间较晚，1958年由上海新知识出版社出版，1962年、1979年上海教育出版社两次再版。《汉语诗律学》吸收了清人的研究成果，融汇了王力自己的创见，对中国古代诗词的格律和语言特点进行了系统全面的研究，首次全面、系统地总结了汉语诗、词、曲的格律，并从语言学的角度研究了诗、词、曲的语法特点。全书分"导言"和"本论"两个部分。"导言"部分阐述了韵语的起源及其流变、平仄和对仗、句式和语法特点等有关知识和规律；"本论"又分五章分别论述近体诗、古体诗、词、曲、白话诗和欧化诗。20世纪60年代初，王力又相继撰写出版了《诗词格律》《诗词格律十讲》等大众化的普及性读物，这些著作得到了中外研究者和诗词爱好者的普遍重视和欢迎。

1948年，王力辞去中山大学职务，准备回清华大学。新任岭南大学校长的陈序经听到消息，便立即找到王力，诚恳地邀请他到岭南大学去担任文学院院长兼学校顾委会委员。岭南大学是美国基金会办的学校，华侨捐款较多，注重学术自由的风气，当时陈寅恪、姜立夫等著名教授也受聘于此。陈寅恪早在王力上清华大学国学研究院时就是清华大学的著名教授，姜立夫曾是中央研究院数学研究所所长，是我国现代数学领域最有成就的代表人物。陈序经是王力在西南联大时的同事，曾任西南联合大学法商学院院长，当时还推荐王力担任昆明粤秀中学校长，解决了王力的许多经济困难，可以说有恩于王力。陈序经想把岭南大学办成国内一流的大学，所以不惜代价招聘一流人才。王力接受了聘任，到岭南大学去任职。他在岭南大学除了主持文学院的工作外，大多数时间致力于学术研究。他将前期在越南学习研究东方语言的收获整理成《汉越语研究》，在《岭南学报》上发表。他还注意到当地一些方言的特点并进行深入研究，与钱淞生合作写成《东莞方音》《珠江三角洲方音总论》《台山方音》《海南岛白沙黎语初探》等一系列研究当地方言的论文；他还写了多篇有关汉语学习的普及性文章，如《汉语的词类》《词和语在句中的职务》《谓语形式和句子形式》等，并专门针对广东人说话的特点写了《广东人学习国语法》一书，1951年由广州华南人民出版社出版，1955年文化教育出版社再版时改名为《广东人怎样学习普通话》。

广州解放后，王力作为一个有名望的知识分子，还逐渐参加了政府的一些活动。1950年，中央人民政府任命他为广州市人民政府委员，1953年又任命他为广州市人民政府文化教育委员会委员等，任命通知上印有国家主席毛泽东和总理周恩来的签名。王力感到这是国家对知识分子的信任和重视，所以工作起来心情特别舒畅。

1952年，我国高等院校进行院系调整，岭南大学并入了中山大学，因此王力再次回到中山大学，担任中文系主任。这期间他完成了《字的音形义》一书，由中国青年出版社出版，1958年上海教育出版社再版，书名改为《字的写法、读音和意义》。他还在《语文学习》上发表了《汉语的词类》《词和语在句中的职务》《谓语形式和句子形式》和《句子的分类》等一系列汉语教育方面的普及性文章。

1954年，北京大学招收了第一届汉语史研究生，为了集中力量办好这个专业，为新中国培养出一批高水平的语言科学工作者和研究人员，教育部决定将中山大学语言学系并入北京大学，因为中山大学语言学系是我国高校中第一个独立的中国语言学系，在语言学方面的教学研究都处于领先水平。教育部专门派人到广州向王力转达了当时任中央文教委员会秘书长的胡乔木的意见，希望王力到北京去工作，并把中山大学的语言学系一起带到北京大学并入中文系。王力知道这个决定表明了国家对语言科学的高度重视，北京是新中国的政治文化中心，北京大学是我国的最高学府，这些条件都很有利于语言科学研究，再说他早些年就想回北京工作，于是很高兴地接受了调令，很快就携家眷迁回了北京。

王力一到北京，就开始给北大中文系汉语史研究生讲授"汉语史"课程，这是一项在汉语研究史上具有开创性意义的工作。汉语史在当时是个新的学科，没有现成的课本，参考资料也很匮乏，只有一些零星资料，上课完全得靠自己编写讲义，可以说这是一项探索研究与教学传授同时并举的工作。不过这项工作在王力来说，并不是完全没有基础的，因为他从20世纪30年代起，就对汉语的音韵、语法、词汇进行过较系统的研究，写出了在音韵学、语法学研究方面颇有影响的专著和论文，发表过《古语的死亡残留和转生》《新词义的产生》等论文，探讨汉语词义的演变和发展。这些丰富的前期研究成果，为他着手进行汉语史教学和研究奠定了基础。王力吸收了国内学者与汉语史研究有关的新成果，又从历史发展的角度将自己从前研究过的东西进一步系统化，用三年的时间完成了《汉语史稿》的编写工作，同时也培养出了我国第一届汉语史研究生。在中国语言研究史上，《汉语史稿》是一部具有里程碑意义的著作，它以汉语的文字和语言为对象，分别论述了汉语的语音、语法和词汇发展的历史，揭示了汉语发展的内部规律。《汉语史稿》经过三次修改，分上、中、下三册，于1957年至1958年由北京科学出版社出版，1980年中华书局再版。《汉语史稿》初版时，王力曾在序言中说，这是一部"未定稿"，将来还要修改，但是由于"文化大革命"的原因，直到70年代末才得以修订重写。

王力到北京后，还承担了许多与他的专业教学和学术研究密切结合的社会工作。1954年12月，国务院任命他为中国文字改革委员会委员，1956年任中央推广普通话工作委员会委员。在汉字简化、制订汉语拼音方案、推广普通话和汉语规范化等关乎国家和民族文化的重大事情上，王力都积极参与并做了大量的工作。在制订汉语拼音方案时，王力主张尽量不用新造的字母，采用国际通行的拉丁字母，"使中国文化更容易与西洋文化沟通"，这对《汉语拼音方案》的推广和通行具有重要的意义。他还在《光明日报》上发表《在推广普通话的宣传工作中应该注意扫除的一种思想障碍》，在《人民日报》上发表《论推广普通话》，在《南方日报》上发表《谈谈广东人学习普通话》等文章，为推广普通话做了许多具体工作。

1955年6月，中国科学院哲学社会科学学部成立，王力被聘为学部委员。这是中国最高的学术职位，其地位相当于院士，这也是国家对王力在学术研究方面取得的突出成就给予的充分肯定。

在王力的著作中，使用范围最广、使用人数最多、影响最大的当属他主编的大学文科教材《古代汉语》。过去在国内的大学中，"古代汉语"的教学内容并不一致，而是根据教师的专长各有侧重，训诂、语法、文选等等，各校不一。20世纪50年代末，北京大学开展了教学改革活动，王力担任"古代汉语"课程教改的负责人，提出了自己对编写教材的看法，认为古代汉语是一门工具课，目的在于培养学生的阅读能力，教学内容应该包含文选、通论和常用词三个部分。文选部分为学生提供阅读材料，使学生获得感性认识；通论部分给学生介绍古汉语知识，包括文字、语法、音韵、训诂等理论知识，使学生掌握一般性规律；常用词部分主要为学生讲解常用文言虚词的意义及用法。这样三方面结合起来，才可以使学生对古代汉语获得比较完整的认识，提高阅读能力。学校同意了他的编写意见，王力就带领中文系的几位同事，并吸收部分学生和进修教师参加，用一年时间，编出了一套《古代汉语》讲义，讲义在教学实践中收到了很好的效果。1961年，全国高等学校文科教材会议召开，会上决定以北京大学编写的《古代汉语》讲义为基础，参考其他大学的教材作修改补充，编写一部汉语言文学专业的"古代汉语"教科书，并正式委托王力担任主编。编写人员除原来参编北大讲义的教师外，还增加了北京师范大学、中国人民大学和兰州大学的部分"古代汉语"课教师。在编写过程中，王力充分发扬学术民主作风，十分尊重各校的编写人员，注意调动大家的积极性和创造力。他作为主编，既负责全面协调，与各校编写人员沟通联系，又亲自参加了常用词部分的编写。上册讨论稿出来后，他们首先向丁声树、吕叔湘、魏建功等国内语言学界的十多位著名专家征求了意见，接着又向各地高校征求意见，到1963年完成了集文选、通论、常用词为一体的《古代汉语》，分上、下两册，共四个分册。教材出版后，受到国内外学术界的好评，获得了全国高等学校文科优秀教材特等奖，海内外许多大学的汉语言文学专业和历史专业都用它作为教科书或学生必读的参考书，直到今天仍在全国高校的文科相关专业中使用不衰。

在"文化大革命"的十年中，王力受到了严重的冲击和迫害，造反派采用过的抄家、批斗、审查、写交代材料、关牛棚、下农村、干重体力劳动、体罚和人格羞辱等种种手段他都经受过。到"文革"后期，熬过了严冬之后的王力以七十多岁高龄又重新开始了研究工作，先后完成了《诗经韵读》《楚辞韵读》《同源字典》等专著，又花了近六年时间对《汉语史稿》进行修改，重新写成了《汉语语音史》《汉语语法史》和《汉语词汇史》三部著作，还打算再将这三部著作压缩合并成一部《汉语史》，但遗憾的是这个工作未能完成。

1986年5月3日，王力因病逝世，享年86岁。

王力一生从事语言科学教育和研究工作，为发展中国语言科学、培养语言学专门人才作出了重要的贡献，是我国现代语言学的奠基人之一。用"著作等身"来形容王力一生的学术成就，他是当之无愧的。他在语言学方面的专著共有四十多种，论文近200篇,共约1000万字,内容几乎涉及语言学各个领域,其中许多论著都是具有开创性的。他的论著汇编为《王力文集》20卷,1985年起由山东教育出版社陆续出版。王力将这部文集的全部稿费10万元捐献给北京大学,设立了"北京大学王力语言学奖金",用来奖励50岁以下对语言学研究取得显著成绩的中青年学者,自1986年开始评选和颁发。他在自己生命的最后阶段仍不忘为语言学的研究和发展奉献力量。

三、龙虫并雕的学者散文家

王力一生中除撰写了大量的学术专著和论文之外,还编写了不少普及性的通俗性读物,翻译了大量的外国文学作品,创作了许多题材广泛的小品文,用王力自己的话来说,即所谓"龙虫并雕"。也就是说,他不但重视搞学术研究,也乐意做推广普及的工作。他撰写的普及性读物如编入《万有文库》的《论理学》《希腊文学》《罗马文学》,还有为普及汉语知识和推广普通话写的《诗词格律》《汉语浅谈》《论汉语规范化》《广东人怎样学习普通话》等,在帮助群众学习、掌握语文知识,推广普通话方面起到了非常好的作用。他撰写于抗战时期的各类非学术性小品文63篇则收入《龙虫并雕斋琐语》,这些小品在他众多的著述中分量虽不算大,但却别具一格,在文坛上占有独特地位。

王力发表小品文时,一般署名"王了一"。从1942年到1946年间,他为多家报刊开专栏撰写小品。研究者把这类小品文称作学者散文,并将他与梁实秋、钱钟书并称为"战时学者散文三大家"[①]。在战时的学者散文家中,王力是撰文时间较长,也是作品数量较多的一个。他的小品,既是抗战时期在昆明生活的片断记录,折射出战时西南联大学者的生活情况,也从侧面反映了抗战时期社会生活的各个方面,构成战时昆明社会画卷的一个组成部分。

1938年9月13日,昆明拉响了第一次空袭警报。之后,日本飞机便频频出动,常来骚扰、投弹。9月28日,西南联大教职员宿舍被炸毁。为了躲避敌机的轰炸,西南联大的教授们都纷纷搬到昆明郊区租住农民的房子。等到王力夫妇从越南休假回来时,近郊的民房都被租完了,他们只好到离城二十多里的龙泉镇龙头村租了一

---

① 袁良骏:《战时学者散文三大家:梁实秋、钱钟书、王了一》,《北京社会科学》1998年第1期。

朱自清　闻一多　沈从文　**王　力**　魏建功

间农民的房子。这房子又矮又破，分上下两层，二十来平方米，上层住人，下层用来关牲畜。他们稍作清理、粉刷，便住了进去。房子破旧不堪，既透风又漏雨，屋外的环境也是满地牲畜粪便，令人感觉十分不舒服，但在战争环境中，也只能随遇而安，所以王力一家就在此安身了。他在门上贴了副对联："闲招白云鹤千里，静读黄庭香一炉。"每次进门，就默念一遍对联，再背诵两句《论语·子罕》的"君子居之，何陋之有"，聊以自慰。① 1941年1月，王力和夏蔚霞的第一个孩子就出生在这间房子里。

王力与家人合影（1943年摄于昆明）

在西南联大的八年间，王力一家的生活和当时的大多数人家一样每况愈下。抗战初期，物价波动还不太剧烈，西南联大教授们的薪金收入与战前大体一致，实际生活受影响还不算太大。1940年后，随着战争的持续和战事的逐步加剧，形势急转直下，物价开始大幅上扬。教授的收入还跟战前一样，但实际的价值还不到战前的十分之一。1940年1月，西南联大的54位教授曾联合发表声明，要求政府增加工资，改善教师生活。后来教师们的收入虽然有所提高，但增长幅度远远低于物价上涨的速度，且薪金实值更低，正如王力在多篇散文中写到的那样："名为薪水，实则不够买薪买水！"为了生活，教授们不得不想各种办法来缓解眼前的困境，或变卖家中值钱的物品，或兼课兼职，或给报刊撰文挣几个稿费补贴家用，众所周知的闻一多教授挂牌给人治印，校长梅贻琦的夫人也要做糕点去卖。王力除了教书搞研究外，没有别的挣钱本领，对于他来说，为报刊写稿挣点稿费，是最好的路子了。再说报刊上的短文写得快，发得也快，能及时收到稿费，应付生活所需。王力自己就说"我开始写小品的时候，完全是为了几文稿费。在这文章不值钱的时代，只有多产才不吃亏"，而"正经的文章不能多产，要多产就只好胡说。同是我这一个人，要我写正经的文章就为了推敲一字呕出心肝，若写些所谓小品，我却是日试

---

① 王力：《龙虫并雕斋琐语·乡下人》，商务印书馆2002年版。

万言，倚马可待"。①王力说自己写小品是为了稿费，这是实话，也是无奈之举，但却未必尽然。因为王力是一个富有热情和正义感的学者，他在上海读大学时就因参加过反对校长江亢虎搞复辟活动的学潮而被校方除名，在清华大学教书时为了支持"一二·九"学生爱国运动曾在教授罢教声明上签过字。战争以来，他目睹种种社会现实，不免也有"红尘"之念，决计要放下"天书"，"写几句人话"，为自己，也为大众倾吐内心的郁结，这也就是他所能做的书生救世之举了。而他所说的"人话"，就是那些用"血泪写成的软性文章"，他说："在这大时代，男儿不能上马杀贼，下马作露布②，而偏有闲工夫去雕虫，恐怕总不免一种罪名。"不过"世间尽有描红式的标语和双簧式的口号，也尽有血泪写成的软性文章。潇湘馆的鹦鹉虽会唱两句葬花诗，毕竟它的伤心是假的；倒反是'满纸荒唐言'的文章，如果遇着了明眼人，还可以看出'一把伤心泪'来"。这就表明了王力写作小品文并非像他说的那样"完全是为了几文稿费"，而是借它来隐讽现实。之所以要采取委婉的隐讽手法，是因为在王力看来，"直言和隐讽，往往是殊途而同归。有时候，隐讽比直言更有效力"。"所谓隐讽，其妙在隐，要使你不知道这是讽，才可以收潜移默化之功"。通过隐讽现实来达到潜移默化的功效，这或许是学者散文的一大特点吧。

王力住在龙头村，每周去学校上一天课。龙头村离城较远，他一般是头天步行进城，在城里住一夜，第二天上午上课，下午回来。其余的日子，白天他忙着写讲义，搞研究，晚上就在油灯下埋头为报刊写小品文。王力的夫人夏蔚霞起先在粤秀小学教书，自从搬到龙头村后，就辞去了城里小学的工作。王力夜里在微弱的灯光下写小品，她就陪在一旁给人绣锦旗、织毛衣，挣几个手工钱贴补家用。夏蔚霞织的毛衣手工精巧，很受欢迎，据说当时云南白药厂的老板曲焕章的女儿就曾穿过她织的毛衣。王力在1980年写的一首《赠内》诗中，有"七省奔波逃狯犹，一灯如豆伴凄凉"两句，写的就是这段生活。王力在1944年写的一篇小品文《灯》中还曾经写道："五年前，为了避免空袭的危险，我住在乡下，于是点煤油灯，后来因为煤油太贵了，买不起，于是点菜油灯。"菜油灯光线十分昏暗，这对于常在夜间写作和做针线活的王力夫妇来说，实在是一件令人困苦不堪的事。在乡下住了一年多之后，当他听说村里有装电灯的机会时，欣喜若狂。虽然装电灯的费用十分昂贵，"是房租的百倍"，但他还是毅然预支了几个月的薪水，装上了一盏在许多人看来

---

① 王力：《龙虫并雕斋琐语·自序》，商务印书馆2002年版。
② 古代称檄文、捷报一类紧急文书为"露布"。这里指为国家、民族之生死存亡而著文立论，大声疾呼。

既不能吃又不能穿的电灯，"于是瓮牖绳枢，加上了现代的设备。每一到了黄昏，华灯初上，我简直快乐得像一个瞎了十年的人重见天日"。①经历过那些"一灯如豆"的夜晚之后，一盏电灯就成了他们的奢侈享受，以至于会让他"欣喜欲狂"。战时学者的生活状况，由此可见一斑。

王力最早的小品，发表在重庆的《星期评论》上。当时《星期评论》给他寄赠刊物并邀他写稿，于是王力就在《星期评论》上开辟了一个副刊专栏，叫做《瓮牖剩墨》。同年又应《中央周刊》之约，开辟小品文专栏，名称还是《瓮牖剩墨》。"瓮牖"本是家庭贫寒，以破瓦罐堵窗子的意思，出自《史记·陈涉世家》"然陈涉瓮牖绳枢之子，甿隶之人，而迁徙之徒也"，这里借指他当时为躲避轰炸在昆明乡下租住的陋室。"剩墨"是说写小品文乃业余之作。在这两个报刊专栏中，王力发表了《姓名》《书呆子》《西洋人的中国故事》《战时的书》《战时的物价》《乡下人》等12篇作品。

后来由费孝通推荐，王力又给昆明的《生活导报》写稿。当时费孝通是昆明《生活导报》的主要撰稿人，那时正要到美国去，他希望王力能接替自己为《生活导报》写些文章，就像在《星期评论》和《中央周刊》上发的《瓮牖剩墨》一类的小品。费孝通启程之后，《生活导报》的编辑又亲自向王力催稿子，于是王力答应给《生活导报》开专栏，起名《龙虫并雕斋琐语》。如果说王力当初以"瓮牖剩墨"作为专栏名称，其含义是想表明自己写小品不过是身居寒舍，业余为之，并未把它当作全部工作，那么"龙虫并雕斋琐语"就再次强调了自己首先是学者，要"雕龙"，即搞学术研究，其次才是小品作家，也做些"雕虫"的文章，即所谓"龙虫并雕"。当时有人认为学者去写那些取悦大众的小品文是不务正业，低级趣味，甚至是堕落的表现，而王力用"龙虫并雕斋琐语"作为自己的小品专栏名称，这大概也是他对这种看法的回应吧。事实上王力的《中国现代语法》《中国语法理论》和《中国语法纲要》等三部主要语言学专著就是在1943年至1946年之间修改定稿并出版问世的。1944年王力又为《自由论坛》开小品文专栏，仍然沿用"龙虫并雕斋"的名称，只是把"琐语"改成了"琐话"。王力在《琐语》和《琐话》两个栏目中发表的小品最多，有《洪乔主义》《老妈子》《夫妇之间》《请客》《路有冻死骨》《领薪水》《写文章》《看戏》《开会》《寡与不均》《遣散物资》等30篇。

1943年，两广人在昆明开办的粤秀中学聘请王力做兼职校长。这时期随着美国空军飞虎队的入华参战，并且飞虎队的基地就设在昆明，昆明遭空袭的威胁已基本

---

① 王力：《灯》，《龙虫并雕斋琐语》，商务印书馆2002年版。

解除。王力应粤秀中学之聘，举家迁回城里，住在粤秀中学校内。他曾为粤秀中学撰写校歌歌词，其中有"越秀之麓，字海菊波。当年庠序先河，旅滇同乡，不废弦歌。……四海兄弟共切磋。师求其良，友求其多"等句。①粤秀中学的房子虽然还是窄小，但环境已比龙头村好许多。王力住的院子前面有两棵高大的棕榈树，他给自己的住所取名"棕榈轩"。1944年《中央日报》增刊向他约稿，他就给自己的小品专栏取名为《棕榈轩詹言》。"詹言"出自《庄子·齐物论》，是"小言""琐屑之言"的意思，表示自谦。《棕榈轩詹言》有《灯》《衣》《食》《住》《行》《疏散》等17篇作品。1945年他又应《独立周报》之约，开辟了小品专栏《清呓集》。王力给《独立周报》写稿的时间最短，只有几个月。1946年西南联大复员北返，王力一家去了广东，从此他就中断了撰写小品，故《清呓集》里的文章只有《苦尽甘来》《五强和五霸》《天高皇帝远》等4篇。

王力的小品文题材广泛，内容丰富。反映战时社会生活现实，指斥时弊是王力小品的主要内容，如《战时的物价》《战时的书》《路有冻死骨》《领薪水》《寡与不均》《遣散物资》《疏散》《苦尽甘来》等，不少作品从标题上就可以看出作者对抗战民生的关注和对社会现实的忧愤，体现出一个正直学者忧国忧民的情怀。

《战时的物价》写抗战时期大后方人民物质生活的困难。"因为物价高涨的缘故，朋友一见面就互相报告物价，亲戚通信也互相报告物价"，人们"日有言，言物价，夜有梦，梦物价"，而物价"如春笋，如初日，如脱手的氢气球，只见其高，不见其低。有时候又像小学算术里所叙述的蜗牛爬树，日升三尺，夜降一尺，结果仍是高升"。不光是大城市的物价在日日飞涨，小地方追赶大都市的物价，也"恰像小狗背着斜阳追赶自己的影子"。尽管政府也曾给公务员加薪，发"米贴"，但加薪与物价的高涨相比，就"好比龟兔竞走，这龟乃是从容不迫的龟，那兔却是不肯睡觉的兔"，所以"每次加薪都不免令人有杯水车薪之感了"。"在从前，吃饭只占薪水阶级收入的百分之十或二十，现在呢？全部的进款还不够吃的"，"在物价高涨的压迫之下，薪水阶层不能不采取紧缩政策"，靠降低水准来勉强维持生计。如果仅仅是为了支援抗战，那么物价再涨，人们也别无怨言；但最令人深恶痛绝的是那班"发国难财的奸商贪官"囤积居奇，操纵物价，使老百姓的生活更加困苦不堪。面对飞涨的物价，作者以轻松调侃的语气写道："难道我们没有一些可以自慰的地方吗？在从前，做梦也想不到每月有千元的收入，现在不曾升官，不曾晋级，居然也超过国府委员的薪水了。这是可以自慰的第一点。公余之暇

---

① 卜保怡：《王力先生在昆明》，《广州日报》2002年10月27日。

把一些衣服什物往拍卖行里一送，居然能卖大价钱。一向不曾学过做生意，现在从北方带来的原值一元的网球竟能卖得九十元，获利九十倍，怎不令人笑逐颜开？这是可以自慰的第二点。关于这两点，我们很乐观：明年的薪水一定比今年增加；明年如果肯把这一枝相依为命的派克自来水笔割爱，获利一定在百倍以上！"这实在是一种无奈的苦中作乐，也正是王力在《龙虫并雕斋琐语·自序》中所说的在"满纸荒唐言"的背后，透出的是"一把伤心泪"！

《战时的书》写抗战时期人们精神食粮的匮乏。文人买不到书，书价昂贵只是一个方面的原因，更主要的是"后方的书籍实在少得可怜"，"西书固然买不着，中文书籍可读的也缺乏得很"，"书摊上摆的都是些小册子，一方面适合读者的购买力，一方面又是配合战时一般人的功利思想。大家觉得，在抗战时期，咱们所读的书必须与抗战有关；和抗战没有直接关系的书自然应该束诸高阁"。书既少且贵，印刷质量还极差：恶劣的纸墨已使得印刷物字迹漫漶，难以辨识；排印校对更是错误百出，让人不堪入目，啼笑皆非，以致读者"须得像猜诗谜一般地，费尽心思去揣测原稿写的是什么字"。在这样的环境下教书，教师如果想给学生开列一个参考书目，那"就只算是向他们夸示你曾经读过这些书，实际上并没有丝毫的益处"，因为学生根本无法按照书单去找到这些书来读，"索性凭着你肚子里记得多少，就传给他们多少"。于是作者感慨说："这个时代是文人最痛苦的时代。别人只是劳其筋骨，饿其体肤，文人除此之外还有一种更大的悲哀，就是求知欲得不到满足。"

在《领薪水》一文中，王力写到抗战期间教授生活的清苦和艰辛，饱含着辛辣的讽刺意味和十分的无奈："三百元的正俸，不够每天买两担水；三千元的各种津贴，不够每天烧十斤炭或二十斤柴！开门七件事，还有六件没有着落！长此以往，我将提议把'薪水'改称为'茶水'，因为茶叶可多可少，我们现在的俸钱还买得起。等到连茶叶都买不起的时候，我又将提议改称为'风水'，因为除了喝开水之外，只好喝喝西北风！""我们每月拿到那不够买薪买水的薪水之后，是怎样过日子的呢？……大约领得薪水的头十天，生活还可以将就过得去，其余二十天的苦况，连自己也不知道怎样'挨'了过去的。""好容易领到薪水，马上召开家庭会议，讨论支配的方法。"然而"太太三年前就想做的一件冬天的大衣"依然做不成，因为衣价是月薪的两倍，"大小姐提议去看一次电影《忠勇之家》"也被否决了，因为"饥寒交迫之家没有看《忠勇之家》的资格"，最后的结果还是照老办法："本月的薪水，除了付房租之外，全都拿去买柴米油盐酱醋茶，先度过十天再说。"而在现实中,一边是公教人员"规规矩矩地按月去领取那一份不够买薪买水的薪水",另一边则是贪官污吏巧取豪夺,"利用他们的职权,获得比薪水高出千万倍的'油水'"。这篇文章在《生活导报》发表后,一个名叫张开一的读者从会泽县寄了200元钱和一封信给王力。信中说:"自从读了《领薪水》,瞒人流去多少泪!所悲非为俸微事,唯叹国×良心昧。"王力退了钱并给张开一回信说:"如果说那一篇《领薪水》说的是实话,那么,我说的只是一般公教人员而不是我个人。你读了《领薪水》感动,我读了你的信更感动。……国币二百元仍托生活导报社汇还,谢谢你。"这段文坛佳话充分体现了王力小品的感染力,同时也表现了他的文章在读者中的影响力。

《路有冻死骨》写抗战期间王力目睹许多老百姓饿死、冻死、病死、露尸街头的惨状。文章写道:"人死,是常事。一个人弄到饿死、冻死,或有病不得医药而死,却似乎并不是常事;至少,在合理的社会里,这不算是常事。若饿死,冻死,或有病不得医药而死,而又死在路上,更不是常事。又假使——我只敢说是假使——那样的人死在路上或广场上,许多没有人收埋,而又天天有这种事发生,除非你早上出门好好地选择喜神方,否则你可能在一刻钟之内,半里路之间,连续地遇见了两三件'冻死骨'。"与穷人饿死、冻死、死而无人收埋形成鲜明对照的是"报纸上常有寻狗的广告,一条狗的赏格在万元以上,可见人不如狗;四川有猪的保险,一只猪的保险费在万元以上,可见人不如猪"。在这"人命贱如泥沙,贱如粪土,贱如垃圾"的残酷现实面前,作者"觉得我们这个不合理的社会在这年头儿要比平时更不合理十倍"。怎样才能消除这种不合理呢?王力认为:"用不着研究经济学,大家都能明白,朱门的酒肉越臭,路上的冻死骨越多。假使有法子限制朱门的酒肉的话,这绝对不是妒忌,也不是替冻死骨打抱不平,而是从这一条路上去'救死'。再者,即使这年头儿的人命贱如尘埃,也该尽可能地让他们'入土为安'。"王力看到了"路有冻死骨"与"朱门酒肉臭"之间的尖锐社会矛盾,并主张"限制朱门的酒肉"作为"救死"的路子,表达了他对不合理社会现实的愤恨和对下层百姓的悲悯之情。

在《寡与不均》一文中,王力对当时社会"寡与不均"的现实和根源给予讽刺。文章先列举了当时军政要人大发"国难财"的事实:"一位军长造了二万万元的房子,是不是他曾向军政部领支了一百年的薪水?一位厅长捐了七千万元兴办一个学校,是不是除了明里的薪金之外,政府还暗地里给他百倍或千倍的津贴?如其不然,为什么他们的薪金不比你们高,而他们的收入却比你们多了千万倍呢?"

谈到怎样才能解决贫富不均的问题，他说："只有像《大公报》所说，先把国内二三十个臃肿肥胖的人的财产处理了，然后非但不患不均，而且也不患寡。"那么谁来处理他们呢？他写道："假使叫老百姓自己来把他们开刀，这是叫大家做黄巢，这个断断乎不可。假使叫政府来执行这件事，这是希望政府成为替天行道的梁山泊，也是不可能的。因为政府如果一向替天行道，王伦们早已身首异处，决不至于纵容他们成为胖子；等到纵容他们成为胖子之后，也就决不会再替天行道了。"王力在这里一改隐讽的笔调，而尖锐地指出了造成社会贫富不均的根源其实就是政府官员自身的腐败和不作为。

反映个人见闻，描摹世情百态，针砭世相是王力小品的另一个主要内容，如《辣椒》《劝菜》《请客》《西餐》《看戏》《题壁》《结婚》等。王力写自己的所见所感，往往从中国传统习俗或社会生活中的某些现象切入，以生动的细节描写和幽默风趣的语言，揭示其中包含的各种社会心理，为读者展现出当时社会生活的一些极为生动的场景。

在《乡下人》中，王力描述了当时昆明城郊农民的衣食住等方面的情形和自己对"乡下人"的看法："我们越入内地，越觉得农民节俭的程度超过了我们的想象之外"，平时"一件衣裳，经过了祖孙三代，补了又补，已经由单变夹，由夹而变成三层"，而"到了赴宴的日子，若不是绸缎衣裳，至少总有一套崭新的袷裤的"；他们"把每年膳食费用的一半花在端阳中秋除夕这几个佳节上，……平日尽可以三月不知肉味，而当他们过节的时候，四个八口之家不惜凑起钱来共宰一口肥猪"；他们的房子"门低直欲碰头，室小不堪立足"。别看"乡下人"生活简陋，他们所具有的现代知识却令人不能小看："'国难期间'、'生活高涨'、'技术人员'、'学术机关'一类摩登的字眼，他们比我们说得更流利，更纯熟。"王力对"乡下人"的认识，是从他租住农民的房子，与他们直接接触的切身感受中得来的，最后他对"乡下人"给出的结论是："乡下人义气为重；只要他们觉得你'够朋友'，他们可以常常为你出力，而不计较报酬。千万不要忘记：乡下人除了缺乏洋味之外，没有一桩事情比城里人更可憎。大丈夫的傲气应该用来对付权豪；对乡下人摆架子只是自身丧失了人格。"

在《请客》中，王力写道："中国人是最喜欢请客的一个民族。从抢付车费、抢会钞，以至于大宴客，没有一件事不足以表示中国是一个礼让之邦"，以至于如果"不抢付钱竟像是私德有亏，友谊有损"。接着就对中国人好请客的心理进行了深入的分析："其实，中国人这种应酬是利用人们喜欢占便宜的心理。不花钱可以白坐车，白吃饭，白看戏，受惠的人应该是高兴的。"而中国人又是"向来主张'受人钱财，与人消灾'的，不花钱可以白坐车，白吃饭，白看戏，也就等于受人钱财，若不与人消灾，就该为人造福"。所以，"如果被请的人比我地位高，他可以'有求必应'，助我升官发财；如果被请的人比我的地位低，他也可以到处吹嘘，逢人说项，增加我的声誉，间接地于我有益"。"由此看来，请客乃是一种'小往大来'的政策，请客的钱不是白花的。""原来大多数人的请客不是目的，而是手段；不是慷慨，而是权谋！"这些话把中国人在喜欢请客的表象下隐藏的真实心理刻画得淋漓尽致，至今来看，仍然符合大多数人的请客心理。

《劝菜》写中国人吃饭共用一桌酒菜。作者首先调侃说：这既足以"表示合作精神"，"还合于经济的原则"，然后由合餐写到中国的餐桌文化，中国人"提倡食中有让"："起初是消极的让，就是让人先夹菜，让人多吃好东西；后来又加上积极的让，就是把好东西夹到了别人的碟子里，饭碗里，甚至于嘴里。"中国人在饭桌上表现出的热情礼让有时简直到了让人难以接受的地步："一块'好菜'被十双筷子传观，周游列国之后，却又物归原主"，"全桌的人把'好菜'堆到你的饭碗里来"，全不管你是否喜好。更有甚者，"新上来的一碗汤，主人喜欢用自己的调羹去把里面的东西先搅一搅匀；新上来的一盘菜，主人也喜欢用自己的筷子去拌一拌。至于劝菜，就更顾不了许多，一件山珍海错，周游列国之后，上面就有了六七个人的津液"。作者感叹说："劝菜固然是美德"，但这却是牺牲了卫生条件来成全的一种美德。

《手杖》中讽刺个别"三十杖于街的"青年，他们或者"昂首挺胸，手杖离地三寸，如张翼德和他的丈八蛇矛"；或者"身轻如燕，手杖左右摆动，如孙悟空和他的金箍棒"；或者"壮年龙钟，手杖拄地而行，如佘太君辞朝"。作者观察细致，通过对几种持杖姿势的描写，简练传神地刻画出所谓"文明人"或者神气、或者轻佻、或者未老先衰的神态，展现了当时社会生活中的一些生动场景。

《公共汽车》写等车、抢票、挤车。首先"等车所需要的耐心，比'人约黄昏后'的耐心还要大"。好容易车到了，大家就开始挤着买票，其间不乏争执和吵闹，"抢和乱是中国全社会的情形，公共汽车的卖票只是全社会的一个缩影"。接下来的挤车更是令人不堪，用沙丁鱼罐头或古人所谓的摩顶放踵都难以形容其拥挤的程度。最后作者用一句"还有一辆容纳四万万五千万人的公共汽车比上述的情况更糟"使小品的主题得到升华，使文章突破了描写个人感受的局限，上升到对整个国家秩序的思考和认识的高度。

朱自清　闻一多　沈从文　**王　力**　魏建功

　　王力的小品，具有非常鲜明突出的学者特点。虽然他的小品大多是从日常琐事谈起，如衣食住行、风俗教化、人情世态等，但由于作者具有丰富的历史文化知识，加上无处不在的联想、新鲜别致的比喻和生动形象的语言，所以文章内容充实，寓意深刻，轻松活泼，妙趣横生，具有很强的思想性、艺术性、知识性和趣味性。他的小品在当时就引起很好的反响，王力先生自己曾写道："听说费孝通先生称赞我'表演精彩'，又据说读者们喜欢看《琐语》，桂林有人转载我的文章。"[①]1949年，《龙虫并雕斋琐语》由上海新观察社编入《观察丛书》出版，但当时印数较少，流传不广。1981年，中国社会科学出版社重印此书，收录小品58篇，流传较广，在知识界获得好评，受到欢迎。吕叔湘在看过《龙虫并雕斋琐语》后，给王力去信说，抗战期间他在重庆，不在昆明，《琐语》对他来说既是历史，又是新闻，"更重要的是，还是好文章，读起来津津有味，久矣夫没有读到这样的好文章了"。的确如此，王力的散文以其高雅的品位、生动的内容和丰富的知识经受了时间的检验，即使放在今天来看，它们仍然具有强大的吸引力。

[①]　王力：《龙虫并雕斋琐语·自序》，商务印书馆2002年版。

语言现代化的推进者：魏建功

一、从西场到北京大学

魏建功（1938年摄于西南联大）

1901年11月7日，魏建功出生在江苏省如皋县赤岸乡西场镇一个小康之家。如皋位于长江入海口，与上海、苏州、无锡隔江相望。这里自古就是一个富饶美丽、地灵人杰的地方，也是一座历史文化名城，城内外至今还保留有多处名胜古迹。

魏建功的祖籍是江苏省高淳县立信乡的中堡村。清嘉庆年间，魏家先祖为避战乱才迁到如皋。魏建功的曾祖父孝德公经营花炮业，在西场镇开设了恒顺号杂货庄。祖父魏霖，字慰农，清末时回原籍高淳县参加科举，考中秀才。慰农公热心公益事业，于清光绪三十一年（1905）与人共同集资创建了西场镇玉成公小学，创办人组成了校董会，慰农公担任董事长。魏建功的父亲魏晋藩，字锡侯，继承祖业，经营家中店铺，也是当地有名的学者。母亲仲氏，出生于当地书香之家，知书识礼，生四子一女。魏建功是老大，二弟建章，三弟建邦，四弟建纳，妹建则。

魏建功从小接受严格的家训，祖父慰农公是他的启蒙老师，开蒙识字都由祖父亲授。从祖父为他取名"建功"来看，就知道在他身上寄托着多少厚望。1906年，魏建功5岁，进了祖父创办的玉成公小学读书。同年，他的舅父仲民新以优异的成绩考取了南京两江优级师范学堂。四年后，魏建功初小毕业，仲民新也从两江师范毕业。此时，创办没有几年的如皋师范学堂正需要优秀人才，如皋师范学堂监督（相当于校长）沙元炳亲自前往西场，登门延聘仲民新到学校去任教。仲民新的父亲设宴款待，慰农公也携孙儿魏建功前来作陪。席间，慰农公向沙元炳表达了想要送魏建功到如皋师范附小上学的愿望，并让魏建功当场背诵诗文一展本领，沙元炳欣然同意。于是，魏建功于清宣统三年（1911）随舅父仲民新来到如皋师范，经考试后进入如皋师范附小一年级丙班学习，学制三年。如皋师范是清光绪二十八年（1902）由沙元炳先生创办的全国第一所县立师范学校，当时叫"如皋公立简易师范学堂"，1905年正式定名为"如皋初级师范兼附属高等小学"，1908年又增加了中学部，于是易名为"如皋初级师范兼中学附属两等小学堂"。由于这是一所师范附属小学，故高小课程多由师范本部教员兼任，教学质量很高。魏建功在这里上高小，祖父对他要求很严，规定平日不准返家，也不让其父母到学校探视，以免妨碍学业，并让舅父仲民新对他严加管教。魏建功的舅父仲民新在师范本科教图画课，为他的学习提供了诸多便利条件，还常常请本校老师给魏建功做课外辅导。魏建功原本天资聪颖，加上这样良好的环境和条件，学习成绩非常突出，从第二学年开始，各科成绩都名列年级第一。他的一篇作文《冬季远足》还被师范本科生发现，选作范文抄录在全校黑板报上。他还参加附小数学竞赛，获得第一。

魏建功在高小部读书，但课余时间总喜欢跑到师范部去偷看别人上课，他看到日本教习演示化学实验，江南教习演练舞蹈，颇觉得有趣并学到不少新事物和新知识。在那里，他还偷听到缪文功老师给学生讲《说文》，第一次接触到对汉字意义的解析，由此开始对中国文字学产生了兴趣。后来缪文功老师被派往南通，担任江苏省立第七中学（即南通七中，也叫南通中学）校长。此时魏建功已提前完成高小学业，经预考跳入师范本部预科学习。缪老师从如皋师范挑选了几名优秀学生，带到南通七中去读书，魏建功就是其中之一。

南通中学建于1909年春，由清末状元、著名实业家和教育家张謇创办，是中国最早推行新式教学的中学堂之一。由于学校是由张謇邀集南通、如皋、泰兰、海口、静海五县官绅共同筹划设立的，故最初学校名称叫做"通海五属公立中学校"，学制四年，分文、实两科。张謇为该校手书校训："诚于做人，恒于学问。"（简称"诚恒"）1913年该校划归省属，改称"江苏省立第七中学"，一般称为"南通中学"。南通中学自建校起，就高薪聘请名师来校任教，高中的理科教学都用英文原版教材并用英语讲授,课外还组织学生进行学术活动,高年级同学自发成立研究会。学校的高起点和高定位,为培养人才创造了良好的条件,故南通中学在当时就很有名气。

在南通中学,魏建功遇到了几位优秀的国文老师,他们对他后来选择学术道路产生了重大的影响。

魏建功在南通中学的第一位国文教师就是这所学校的校长缪文功先生。魏建功在如皋师范读书时偷听过缪老师讲课,在缪老师的课上第一次知道了《说文》这本书,才懂得原来一个字有一个字的意思,如今缪老师又给他上课,他非常高兴。缪老师特别注重学生写字的正误,常在课堂上引述《说文》《尔雅》来给学生正字,更使魏建功加深了对文字研究的兴趣。他自己还从旧书坊买了一部邢昺疏的《尔雅》,课外常常翻阅,并在自己的习作中夹杂使用一些文言字词,虽然闹出笑话,受到缪老师申斥,但他钻研中国文字本源的兴致却越发浓厚了。

第二位国文教师叫孙锦标,字伯龙。孙锦标是一位方言学家,他专攻训诂,对当地方言颇有研究,著有《南通方言疏证》《南通乡音字汇》《通俗常言疏证》等。孙老师送给魏建功一本自己所著的《南通方言疏证》,魏建功从中看到南通方言与如皋方言中有许多相关之处,读来觉得既有趣又亲切,心中就想将来要对家乡话作一番研究,特别是那些有音无字的家乡方言更值得好好探究。

第三位老师徐昂,字亦轩,教魏建功中学高年级国文。徐老师治学刻苦异常,数十年如一日。他专攻小学①,对周易尤有研究,有《京氏易传笺》《周易虞氏学》《诗经形释》《诗经声韵谱》《楚辞音》《声纽通转》等国学专著三十余种,一百二十万余言,汇编为《徐氏全书》。徐老师所教学生颇多知名人士,除魏建功外,还有陆侃如、陈从周、蒋礼鸿、王个移等。徐老师用《说文部首》给学生讲授文字源流,魏建功在徐老师的引导下,对学习语言文字产生了浓厚的兴趣,自己在课外找来段玉裁《说文解字注》认真研读,还常常琢磨一些古诗文中的音韵现象,并跟老师讨论自己的心得。虽然他此时提出的问题多少有些幼稚,但已经显示出这位中学生在学问上的主动钻研精神了。

从南通中学毕业时,魏建功已决定自己今后要学习文字学。他作出这样的选择,离不开三位老师的引路之功。

1918年秋,魏建功从南通中学毕业,考取北京大学预科俄文班,但当时北方军阀混战,时局动荡不宁,魏建功自己又被查出患了肺结核,因而他母亲不让他北

---

① 国学之一,指研究文字、训诂、音韵的学问。

行。魏建功只好住到如皋师范的宿舍，一边养病一边跟师范的老师刘之洵学习日语，同时还读了不少汉语音韵学方面的书。一年后，他再次考取北京大学文预科乙部英文班，于1919年秋进入北京大学学习。此后六十年间，魏建功的人生道路便一直与北京大学密切相连。

  魏建功是在"五四"运动爆发的这一年进入北京大学的。他进校时，"五四"运动刚过去不久，校内各种新思潮运动仍在持续进行。魏建功一进北大，就积极地投入到新思潮影响下的各种社会活动中。他加入了北大学生干事会，"五一"国际劳动节来临时到街头慰问劳工，北大校役平民夜校开学，他又去参加平民夜校授课工作。在夜校开学仪式上，蔡元培校长亲自到会发表演说，阐述开办夜校的意义在于"普及教育，改造社会"。魏建功聆听了蔡校长的演说，后来他又和夜校的部分教师组织"平民教育实验社"，开办了北大第二平民夜校，他自己担任师范班语文教员。在做这些工作的时候，他的内心充满了神圣感。1920年，蔡元培校长将到欧洲各国去考察，北大学生为蔡校长召开送别会，魏建功受学生干事会委托，负责记录蔡校长的告别演讲。由魏建功记录的蔡元培校长《与北京大学学生话别》演说辞登载于1920年10月23日出版的《北京大学日刊》第724号，后来辑入《蔡孑民先生言行录》。在学生干事会里，魏建功结识了一些进步青年，其中范鸿劼、李国瑄等人对他的思想影响最大。在进步同学和新思潮的影响下，他开始关注社会问题，经常以健攻、天行、山鬼、文狸等笔名撰写文章在《猛进》《语丝》等进步刊物及中共北方区执委会所办的刊物《政治生活》上发表。1922年5月，他与江苏旅京之北大、女师大、法政专门学校等三校学生潘梓年、缪金源、夏德仪、施之瀛、李浩然等创办"江苏清议社"，出版刊物《江苏清议》，批评时政，揭露军阀官僚政治。他还独自创办了《西场人语》刊物，以"评论时事，鼓励民气"。1922年初，魏建功和另外二十多位爱好戏剧的同学一道发起组织了一个话剧团体，叫做"北大戏剧实验社"，演出一些反帝反封建的进步话剧。魏建功被推为常任干事，负责文书工作，起草剧社章程。剧社的主要活动是编译剧本、演出和服务（为社外公益团体代为演剧募款）。由于当时北大女生极少，而且按中国传统的风气，男女不能同台演出，剧中角色往往是男扮女装或女扮男装，所以在北大戏剧社演出的一些剧目中，魏建功常扮演女角。1925年由范鸿劼介绍，魏建功加入了共产党，从事济难会工作。

  在学业方面，魏建功经过两年的文预科学习，升入了北京大学文本科中国语言文学系。当时的北大文科汇聚了众多名师，仅国文系就有马裕藻（国文系主任）、钱玄同、沈兼士、黄侃、刘半农、沈尹默、陈汉章、刘文典、周作人、马衡、胡适等，鲁迅此时也在这里兼职讲授《中国小说史》。魏建功在这一届的33名学生中，各门功课都很出色。他本来在文字音韵方面已有极好的基础，又师从钱玄同、沈兼士、马裕藻、黎锦熙、刘半农等名师专门研修，学识越发增进。在课余，魏建功担任了北大研究所国学门的临时书记，负责整理档案、编制索引等工作。他还参加了歌谣研究会，协助顾颉刚先生整理吴歌，并把搜集整理民歌和语言学研究结合起来，在《歌谣》和《国学周刊》上先后发表了《搜录歌谣应全注音并标语调之提议》《拗语的地方性》《歌谣之辞语及调谱》《吴歌声韵类》等十多篇关于歌谣研究以及歌谣与方言研究的论文，充分显示出他的学术潜力。此外他还参加了北大研究所国学门的"风俗调查会"和"方音调查会"，又以国学门临时书记的身份参加了"清室善后委员会"的工作，负责接收、清点、登记故宫文物等事务。在此期间他在《京报副刊》上连续发表了长篇纪实报告《琐碎的记载清故宫》，参与制订了《清室善后委员会开放故宫章程》。

  在个人情感方面，接受了多年的新式教育，又经历过"五四"思想运动洗礼的魏建功，长期以来却一直为自己的婚姻问题所困扰。原来，还在1909年，魏建功年仅8岁时，他的父母就依照当地的习俗给他订了一门亲事，女方与魏家原本是世交，姑娘叫吉凤笙。订婚时，魏建功祖父并不是很满意，后来他向女方提出了两个条件：一是不裹脚，二是要读书。女方答应了这两个条件，这才订下这门亲事。但是后来吉家并没有履行这两条，一是吉凤笙念书没多久就因为母亲生病，便在家"侍疾"行孝，从此再没上学；二是在当年提出和答应"不裹脚"条件的魏建功的祖父和吉凤笙的母亲两个当事人都过世后，吉家还是按照当时崇尚"金莲"的社会风习，给吉凤笙缠了足。随着年龄的增长，魏建功对自己的婚事渐渐有所考虑。在南通中学读书时，他就不断给家里去信让父母去吉家催问吉凤笙读书和不缠足的事，但父母似乎并不在意，这让魏建功非常苦恼。他进了北大以后，又接二连三地去信和父亲讨论这件事。有一次，他夜里独坐到三四点钟给父亲写信，密密的小字，32行的信笺本写了满满12页，把理由和办法说了很多。但是不知道为什么，他写了那么多的信，却从来没有得到父亲的回应，这使他更加抑郁和怨愤。后来他又知道吉凤笙病了，病得很厉害，甚至到了腰背伛偻、神经失态的地步。魏建功考虑了很久，想了很多，既然当年订婚的两个条件吉家都没有做到，目前吉凤笙又是这样的状况，他不得不下决心自己来解决这个问题了，他决定自己解除婚约。1924年12月25日，魏建功在《京报副刊》上发表了一封公开信《断简》，公开表明了自己对父母包办婚姻的不满，同时还写下了《魏建功宣告解除婚约！》的宣告书，于1925年1

月铅印散发。在宣告书中，他没用一个字诋毁对方来为自己解除婚约找借口，而是坦荡磊落地表明了自己作出这个决定的动因：

>……
>
>我不是薄情寡义的人，但我也不是无端自己牺牲自己的人！……
>
>我不愿为父母娶媳妇，娶一个病废的女子，……我不愿为父母的后嗣计，做更不人道的事去纳妾，先娶一个病废的女子！
>
>我不愿令她终身受苦，拘拘束束的来做名分上的夫妻！
>
>我不愿因她的缘故，失去我人生的趣味！
>
>我不愿因她的缘故，失去我人生的趣味！再去做堕落不道德的放荡行为！
>
>我不愿一面教她无生趣，一面进行别一个婚姻！
>
>我不愿她把我的人生趣味剥去，犹如我不愿我把她的人生趣味剥去一样。这样相对的"人道主义"，才是彻底的"人道主义"，才是适用于我们的"人道主义"！于是我便宣告——
>
>我们的婚约应该解除！我现在自行解除婚约！
>
>……

魏建功在宣告自己解除婚约的决定时，已经考虑到双方家庭和社会对这件事的反应，所以，在宣告书中，他还作了"附带的声明"，共8条：

> （1）解除婚约与离婚不同。未经同意，和不满意的婚约都该解除，请不要与离婚混视！
>
> （2）婚姻与友谊是两件事。约为婚姻，一朝解除，是亲戚关系的消失，与友谊之存在无关。
>
> （3）凡婚姻都应以当事人本人意见为主，家庭仅能做个帮助。本人之行动自然要以理智为宗，就是家庭也不能以威权来强制，更不是用法律可以拘束的。
>
> （4）当事人本人以为合理，虽死无悔，无须用利害之诱惑。
>
> （5）对于一切关系人过往的待遇，只能作为最惠的情谊，另图报谢，不能指为"忘恩负义"！

（6）我不但宣布解除婚约，并且宣告经济独立！

（7）我不但宣告经济独立，并且自愿不要遗产！

（8）我始终未仇视任何人，任何人不必无端的仇视我，从中阻害！①

　　魏建功解除婚约的宣告在1924年8月22日起草，"双十"节改成。改成后，他便拿给一些朋友看，得到了朋友们的广泛赞同和声援，在完成后的两个多月中，先后有季云、吴俊升、范用余、缪金源等8位师友为他的宣告书写了跋。这些跋文共计8篇，按时间先后顺序排列，随着宣告书一起铅印散发。朋友们的声援和跋语，赞扬了魏建功为人正派、刻苦治学的处世态度，表明他解除婚约的做法绝非品行不端之举，充分肯定了他解除婚约这个行动的正义性和合理性。众多的声援同时还代表了一种社会反响，表明魏建功解除婚约的想法和行动虽然是个人行为，但也是这一代受过新思想洗礼的青年人的集体认同。此后，魏建功就靠着在北京大学研究所国学门任临时书记的微薄薪金，半工半读维持学业，他在学业上更加用功，在工作上也越发勤奋。

　　在毕业前夕，魏建功写了一封《致中文系教授会书》，建议改进学科组织办法，将国文系选修课程分为语言文字学、文学、整理国故三类。他在信中说，这"是我年来久已要说的话，想也是诸位先生所愿意采纳的。我谨以爱'母系'的热诚将这个条陈提在诸位先生之前"，"我唯一的条陈是想请把国文系的课程组织整理完密起来"，接着便提出了对国文系课程组织的具体设想。教授会采纳了他这个建议，改订了《学科组织大纲》。这次修改后，国文系实行了分类专修制，将文学研究课程划分为三类，除了在一年级设立公共必修科目外，二年级起开设A、B、C三类必修科目和选修科目，这三类科目分属于语言文字学、文学和整理国故三个专业领域，由学生自行选择一组来学习。这种分类专修制克服了学生在选课上存在盲目性和随意性的弊病，使学生在严格的训练和自由发展之中受到系统的专业化培训。

　　1925年9月，魏建功以优异成绩毕业，获得文学学士学位并留校任教。毕业时，魏建功的老师沈兼士送给他"乙丑科状元"的称誉。在北京大学这样的名校中，不仅名师云集，学生中也是人才济济，卧虎藏龙，在魏建功之前毕业的一届学生中，就有傅斯年、许德珩、杨振声、俞平伯、罗常培、罗庸、杨亮功、郑天挺、邓康（邓中夏）等，都是声名显赫的人物，沈兼士独称魏建功为"乙丑科状元"，可见

---

① 魏建功：《魏建功宣告解除婚约！》，《魏建功文集》第5卷，江苏教育出版社2001年版，第416页。

是对他极为看重的。

二、毕生从事语言文字教育和研究

自1925年于北京大学中文系毕业后，魏建功毕生从事教育工作，辗转于多个城市和多所大学，经历十分丰富。他先后任教于北京大学、中法大学、朝鲜京城帝国大学、西南联合大学、四川白沙女子师范学院等院校，担任过助教、讲师、副教授、教授、系主任、教务主任等职务，并曾在辅仁大学、燕京大学、女子师范大学等校兼课。

1928年，魏建功在他的老师钱玄同的动员鼓励下参加了"国语统一筹备委员会"的工作，被推为七名常委之一，负责编辑《国语旬刊》，兼"大辞典编纂处"资料员。此后有关国语运动的历次重大活动，魏建功大都参与其中，做了大量工作并且卓有成效。他毕生从事语言文字的教学和研究工作，在各大学讲授过多门语言文字学课程，如"声韵学概要""等韵研究""声韵学史""文字学""汉字形体变迁史""说文解字研究""普通话语音史""中国语文概论"和"方言研究"等。20世纪30年代北京大学中文系有"三大概要"的说法，就是指胡适的《中国文学史概要》、沈兼士的《文字学概要》、魏建功的《声韵学概要》。

抗战爆发后，北京大学、清华大学和南开大学三校合并南迁，组建了国立长沙临时大学，后来又再度南迁到昆明，并改称国立西南联合大学。魏建功随学校辗转南下，从北京到长沙，从长沙到昆明，又随西南联大文法学院到过蒙自。在这个特殊的时期，由于学校和教师们经历了战争环境下的长途迁徙，带出来的书籍和资料极少，教师没有教学参考书，学生们缺乏教材和辅助资料，不少教授就凭借着扎实的功底和超人的记忆，靠自己编写讲义给学生们授课。在西南联大，魏建功先后给学生讲授过"音韵学""汉字形体变迁史""音韵学概要""韵书研究"和"中国语言文字学专书选读——《说文》"等课程，他都是凭着自己坚实的功底编写讲义来给学生传授知识的。下面是魏建功撰写的一份"汉字形体变迁史"讲义提纲，他称之为"授课提纲"，共十五章：

一、汉字之含义

二、汉字形义学与汉字声韵学之从新规划

三、纯粹汉字形体的研究史述

四、古今汉字演变的方式和变迁的外缘

五、从殷周文字到秦汉文字的概况和汉人所传的字体种类

六、汉隶的地位和它形体上的涂点

七、篆隶辨从

八、魏晋以下的书法给予汉字形体的影响

九、唐宋间字书所记载的形体变迁的大端

十、隶古定与"说文体"及行草真写

十一、汉字分部问题与中国字典

十二、域外汉字生长的状况

十三、外来语文给汉字的影响

十四、清初迄今的简体字潮流

十五、国语字母历史的根据[①]

又如"中国语言文字学专书选读——《说文》"讲义：

一、说《说文解字》在中国语言文字学上的地位

二、说《说文解字》在中国语言文字学上的贡献

三、说《说文解字》在中国语言文字学上所蕴藏的资料及其本源

四、说《说文解字》著录例及其整理的方法

五、说六书条例

六、说训诂条例

七、说《说文解字》研究的著作

八、说讲段注[②]

这些讲义即使在今天看来，仍然是系统的、完整的，并且具有很高的学术价值。除了编写讲义，魏建功还与朱自清、闻一多、余冠英、王力、浦江清、罗常培等人一道选编了教材《西南联合大学国文选（1938~1939）》，由西南联大出版。

---

① 魏建功：《汉字形体变迁史》，《魏建功文集》第4卷，江苏教育出版社2001年版，第1页。
② 魏建功：《中国语言文字学专书选读——〈说文〉》，《魏建功文集》第4卷，江苏教育出版社2001年版，第51页。

魏建功平时喜好篆刻。在蒙自时，他给陈寅恪和郑天挺刻过手杖，用的是当地市场上出售的一种越南白藤。一次，郑天挺随口说道："可否断成截来治印呢？"魏建功受了启发，随即把白藤截成小段，当作治印的材料，独创出"藤印"这种篆刻新品。他运用大小篆和汉简书法布局，刻出的印章别具一格，极富创意。这期间他乘兴为师友们刻了许多藤印。1939年抗战两周年纪念日时，西南联大教授们举行书法义卖，为支援抗战募捐。魏建功便以藤印参加义卖，共刻出117枚印章，每枚卖法币2元，所得全部捐赠抗日前线，一时传为文坛佳话。当时著名作家冰心女士也住在昆明，藤印义卖时魏建功给她刻了一枚印章，后来一直为她所保存，冰心说它"富于书卷气"，并说"现在有人找我写点什么总是钤这方藤印，我喜欢它，也是怀念他"。①

魏建功在西南联大工作两年后，1940年6月被国民政府教育部调到大学教科书编辑委员会做专任编辑。这个机构设在四川江津县白沙镇国立编译馆内，魏建功主要负责编选《大学国文选》等书。同年7月，"国语统一筹备会"改称"国语推行委员会"，在重庆恢复工作，魏建功和黎锦熙被推为常委，并且是仅有的两名常委。受国语推行委员会委托，魏建功与黎锦熙、卢前三人共同编订《中华新韵》。《中华新韵》于1941年编成，作为国家韵书由国民政府颁布推行。之后，魏建功有不到一年的短暂时间在昆明中法大学任教，创办中法大学文史系，担任系主任。1942年5月返回白沙，任国立西南女子师范学院国文系教授。1943年，按照国语推行委员会的决议，魏建功在国立西南女子师范学院创办了"国语专修科"，他担任主任。这是国语推行委员会在全国设立的三个国语专修科之一。其余两个，一个设在西北师院，由黎锦熙负责，一个设在重庆青木关社会教育学院，由萧家霖负责。

抗日战争胜利后，魏建功率领女子师院国语专修科的师生赴台推行国语，他担任台湾省国语推行委员会主任委员兼台湾大学中文系特约教授，主持推行国语的工作。在他的正确指导和全体同事的共同努力下，实现了台湾全省两千万人普遍会说国语的局面，为维护民族团结和祖国统一作出了巨大贡献。1948年10月，魏建功辞去出任台湾大学文学院院长之约，回到北京大学任教。

1949年7月至1950年7月魏建功担任北京大学中文系主任，1950年7月辞去中文系主任职务，以北大教授身份兼任出版总署新华辞书社社长，主持编纂了《新华字典》这部在辞书史上发行量最大的工具书。1952年他被聘为中国文字改革研究会12名委员之一，兼文字整理组副主任，参加了《汉字简化方案》和《汉语拼音方案》

---

① 吴晓铃：《记天行山鬼〈义卖藤印存〉》，北京大学校友联络处编《笳吹弦诵情弥切》，中国文史出版社1988年版，第110页。

的讨论、制订和修订工作。1958年2月，国务院科学规划委员会成立了国家古籍整理出版规划小组，并决定由中华书局和北京大学联合开办古典文献专业，为国家培养古籍文献整理人才。北大将古典文献专业设在中文系，魏建功受命主持创建了这个新的专业，担任教研室主任。北大古典文献专业是我国第一个专门培养古籍文献整理人才的专业，第一批学生于1959年秋季入学。魏建功主持制订了以现代科学体系为基础，吸收传统文史研究的治学方法，要求学生尽量接触原著，有选择地通读一些古书，学会使用工具书解决疑难问题的教学方案，并邀请校内外著名专家讲授专业课程，为我国古籍整理的浩大工程培养了一大批人才，其中不少人成为知名的专家和学者。

中华人民共和国建立后，魏建功担任过多种行政职务和学术职务：北京大学中文系主任，新华辞书社社长，北京大学中文系古典文献教研室主任、中文系副主任、副校长、校学术委员会委员，中国科学院哲学社会科学学部委员、语言所学术委员、语言所审音工作委员会委员，国务院科学规划委员会委员，中央推广普通话委员会委员，《中国语文》杂志常务编委，等等。其中最突出的是在1955年6月，中国科学院哲学社会科学学部成立，他被聘为学部委员，这是中国最高的学术职位，其地位相当于院士，这也是国家给予从事学术研究并作出杰出贡献的学者的最高荣誉。

魏建功在学术研究领域涉及的范围很广，在方言调查、歌谣搜集、古籍整理、古文字研究等方面都有成就，尤其在音韵学方面成就最大。他对古音、等韵和各种韵书都有比较深入的研究，对一些韵书进行了校勘，发表了一系列论文：《古阴阳入三声考》《阴阳桥》《陆法言〈切韵〉以前的几种韵书》《唐宋两系韵书体制之演变》《论切韵系的韵书》等，为研究汉语音韵史和解决音韵学上的某些问题提供了资料。1935年出版的《古音系研究》是他的代表作，也是现代语言学研究领域中颇具影响的一部重要著作。在许多年中，它一直作为大学教学用书和重要参考书。这部研究音韵学史的专著约30万字，共6章，分别就古音系的分期，古音系的内容，研究古音系的材料、方法和条件，以及古音系研究的实际问题，阐述了自己的见解，是魏建功多年来研究音韵学和从事教学工作积累的成果。它不但汇集了前人研究音韵学的经验，也为后人继续深入研究创造了条件，除了音韵学上的价值之外，对研究方言学和文字训诂学也是一部不可或缺的参考书。它在汉语语音的研究上同样占据一席地位，博得国内外学者高度评价和赞赏。罗常培评价此书时，说它"跳出音韵的圈子来讲音韵，而结果却语不离宗；他不单要建设中国语音史的系统，而且有构成中国语言史的企图：错非能贯通形、音、义三方面的人，不克负担这个使命"①。沈兼士说:"建功此作,于古音之历史与对象,纵横搜讨,论列详明,能将前人贵古贱今重文轻语之积习一扫而空。……此书一出,于音韵训诂之应用方面,必将推陈出新,更多发明,岂徒古音系本身问题得以解决而已哉!"②柳亚子在1943年《新东亚》杂志上撰文评述说:"章太炎、钱玄同逝世后,在音韵学方面独树旗帜的,唯建功一人而已。"

1980年2月18日,魏建功因病逝世,终年79岁。

魏建功一生以语言文字为工具,以提高民族文化素质为己任,对中国语言文字的教育研究和推广运用作出了卓越的贡献。据《魏建功历年著述编目》统计,他一生各类著作共189种。最新版《辞海》为魏建功列了专门词条,以彰显其成就。

魏建功一生的成就是多方面的,其中最突出的是领衔赴台推行国语、主持编纂《新华字典》、参与制订《汉字简化方案》和《汉语拼音方案》。这些工作,每一项都是影响面极广,惠泽亿万人的不朽业绩,其意义也远远超出他在教育与学术研究方面的成就。

三、领衔赴台推行国语

1944年底,抗战胜利在即,重庆国民政府开始考虑战后接收台湾的诸般问题。随后于1945年上半年成立"台湾行政干部训练班",训练班中设"教育组",着手规划推行"国语"的事宜。魏建功是国语推行委员会常委,受教育部赵乃传(台湾光复后任台湾省行政长官公署教育处处长)之邀,答应赴台参加推行国语的工作,并先期到重庆为"台湾行政干部训练班"讲授国语课,为赴台开展工作作准备。

1894年中日甲午海战后,清政府与日本签订《马关条约》,把台湾割让给日本。从那时起台湾被日本统治长达五十年之久,不仅在政治上、经济上成了日本的殖民地,语言文化方面也受到严重的奴化,日本人把日语作为日常行政用语和教育用语,规定报刊书籍全用日文,机关学校全说日语,并禁止台湾人民使用自己的母语。到日本投降时,台湾居民中30岁以下的人,不但不会说国语,不会认汉字,甚至连讲台湾话(闽南话、客家话)也没有说日本话那么方便了。

---

① 罗常培:《中国古音系研究·序》,《魏建功文集》第1卷,江苏教育出版社2001年版,第5页。
② 沈兼士:《中国古音系研究·序》,《魏建功文集》第1卷,江苏教育出版社2001年版,第11页。

1941年太平洋战争爆发后，中国政府正式对日本宣战，并宣布废除中日之间以往订立的一切不平等条约，其中包括《马关条约》。1945年抗战胜利，台湾光复，回归祖国，国民政府对台湾恢复行使主权，成立了台湾行政长官公署。鉴于上述台湾民众的语言状况，此时台湾行政公署的首要工作之一就是要废止日语，帮助老百姓使用汉语。

魏建功就是在这样的背景下，接受了台湾行政长官公署教育处的聘任，承担起了赴台推行国语的重任。1945年10月，魏建功携家人一道，率领着国立西南女子师范学院国语专修科的部分师生启程离开白沙，经重庆到上海候机前往台湾，一同去的还有国语推行委员会委员何容、干事王炬和王玉川、齐铁恨等人。由于抗战刚刚结束，复员工作繁忙，交通工具不足，他们在上海等了将近三个月的时间，到达台北时已是1946年2月。在上海候机时，魏建功巧遇他在北京大学任教时的学生方师铎，便邀请他们夫妇一道前往台湾推行国语。方师铎在北大读书时专攻声韵、训诂，受业于钱玄同、魏建功、罗常培等人，抗战时期随西南联大到云南继续攻读研究生课程，并从事云南傣族地区的语言调查。抗战胜利后，方师铎离开云南准备回北平探亲。遇到魏建功后，他们夫妇俩欣然接受了老师的邀请，跟随魏建功等人一同前去台湾。

在抗战胜利、台湾光复这样一个背景下，台湾进行的推行国语运动是一项恢复中华民族传统文化、实现祖国统一的伟大工程。魏建功一行刚到任就立即投入了恢复母语、推行国语的工作。

刚到台湾，魏建功就提议在电台开办国语讲座，以加快国音普及的进度。在他们到达的第二周，电台国语讲座就开始播出了。在讲座开办时，魏建功作了题为《国语运动在台湾的意义》的讲话。几天后，又作了《"国语运动在台湾的意义"申解》的演说，进一步阐述自己的观点。在谈到推行国语的意义时，他说："台湾光复了以后，推行国语的唯一的意义是'恢复台湾同胞应用祖国语言声音和组织的自由'！"对"什么是国语""国语的标准""国语的内涵"等问题都一一作了简单明了的阐述，他说："国语是国家法定的对内对外公用的语言系统"；"国语是用北平话做标准的。北平话的标准也是有条件的。这条件是北平社会受过中等教育的人日常应用的话，并不是北平话一概算做国语"；"国语包括（1）代表意思的声音叫'国音'，（2）记录声音的形体叫'国字'，（3）声音形体排列组合表达出全部的思想叫'国文'。排列组合的规矩就是'文法'"。这篇演说辞后来发表在1946年2月28日《现代周刊》上，在台湾国语运动中起到了重要作用。

朱自清 闻一多 沈从文 王 力 **魏建功**

　　1946年4月，台湾省行政长官公署成立了"国语推行委员会"，魏建功任主任委员，何容任副主任委员，齐铁恨、王玉川、方师铎、王炬、朱兆祥、吴守礼、王洁宇等21位专家为委员。

　　台湾回归祖国，台湾同胞学习祖国语言的热情非常高，当地的一些机构和个人也通过各种途径在做一些传授国语的工作。但是，对于什么是"国语"，当时却没有一个统一的标准。方师铎在《五十年来中国国语运动史》中说："那时候，出版的国语书籍，真是千奇百怪，什么样儿的都有；有文言的，有白话的，有用'老国音'的，有用日本'假名'的；有通的，也有不通的；有中国人编的，也有日本人编的……优劣杂陈，漫无标准。"在这样的情况下，推行国语的基础首先是树立国语标准，于是魏建功率领国语推行委员会的成员，着手编订了《国音标准汇编》，以其作为推行标准国语的依据。《国音标准汇编》由台湾省行政长官公署于1946年5月30日公布施行。魏建功和委员们还发表了许多文章，编印国语书刊，为推行国语做了大量宣传工作。《魏建功文集》第四卷收入他在此过程中发表的19篇文章，有《国语运动纲领》《国语的四大涵义》《何以要提倡从台湾语学习国语》《怎样从台湾话学习国语》《谈注音符号教学方法》《学习国语应该注意的事情》《台湾语音受日本语影响的情形》《日本人传讹了我们的音》等，这些文章对在台湾推行国语的意义、方针、方法进行了深入浅出的阐述，同时对国语运动中出现的各种问题提出了指导性意见。他撰写了《注音符号十八课》，在《新生报·国语周刊》上连载，普及学习国语的基本工具，以替代台湾同胞以往借用日文假名注音的不规范方法。

　　当时台湾民众普遍采用学日语的方法来学国语，即把国语当作"外语"来学，针对这个问题，魏建功根据自己多年从事国语运动的丰富经验，主张以台湾方言与国语对应的规律来学习国语，提出了台湾省国语运动的六条纲领：

1. 实行台语复原，从方音比较学习国语。
2. 注重国字读音，由"孔子曰"引渡到"国音"。
3. 刷清日语句法，以国音直接读文达成文章还原。
4. 研究词类对照，充实语文内容建设新生国语。
5. 利用注音符号，沟通各族意志融贯中华文化。
6. 鼓励学习心理，增进教学效能。①

　　为了示范标准国音读音，从1946年5月1日起，每日还在广播电台请从北京来的

---

① 魏建功：《国语运动纲领》，《魏建功文集》第4卷，江苏教育出版社2001年版，第318页。

齐铁恨先生作示范读音广播。对此，方祖燊在《国语运动简史》中曾说，齐铁恨先生"每日在清晨7时，在电台担任'国语读音示范'，播讲民众国语读本、国语会话，国民学校国语、常识、历史、各种课本，供学国语的人收听，匡正语音"。又通过电台广播语文教科书，帮助全省中小学教师用"国语"备课，齐铁恨先生一边用标准的普通话教学，从福建来的林良先生一边用闽南话作翻译，这样使各地的教师都能够现听现学现教，而广大学生也能及时学习国语，学到标准的国音。魏建功认为"教青年与少年及幼年儿童学习国语，是学校教育的主要任务。依我们的观察，这一方面的成绩很好，进步也相当快，两三年后，等他们学业告一结束，预料本省国语标准的建设就可以大告成功"。把培养青少年儿童学习国语作为推行国语的主要任务，这是一项非常有力而又有效的措施。魏建功还在《新生报》办《国语周刊》，在北投开设"国语示范推行所"，设立国语讲习班，举办讲习会和各种国语演讲竞赛。这些工作收到了很好的效果，受到各界人士的欢迎。

1946年11月，魏建功专程回北平招聘"国语推行员"赴台，充实台湾推行国语的力量。1947年12月，教育部命令台湾大学在文学院内附设二年制国语专修科，由魏建功、何容、王玉川等人主持创办。台大"国语专修科"的设立，培养了大批专业人员，为推行国语运动源源不断地输送后备人才。

1948年春，魏建功受国民政府教育部委托，与何容等人在台创办注音日报。1948年10月25日台湾光复节时，一份以推行国语运动为主旨，内容浅显，标有注音符号，适合普通大众阅读的《国语日报》创刊发行。这份报纸从一开始的每天4版发展到后来的每天16版，并一直发行至今，仍然坚持每天出刊，在每个字上标记注音符号，数十年来为台湾民众的国语教育发挥着重要作用，影响了台湾的几代人。《国语日报》至今仍为台湾省发行量最大的报纸之一。

经过国语推行委员会全体同仁的共同努力和台湾同胞的积极配合，台湾推行国语运动取得了非常突出的成效，台湾地区成为我国最早普及汉语国语的省份，从根源上铲除了日本殖民者统治台湾五十年强制推行日语的影响，实现了中华民族语言的纯洁和统一。

著名的语言文字学家周有光在《魏建功文集·序》中说："关于推普，他最有发言权，因为他是国语运动的老前辈，又是台湾推广国语的创办人，谁的经验也没有他丰富。"周有光还说，台湾"居然成为中国第一个普及国语的省份。如果当年不进行这一语文转换，今天台湾跟大陆往来会发生难于想象的隔阂"。①

---

① 周有光：《怀念语言文字学家魏建功先生》，《中华读书报》2002年2月13日。

语言文学大师风采

朱自清　闻一多　沈从文　王　力　**魏建功**

数十年后，回望这段历史，当年魏建功及其同仁在台湾推行国语运动的成效和意义仍然显得十分突出和深远。还是让我们通过中国现代文学馆馆长、中国现代著名文学家老舍先生的长子舒乙先生的《乡音灌耳》一文来领会吧：

> 到了台北，一下飞机，遍地的台湾"国语"声，亲切得不得了，和在香港听到的口音大不一样，大有"到家了"的感觉。……台湾人居然一口北京话！而且全岛由北到南，由西到东，由大人到小孩，由外乡人到原住民，全会！全岛2000万人全说北京音的"国语"，真是一大奇迹。
>
> 转了几个城市，发现一个秘密，每个城市都有《国语日报》分社，总社设在台北，还有"国语日报出版社"，每日出报出书，专司普及"国语"之事，坚持了几十年，始终不懈，雷打不动，每个字都用拼音一注到底，十分认真和执著。
>
> 原来，有一批由大陆过去的语言学家，早在抗战胜利之后就到了台湾，抱成一团，拼死拼活地干，硬是用"国语"把台湾的语音彻底地人工地改造了，把日本语的影响由根儿上加以铲除，实现了语言上的大统一。
>
> 语言，在这儿，出人意外地，成了海峡两岸统一的坚强的纽带；而语言学家则是祖国统一这一伟大实践的天然的先行者。
>
> 这群杰出语言学家的领袖一开始是魏建功和何容先生，稍后则是何容和齐铁恨先生。
>
> ……
>
> 我则大大地为台湾推广"国语"的成就感慨了一番，称他们（按：指何容、齐铁恨先生的子女）的父辈为伟大的功臣，是全民族都尊敬的英雄。①

1948年底，魏建功在完成了创办《国语日报》的工作后，辞去了出任台湾大学文学院院长之约，回到北京大学任中文系教授。

---

① 舒乙：《乡音灌耳》，《人民日报》（海外版）1994年2月18日。按：此文是舒乙先生1994年到台湾参加学术活动回国后写成的。

四、主持编纂《新华字典》

新中国成立以来,凡是读过书的恐怕很少有人没使用过《新华字典》,然而却很少有人知道这本字典是出自谁人之手。

新中国成立后,人民大众学习文化的要求日益强烈,在叶圣陶的日记中有这样一段记述:"迩来学文化之风甚盛,农民经土改之后,要求识字,祁建华速成识字法推行,工厂与部队纷纷传习。识字之后,自需看书,看书乃要求字典。部队中尤为急切,东北军中谓但能指出某种小字典较为切用,彼处即需二十万册。"[①]为了推广民族共同语,普及教育,适应广大工农学习文化的需求,编一本新的现代汉语字典是势在必行的了。

1950年5月23日,国家出版总署副署长叶圣陶致函北京大学校长汤用彤,商调该校中文系主任魏建功到国家出版总署编审局来筹建主持"新华辞书社"工作。1950年7月魏建功辞去了北大中文系主任的职务,到出版总署报到。8月1日新华辞书社正式成立,这是新中国第一个国家级辞书编纂机构,魏建功任社长,主持《新华字典》的编纂工作。

魏建功是怀着为新中国文化教育事业服务的满腔热情来从事这项工作的。抗战胜利后,白话文在中国已相当普及,但是中国的语文工具书却远远跟不上语言的发展和大众的需求。魏建功从自己多年从事语言文字方面的研究和教育工作的切身体会,深感旧辞书在收词上存在重文轻语,脱离实际,释义上辗转传抄,不合时代要求,缺乏语文科学分析等缺点。早在主编《新华字典》之前,他就在考虑编一部"不一定要大,但一定要实用"的语文工具书,他将这样一本字典定位为:"适合大众——尤其工、农、兵、学生以及中小学教员需要的阅报、读书、写作、学习的基本工具。"[②]1948年,北平解放前夕,他约请金克木、周祖谟、张克强、吴晓铃等人一起就编纂字典的设想和体例进行了多次商讨研究,这几位都是北京大学的教授,也是当时中国一流的语言文字学家。因为是五个人共同商谈,因此他们最初计划将这部字典叫做《伍记小字典》。1949年4月,魏建功写出了《编辑字典计划》,

---

① 见1952年7月16日叶圣陶日记。
② 魏建功:《编辑字典计划》,《魏建功文集》第4卷,江苏教育出版社2001年版,第408页。

在计划中列出了编纂字典的总体设想,魏建功称之为"十大特色":"1,根据语言学原理,用科学方法,就实际语言现象编定;2,以音统形;3,以义排词;4,以语分字;5,以用决义;6,广收活语言;7,由音求字;8,由义选词;9,适合大众;10,精选附录。"他希望通过编写这样一部有十大特色的小型字典,能对汉语的基本音位、基本义类、基本词汇,以及声音和意义、意义和文法的关系有一个初步的正确反映。这些设想,在后来编纂《新华字典》时得到了充分的体现。

魏建功作为《新华字典》的主编,他当初编字典的计划有了实现的平台,这令他兴奋不已。新华辞书社的工作于1950年8月10日正式展开。魏建功将自己原先的《编辑字典计划》中设想的"十大特色"进一步归纳为"以音统字,以字统义,以义统词"三条,作为《新华字典》编写的"总体例"。魏建功解释说:"这个总体例是解放初期语文工作者根据对汉语特征的理解,将旧有字汇字典从根本上予以改革的体现。……主要是想让读者利用这本字典,对祖国语文的词汇能得到正确的理解,并且知道词汇现代化和规范化的用法,在书面上和口头上都能正确地运用。"①

最初的新华辞书社只有魏建功和萧家霖两个人,后来增加到十余人。在《新华字典》的编纂过程中,先是把每一个字单独写在一张小卡片上,由编写人在卡片上撰写条目,写好后加盖图章以示负责。然后大家相互传阅,把补充修改意见也写在卡片上,并盖上图章。魏建功和萧家霖两人负责对每个汉字条目的审订,叶圣陶负责终审。为了便于区分,初编的人用蓝墨水,看稿人修改用红墨水,定稿改动用绿墨水。凡经手的人,都在稿子下边盖章。这样的编写流程,层次清楚,一目了然,责任分明,有编有审,发现问题就能及时改正。卡片在传阅讨论审订后,再汇总抄出来,得到的结果就是这个字在字典中的条目。

经过三年的辛苦努力,《新华字典》编辑了二稿,又经过对第二稿广泛征求意见和修改,《新华字典》第一版于1953年12月正式出版发行,魏建功题写书名,编者署名"新华辞书社",人民教育出版社出版发行。这是新中国第一本语文工具书,也是我国第一部普及性的现代汉语规范字典。同时它还是新中国第一部以音序排列的字典,单字按注音字母的顺序排列,同音的单字、形声字按声旁排列,同声旁的字、非形声字都按起笔排列,起笔的顺序是点、横(横折)、直(直折)、撇(撇折)。这部字典为大64开本,70万字,收字6840个,正文700页,附录132页,检字表46页,书前后都有《注音字母音序表》。第一版标明印数10万册,但在叶圣陶

---

① 魏建功:《对1976年修订〈新华字典〉方案(草案)的意见》,《魏建功文集》第4卷,江苏教育出版社2001年版,第673页。

日记中记载的是印刷300万册。《新华字典》用白话释义，收字得当，编排合理，区别正音与又读，分辨新旧字形，体现出了"规范、科学、实用、便捷"的特色。

《新华字典》初版问世后，很快就销售一空。考虑到一些读者反映对注音符号不熟悉，查找有困难的意见，于是又参照《康熙字典》的部首加以调整，编写出部首排列检字本，1954年春完稿，8月出版，发行20万册。

1953年人民教育出版社出版的《新华字典》第1版

《新华字典》自1953年出版以来，深受海内外广大读者的欢迎，并得到周恩来总理的充分肯定和高度赞扬。周有光在《魏建功文集·序》中说："建功先生主持《新华字典》的编辑工作，编辑原则在当时的字典中是最新颖的，一直由他亲自指导。《新华字典》在拼音方案公布之后立即采用拼音字母注音，并且在使用方法上合乎学术要求，这对方案的推行有重大影响。在多年中，《新华字典》这本印数巨大的小书，是唯一可以用来作为礼品赠送外国元首的出版物。"①周有光先生说的"作为礼品赠送外国元首"这件事发生在"文化大革命"后期，当时在有十亿人口的中国，《新华字典》成为硕果仅存的一部字典。有一位西欧国家元首到中国来访问时，他向周恩来总理赠送了该国出版的彩印多卷本大百科全书，而总理回赠给这位元首的就是一本《新华字典》。

《新华字典》的发行量之大是出版史上前所未有的。自1953年、1954年由人民教育出版社出了两个版次后，就转给商务印书馆出版。商务印书馆于1957年推出了新1版。之后，随着时代的进步和社会的发展，为适应人们认识新事物新知识的需求，商务印书馆接手出版的《新华字典》经过了10次修订，至2004年出第10版。几十年中，仅商务印书馆就出了204个印次，累计发行量超过4亿册，发行总量创造了世界辞书之最，还不包括被盗版的数量（据说按最保守的统计，《新华字典》的盗版数量也已经超过1亿册），成为各种不同文化层次的人必备的一部工具书。在中国大陆及港、澳、台，在世界许多国家和地区，几乎可以说凡是有中国人的地方就有

---

① 周有光：《魏建功文集·周序》，《魏建功文集》第1卷，江苏教育出版社2001年版，第5页。

《新华字典》。《新华字典》在统一汉字通读正音、确定字形规范与普及文化教育方面起到了重大作用,发生了深远的影响。五十多年来这本小字典伴随着几代中国人识字、成长的人生历程,可以肯定地说,在今后的若干岁月中,它仍将在人们的文化学习和社会交流等活动中继续发挥着不可替代的作用。

几十年来,随着《新华字典》的多次修订,在它身上已凝聚了几代专家学者的智慧和心血。新版《新华字典》不论是在检字方法上还是在字词内容解释方面都得到了不断的补充修正和更新完善,成为一本日趋完美的小型工具书。但是,无论如何,魏建功的首创之功都是应该被人们永远记住的。

五、参与制订《汉字简化方案》和《汉语拼音方案》

从历史进程来看,中国汉字改革的呼声和具体实践活动早在清末就已开始。当时的汉字改革主要内容是:制订注音符号,统一汉字读音,简化汉字和推广全民共同语。1892年以来,在汉字注音方面,厦门人卢戆章设计了一种拼音方案,叫做"切音新字",由此开始了中国人自觉的拼音化运动,从切音新字发表到中华民国成立(1912)的二十年间,人们提出了近30种拼音方案。1912年,北洋政府设立了"读音统一会",1913年制订出第一套法定的注音字母(后来改称"注音符号"),1918年正式公布使用。1919年,教育部成立"国语统一筹备会"(1928年改名为"国语统一筹备委员会",1940年又改称"国语推行委员会"),针对注音字母是汉字式字母,不便在国际间应用的问题,在赵元任、钱玄同、林语堂、黎锦熙等人的提议和主持下,又制订了"国语罗马字拼音法式",1928年由南京政府大学院(即教育部)公布,作为"注音字母第二式"推行。汉字简化和推行国语的工作在国语推行委员会钱玄同、黎锦熙等人的主持下也一直在探索和进行,但是由于屡被战乱打断,总的来说,直到新中国成立为止,文字改革工作的成效不大。

魏建功既是专门从事语言文字研究和教育的专家,又是国语推行委员会成员和常委,很早就注意到汉字形体演变和汉字改造的问题,还在20世纪30年代他就写出了《为汉字安排计议》《汉字局部改造的问题》等论文,在西南联大时他自编讲义给学生讲《汉字形体变迁史》课程。他通过对汉字形体发展演变规律的深入探讨,认为汉字从一开始就是"繁""简"两体并存,"削繁就简、避难趋易"是汉字形体变迁发展的一般规律，也是汉字局部改造的方向。据此他提出了"顺先民之常轨，立繁简之两纲；视日用之切要，辨省变之多方"的汉字局部改造二十四字方针。①1941年在四川国立编译馆工作期间，他写出了《汉字整理工作计划》，提出全面整理汉字的建议。他提出的以《康熙字典》为基础，广泛参照历代典籍文献进行汉字整理的主张，至今仍有重要价值。

新中国成立后，黎锦熙联同多所高校的语言文字专家向中央提出了重启文字改革的建议。1949年10月，"中国文字改革协会"成立，吴玉章任常务理事会主席，魏建功等25人被聘为常务理事。1952年2月，"中国文字改革协会"改组为"中国文字改革研究委员会"，马叙伦任主任委员，魏建功等12人被聘为委员。12名委员又分工组成了拼音方案组、汉字整理组、教学实验组和编辑出版组，魏建功参加了汉字整理和拼音方案两个组，并兼任汉字整理组副主任。从1952年到1957年，在《汉字简化方案》和《汉语拼音方案》讨论制订颁布的过程中，他接连发表了《从汉字发展的情况看改革的条件》（1952年《新建设》第2期）、《汉字发展史上简体字的地位》（1952年《中国语文》第10期）、《跟一位朋友谈〈汉字简化方案草案〉》（1955年2月2日《光明日报》）、《汉字简化的历史意义和汉字简化方案的历史基础》（1955年《中国语文》第2期）、《对"文字改革"的提法和看法的问题》（1955年《新建设》第12期）、《我对汉字改革的一些粗浅看法》（1957年《中国语文》第8期）、《迎接新的文化高潮的前奏——〈汉语拼音方案草案〉帮助汉字通读正音的重大意义》（1957年《中国语文》第12期）等一系列文章。这些文章，既从理论上对汉字改革工作进行了深入探讨，同时也对《汉字简化方案》和《汉语拼音方案》的制订、实施和推广起到宣传和促进的作用。《汉字简化方案》制订初期，在简化字是否应保持一定规律的问题上发生了意见分歧，魏建功与黎锦熙等主张："简化字应有一定规律，最好保留形符，声符要注意与原有声符读音相同。"在《汉语拼音方案》的讨论、制订和修订工作方面，魏建功也一直参与其中并提出自己的意见。在1955年2月26日的中国文字改革研究委员会第二次全体会议上，魏建功与傅懋绩委员共同提出："应加强对北京语音的研究、对北京语音和其他方音的联系的研究，使未来的拼音方案也适当照顾其他方言。形式是次要的，首先应该确定音素。"

《汉字简化方案》经过多次研讨和修改，历时数年，五易其稿而后成。魏建功参加了《汉字简化方案》制订工作的全过程，具体主持了《常用字简化表草案》

---

① 魏建功：《汉字局部改造的问题》，《魏建功文集》第4卷，江苏教育出版社2001年版，第186页。

第五稿的修订工作：1954年7月，"文改会"第四次全体会议决定授权叶恭绰、丁西林、魏建功等组成七人小组，对《常用字简化表草案》第四稿再加修订。七人小组又公推叶、丁、魏三人先行研究提出具体意见，魏建功等做了大量艰苦细致的工作，通过对四千多个现代通用汉字逐个审定书写体，归纳书写原则，完成了《汉字简化表草案》第五稿。1954年11月再经调整修改，形成了由《798个汉字简化表草案》《拟废除的400个异体字表草案》《汉字偏旁手写简化表草案》三个草案合成的《汉字简化方案（草案）》。"文改会"会同教育部发出联合通知，印发了30万份向全国征求意见，有20万人参加讨论，两千余人填写了"文改会"印发的征求意见表。1955年9月，魏建功在汉字简化方案审定委员会第二次会议上作投票结果和讨论意见整理情况的报告。经汉字简化方案审定委员会委员们对草案进一步讨论修改后，再交全国文字改革委员会议讨论修改，最终形成了包括515个简化字和54个简化偏旁的《汉字简化方案》，由国务院批准向全国公布推行。

1956年1月28日，国务院全体会议第23次会议通过了《关于公布〈汉字简化方案〉的决议》和《推广普通话批示》。会议还决定成立中央推广普通话工作委员会，任命陈毅为主任，郭沫若、吴玉章、陆定一等七人为副主任，魏建功等43人为委员。1956年1月31日《人民日报》全文发表了国务院《关于公布〈汉字简化方案〉的决议》和《汉字简化方案》，1956年2月1日起全国通用。2月2日，国务院发出《关于成立中央推广普通话工作委员会的通知》。2月6日，国务院又发出了《关于推广普通话的指示》。2月12日，《人民日报》刊载《汉语拼音方案（草案）》和《关于拟订〈汉语拼音方案（草案）〉的几点说明》，向全国征求意见。两年后，1958年2月11日，第一届全国人民代表大会第五次会议通过了《全国人民代表大会关于汉语拼音方案的决议》。

至此，简化汉字、推广普通话进入了实施阶段。1958年1月，中央派出了六个宣传组，分赴十五个大城市，宣传推广《汉语拼音方案（草案）》，魏建功任西北地区宣传组负责人。

1962年9月，《汉字简化方案》已推行六年，根据周恩来总理关于"要在广泛征求群众意见的基础上，对原方案进行总结修订"的指示，"文改会"第八次全体会议决议，成立"修订汉字简化方案七人小组"。魏建功被推为七人小组成员，再次参加了《汉字简化方案》的进一步总结修订工作，直至1963年11月《简化汉字总表》完成。

简化字的推行使用，大大地提高了汉字作为记录语言的工具的使用效率。它减少了书写的笔画，节省了书写时间，降低了初学者认字和写字的难度，有利于普及教育和扫除文盲，有利于人与人之间的书面交流，更有利于社会各行业间的业务交往和发展。一句话，所有学习和使用汉字的人都受惠于简化字，全国的各项事业也都因为汉字的简化而获得很多便利。

《汉语拼音方案》在给汉字注音和帮助人们认读汉字方面所起的作用是显而易见的，同时它还是推广普通话的有效工具。哪怕是一个初学汉字的人，只要掌握了汉语拼音，就能够顺利而准确地识读出所有汉字的普通话读音。随着《汉语拼音方案》的推广使用，它的作用范围在不断扩大，从最初的给汉字注音和推广普通话的工具，发展运用到社会生活的各个方面。对于使用计算机的大多数人来说，体会最深的恐怕就是汉语拼音成为一种非常重要的中文输入方式被普遍运用。当年参与制订《汉语拼音方案》的周有光先生说："经验表明，汉语拼音方案是一座现代化的文化桥梁，它一方面方便人民大众走向文化，另一方面方便中国文化走向世界。"[①]他还说道："五十年来，汉语拼音的应用扩大，快速惊人。原来主要应用于教育领域，现在显著地应用于工商业领域。原来主要是小学的识字工具，现在广泛地发展为信息传输的媒介。原来是国内的文化钥匙，现在延伸成为国际的文化桥梁。"[②]周先生的话对汉语拼音的广泛应用和重要作用作出了高度概括。

我们要承认，编纂字典，制订《汉字简化方案》和《汉语拼音方案》，推广普通话（推行国语），每一件工作都是一个浩大的工程，它们往往是对几代人探索实践的总结和创新，凝聚着集体的智慧和心血，成就应该归功于集体，但是我们也应当看到个人在其中付出的努力，不能否认个人的作用和贡献。因此，当我们每天讲普通话的时候，当我们提笔书写简化汉字的时候，当我们翻阅《新华字典》查检生字的时候，请不要忘记为这一切作出了突出贡献的语言文字学大师——魏建功先生。

---

① 周有光：《回忆汉语拼音方案的制定过程》，《周有光语言学论文集》，商务印书馆2004年版。
② 周有光：《〈汉语拼音·文化津梁〉序言——纪念〈汉语拼音方案〉公布50周年》，《北华大学学报》，2008年4月20日。

结　语

西南联大中文系结业于西南联大结束之时。

1946年5月3日，西南联大中文系全体师生集会结业。集会的操办人吴宏聪回忆说："联大常委会宣布西南联大于1946年5月4日结束，学校决定于5月4日在图书馆举行结业仪式。于是各系也纷纷赶在5月4日前举行结业活动。中文系决定在5月3日集会……那天除罗常培先生赴美讲学未归，刘文典先生已赴滇南磨黑，杨振声先生因事请假外，余下的全体教师都出席了，各年级同学也基本上到齐，气氛十分热烈。……集会由系主任罗庸先生主持，他致辞后，冯友兰、朱自清、闻一多、王力、游国恩、沈从文、浦江清等几位老师都先后讲了话，话题集中讲北大、清华、南开三校如何风雨同舟，在战火纷飞、生活条件如此艰苦的条件下把西南联大办成蜚声全国的大学的种种经历，勉励大家要继承和发扬西南联大优良校风、学风，为西南联大添光增彩，语重心长，令人感动。"[1]集会结束，全体师生到中文系办公室门前合影，留下了一张中文系的"全家福"，十分珍贵。

1946年5月3日，西南联大中文系全体师生结业集会后在系办公室前合影

---

[1] 吴宏聪：《向母校告别》，云南西南联大校友会编《难忘联大岁月》，云南教育出版社1998年版，第155、156页。

吴宏聪先生的话讲明了中文系结业的时间及其原因、集会的内容及合影留念等事宜。但集会并不意味着全部工作的结束。第二天，大家又参加了学校的结业典礼。之后，还有一些工作要做，甚至发生了新的事件需要中文系出面处理。正如西南联大5月4日宣布结束，实际工作则结束于7月31日一样，中文系的工作也结束在这个时候。

5月4日，西南联大第一批复员学生离昆北上。10日，第二批学生开赴长沙。7月11日，最后一批复员北上的学生离昆。5月19日，冯友兰出国，文学院院长由雷海宗代理。当时，美国加利福尼亚大学邀请闻一多讲学，冯友兰劝其同行，闻一多以"北方青年也许还需要我"为由，谢绝了加利福尼亚大学的邀请。6月15日，教育部令西南联大师范学院在昆明独立设置，改称国立昆明师范学院，并任命查良钊为院长；17日令昆明师院下设国文、史地等7个学系。7月11日晚，云南警备司令部特务暗杀了民主人士李公朴。15日，闻一多在李公朴殉难经过报告会上即兴演讲，痛斥特务。当天下午，特务暗杀了闻一多。24日，西南联大留昆师生举行闻一多追悼会，校常委梅贻琦主祭，文学院院长雷海宗宣读祭文，中文系主任罗庸报告闻一多先生的生平事略。

三校复员后，原西南联大中文系教授大多分任北京大学、清华大学、南开大学和昆明师院教授。① 去北京大学的是游国恩、杨振声、罗常培、唐兰、沈从文等，去清华大学的是朱自清、浦江清、许维遹、余冠英等，去南开大学的是彭仲铎、张清常等，罗庸留在昆明师院国文系任系主任。

常言道：十年树木，百年树人。教学的最终效果要用学生后来的成就说明。九年间，西南联大培养了众多举世瞩目的人才，被称为中国教育史上的奇迹。中文系教授虽多，学生却相对偏少。本科每年一般招生18人左右，在系学生不足70人，1938~1946年共毕业109人，另有45人复员后分别到北京大学和清华大学中文系继续就读。毕业生大多在高等学校和科研单位及杂志、出版、新闻等机构工作。

在高等学校担任教授的有詹瑛、张盛祥、赵仲邑、何善周、冯辉珍、孙昌熙、黄匡一、田葆瑛、王秉钧、冯钟芸、吴宏聪、姚殿芳、阴法鲁、季镇淮、王瑶、马学良、刘绶松、逯钦立、常竑恩、郑临川、朱德熙、梁东汉、彭兰、萧成资、刘又辛、胡人龙、马忠、吕德申、王彦铭、马汉麟、张怀瑾、康伲、彭允中、熊朝隽等。

在科研文化单位任研究员的有陈士林、周定一、傅懋勣、范宁、李荣、王钧、向长清，以及王士菁、王松声等。

---

① 南开大学于1945年设置了中文系。

在杂志社任编辑的有林元等。

在美国任教授的有张琨和陈三苏。

在香港大学任教的有张法高。

以文学创作著名的是汪曾祺和马识途。

复员后继续到北京大学、清华大学就读而后毕业，在高校、科研、出版、新闻等单位任高级技术职称的不少，如郭良夫、杨天堂、诸有琼、陈柏生、刘晶雯等。

岁月催人老。六七十年后的今天，不仅西南联大中文系的教授相继辞世，就是他们的学生，健在的也不多了。可是，在国势衰颓、民族危亡的紧急关头，教授们自觉地担负起传承中国文化薪火的重任，讲学绝徼，培育人杰，创造文化新因的形象，随着他们的远去而熠熠生辉。他们创造的思想精神，也随着历史的演进，作为新的因子融入了传统文化的经典，哺育着后人。

我们沐浴在他们的恩泽中，心存无限敬意……

后 记

　　承蒙老友杨云宝兄器重和西南联大北京校友会信任，我们的西南联大研究又一次结出此果实。但我们不能不说，这项工作做得太紧张了。我们是去年年底接受的任务。当我们把手里的其他课题做完，开始本书写作时，已经是2010年4月初了。又由于原先没有写作本书的计划，本学期我接受的教学工作任务较多，用去了许多时间，因而写作此书更为紧张。四个月里，我们放弃了其他一些追求及生活享受，夙兴夜寐，奋力写作，终于完成了此书。能够结出今天这样一个成果，全赖我们20年来对于西南联大的学习、研究和积累。书中的一些思想观点已经在头脑之中，传主的主要事迹和贡献早已了然于心，所需参考的书籍随意从书柜中取出，有的材料凭记忆写出或信手拈来，因此写来较为顺利。我们的分工是：宣淑君写王力和魏建功，我写前言、闻一多、朱自清、沈从文及结语，最后由我统稿。

　　写传记不仅是人物经历的描述，更要写出传主的精神追求、思想主张、个性特征、事迹贡献、地位影响及其道路，描绘出一个血肉丰满的传主来。现在，把此书呈献给读者，优劣得失唯请慧眼鉴定。我们要告白的是，时间紧，写得快，并不意味着匆促草率，但是如果时间充裕，会写得更深入完满一些。

　　编辑尚语兄为本书出版付出了辛劳，我的几个研究生参与了部分稿件的录入和校对工作，在此一并致谢！

李光荣
2010年7月29日
于成都武侯祠附近寓所